Schriftenreihe „ORGANISATION"

Band 8

Roland Jäger

Selbstmanagement und persönliche Arbeitstechniken

3. vollständig überarbeitete und erweiterte Auflage des Werkes von
Dr. Martin Ochsner

Verlag Dr. Götz Schmidt, Gießen

ISBN 3 921 313 651

Copyright © 2000 by
Verlag Dr. Götz Schmidt, Gießen

Vorwort zur 3. Auflage

Die dritte Auflage von Band 8 der Schriftenreihe „Organisation" wurde schon auf den ersten Blick in zwei Punkten verändert:
- Der Titel des Buches wurde geändert
- ein anderer Autor zeichnet verantwortlich.

War die zweite Auflage von ihrem Schwerpunkt an den persönlichen Arbeitstechniken orientiert, so hat sich dieser nunmehr um die ganzheitliche Betrachtung des Selbstmanagements erweitert.

Der bisherige Autor, Dr. Martin Ochsner, musste aus gesundheitlichen Gründen von einer Mitarbeit absehen. Für seine Ideen und Anregungen danke ich ihm an dieser Stelle. Sie waren sehr hilfreich und sind in dieses Buch eingeflossen.

Selbstmanagement ist eine Schlüsselkompetenz, die weder in Schulen noch Universitäten vermittelt wird. Dies verwundert mich immer wieder. Ist doch der bewusste und erfolgreiche Umgang mit sich selbst eine wesentliche Voraussetzung für ein glückliches und erfolgreiches Leben. Mit diesem Buch möchte ich diese Lücke schließen.

Dieses Buch wendet sich an Menschen, die bewusst ihr Leben in die Hand nehmen, um erfolgreich zu sein.

Es unterstützt Sie dabei, mit Bewusstsein Ihr Leben und Ihre Zeit zu gestalten, denn Zeit ist ein einmaliges Gut. Sie können diese nicht horten und vermehren. Der bewusste Umgang und Einsatz ist damit ein wichtiger Erfolgsfaktor in Ihrem Leben.

Als Leser dieses Buches sollen Sie
- einen Überblick der für das Selbstmanagement relevanten Themen und Techniken erhalten
- Klarheit über die Bedeutung von Lebenssinn (Mission), Lebensbild (Vision), Werten und Überzeugungen gewinnen
- wissen, wie persönliche und berufliche Ziele bestimmt und pragmatisch realisiert werden
- Klarheit über Ihre persönlichen unterschiedlichen Rollen und Rollenerwartungen haben
- Methoden und Techniken kennen und einsetzen können, um den eigenen Arbeitsalltag effektiv zu organisieren
- sich bei allem der Bedeutung der Umwelt (des Kontextes) bewusst sein.

Mein Dank gilt den Teilnehmern meiner Seminare, die mir durch ihre Sicht der Dinge viele Hinweise und Anregungen für dieses Buch gegeben haben. Ebenfalls danke ich meinen Kollegen, die mich mit wertvollen Anregungen unterstützt haben. Besonders danke ich Martin Bialas für seinen Beitrag zum Thema elektronische Organizer (siehe Kapitel 3.7).

Für die Entstehung dieses Buches habe ich einen Teil meiner Lebenszeit verwendet. Dies hatte Konsequenzen für meine Familie und Freizeit. Mein Dank gilt daher insbesondere meiner Lebenspartnerin, die mir viel Verständnis entgegenbrachte. Gleichzeitig hat Sie durch kritische Prüfung und Würdigung meines Manuskriptes diesem Buch zu dem verholfen, was es geworden ist.

Gießen, Juni 2000
Roland Jäger

Hinweis für den Leser:

Alle Angaben sind von Autor und Verlag sorgfältig überprüft worden. Dennoch kann eine Gewähr nicht übernommen werden.

Wie Sie dieses Buch nutzen können

Dieses Buch ist als ein Arbeitsbuch und Nachschlagewerk gedacht.

Es gliedert sich in drei Teile.

Im **ersten Teil** werden Grundlagen des Selbstmanagements beschrieben. Des Weiteren erfolgt die Einführung in ein Selbstmanagementmodell, eine „Landkarte" zur besseren Orientierung.

Der **zweite Teil** ist das Kernstück dieses Buches. Darin werden mit Hilfe von Checklisten, Fragen und Übungen die Schritte zur Umsetzung eines erfolgreichen Selbstmanagements aufgezeigt.

Teil drei zeigt vielfältig einsetzbare Methoden, Techniken, Verhaltensweisen und Hilfsmittel zur Unterstützung der Umsetzung Ihres Selbstmanagements auf. Diese sind alphabetisch geordnet und können von Ihnen in jeder beliebigen Reihenfolge gelesen und verwendet werden.

Für Sie bestehen drei grundsätzliche Möglichkeiten, sich den Inhalten dieses Buches zu nähern.

1. Sie lesen es von der ersten bis zur letzten Seite. Damit würden Sie sich die Inhalte von den Grundlagen und „Theorien" bis zur praktischen Umsetzung erschließen.
2. Sie beginnen mit dem zweiten Teil, dem Kapitel der Umsetzung. Also nicht viele Grundlagen und Erklärungen, sondern sofort „ans Eingemachte". Ergänzend nutzen Sie die Informationen der Kapitel aus Teil eins, sowie die Methoden und Techniken aus Teil drei.
3. Sie „picken" sich individuell das heraus, was Sie gerade anspricht. Dabei kann Ihnen das Stichwortverzeichnis sicherlich hilfreiche Dienste erweisen.

Die in den einzelnen Kapiteln vorgeschlagenen Übungen, die dazugehörigen Checklisten und Fragen sollen Sie dazu anregen, sich intensiv mit sich selbst auseinander zu setzen. Gleichwohl kann es sich nur um ein Angebot handeln. Die Entscheidung darüber, was Sie davon nutzen und wie Sie damit umgehen, liegt ganz bei Ihnen.

Ich möchte Sie jedoch herzlich einladen, die vielen Gelegenheiten, die dieses Buch bietet, wahrzunehmen.

Denn eine der wesentlichen Voraussetzungen für ein erfolgreiches und zufriedenes Leben besteht darin, die Verantwortung für das eigene Denken und Handeln zu übernehmen.

> *„Ich übernehme die Verantwortung für mein Denken und Handeln!"*

Nur wenn Sie erkennen, dass das, was Ihnen in Ihrem Leben begegnet, auch etwas mit Ihnen selbst, Ihren Gedanken, Ihrem Verhalten, Ihren Aussagen etc. zu tun hat, werden Sie letztlich ein zufriedenes und erfülltes Leben führen.

> *Sie sind schon für Ihr Leben verantwortlich, vollständig. Die einzige Frage ist: "Werden Sie es anerkennen?"*
> (Ron Smothermon)

Ich wünsche Ihnen dabei gutes Gelingen!

Gerne bin ich an Ihrer Meinung interessiert. Für Anregungen, Kritik, aber auch Lob bin ich jederzeit dankbar. Sie erreichen mich unter

email: rjaeger@rolandjaeger.de

Inhaltsverzeichnis

1	**Grundlagen des Selbstmanagements**	**12**
1.1	Vom Zeitmanagement und persönlichen Arbeitstechniken zum ganzheitlichen Ansatz des Selbstmanagements	12
1.2	Selbstmanagement-Modell	15
1.2.1	Ich	16
1.2.2	Wissen, Können, Wollen und Dürfen	18
1.2.3	Orientierung	20
1.2.4	Rollen	22
1.2.5	Zeit	23
1.2.6	Methoden und Techniken	23
1.2.7	Umwelt und Kontext	24
1.2.8	Umsetzung	25
1.2.9	Standortbestimmung Ihres Selbstmanagements	27
1.3	Orientierung	28
1.3.1	Grundlagen	29
1.3.2	Lebenssinn (Mission)	31
1.3.3	Lebensbild (Vision)	34
1.3.4	Ziele	35
1.3.5	Werte und Überzeugungen	40
1.3.5.1	Affirmationen	46
1.4	Rollen	46
1.4.1	Rollendefinition	47
1.4.2	Rollenerwartungen, -konflikte und -klärung	50
1.4.3	Innere Rollen	52
1.5	Zeit	57
1.5.1	Das Phänomen Zeit	58
1.5.1.1	Kategorien der Zeit	59
1.5.2	Umgang mit der Zeit	61
2	**Praktische Umsetzung**	**68**
2.1	Ist-Analyse	70
2.1.1	Umgang mit Ihrer Zeit	70
2.1.1.1	Berechnung Ihrer noch verbleibenden Lebens- und Arbeitszeit	70
2.1.1.2	Feststellung des Zeittyps	72
2.1.1.3	Zeitverwendungsanalyse	74
2.1.1.4	Zeitfresser	79
2.1.2	Balance Ihrer Schlüsselbereiche	80
2.1.3	Erfolgs- und Misserfolgsbilanz	81
2.1.4	Stärken-Schwächen-Analyse	81
2.1.5	Freude-Schmerz-Bilanz	82
2.1.6	Ermittlung Ihrer Kenntnisse und Fähigkeiten	82
2.1.7	Erkennen Sie Ihre Stressfaktoren und Ihr Stressrisiko	83
2.2	Sieben Schritte zur Umsetzung	87

2.2.1	Lebenssinn (Mission)	88
2.2.2	Lebensbild (Vision)	89
2.2.3	Werte - Überzeugungen	91
2.2.4	Rollen	98
2.2.4.1	Innere Rollen	101
2.2.5	Ziele	103
2.2.6	Planung	108
2.2.7	Fortschrittsüberprüfung	113
2.2.7.1	Zieltagebuch	114
2.3	Balance zwischen Berufs- und Privatleben	116
2.4	Fragen zur Reflexion	118
2.5	Umsetzungsvertrag	119
2.6	Analyse und Anpassungen	121
2.7	Checkliste zur Überprüfung Ihres Selbstmanagements	124
3	**Methoden, Techniken, Verhaltensweisen und Hilfsmittel von A - Z**	**125**
3.1	Techniken von A-Z	125
3.2	Arbeitsorganisation	127
3.2.1	Lösungen	127
3.3	Aufgabenklärung	130
3.3.1	Lösungen	130
3.4	Aufschieberitis	132
3.4.1	Lösungen	132
3.5	Besuchermanagement	134
3.5.1	Lösungen	135
3.6	Checklisten	136
3.6.1	Lösungen	136
3.7	Elektronische Organizer	138
3.7.1	Lösungen	138
3.8	Gedächtnis	142
3.8.1	Lösungen	142
3.9	Gesprächsführung	146
3.9.1	Lösungen	147
3.10	Informationsmanagement und -ablage	149
3.10.1	Lösungen	149
3.11	Konzentration	155
3.11.1	Lösungen	155
3.12	Lesetechnik	158
3.12.1	Lösungen	158
3.13	Mind Mapping	165
3.13.1	Lösungen	166
3.14	Nein-Sagen	169
3.14.1	Lösungen	169
3.15	Planung	171
3.15.1	Lösungen	171

3.16	Positives Denken	175
3.16.1	Lösungen	176
3.17	Prioritäten setzen	177
3.17.1	Lösungen	178
3.18	Problemlösungs- und Entscheidungstechnik	180
3.18.1	Lösungen	180
3.19	Störungen	187
3.19.1	Lösungen	187
3.20	Stressmanagement und Entspannung	189
3.20.1	Lösungen	190
3.21	Tagesplanung	195
3.21.1	Lösungen	195
3.22	Telefonnutzung	201
3.22.1	Lösungen	201
3.23	Zeitplanbuch	205
3.23.1	Lösungen	205

Schlussbemerkung **209**

Kurzporträt des Autors **210**

Literaturverzeichnis **211**

Stichwortverzeichnis **215**

1 Grundlagen des Selbstmanagements

Wenn Sie dieses Kapitel lesen, werden Sie
- wissen, was unter Selbstmanagement zu verstehen ist
- die wesentlichen Elemente des Selbstmanagements und deren Zusammenhänge kennen
- die Voraussetzungen für ein erfolgreiches Selbstmanagement kennen.

> *Hast Du heute schon gelebt?*
>
> *Ein 85-jähriger Mann, der wusste, dass er bald sterben würde, sagte:*
>
> *Wenn ich noch einmal zu leben hätte, dann würde ich mehr Fehler machen; ich würde versuchen, nicht so schrecklich perfekt sein zu wollen; dann würde ich mich mehr entspannen und vieles nicht mehr so ernst nehmen; dann wäre ich ausgelassener und verrückter; ich würde mir nicht mehr so viele Sorgen um mein Ansehen machen; dann würde ich mehr reisen, mehr Berge besteigen, mehr Flüsse durchschwimmen und mehr Sonnenuntergänge beobachten; dann würde ich mehr Eiscreme essen, dann hätte ich mehr wirkliche Schwierigkeiten als nur eingebildete; dann würde ich früher im Frühjahr und später im Herbst barfuß gehen, dann würde ich mehr Blumen riechen, mehr Kinder umarmen und mehr Menschen sagen, dass ich sie liebe. Wenn ich noch einmal zu leben hätte, aber ich habe es nicht...*

Bevor Sie weiterlesen, halten Sie einen Moment inne und lassen Sie diese Zeilen auf sich wirken.
- Haben Sie heute schon gelebt?
- Wenn nein, wann wollen Sie damit anfangen?
- Wenn ja, was brauchen Sie noch, um ganz zufrieden zu sein?

Doch bevor Sie sich damit beschäftigen, zunächst einmal ein Einblick in das Thema Selbstmanagement.

1.1 Vom Zeitmanagement und persönlichen Arbeitstechniken zum ganzheitlichen Ansatz des Selbstmanagements

Der „Boom" des Zeitmanagements ist vorbei. Endgültig! Und das ist gut so. Denn längst haben viele Anwender noch so ausgeklügelter Zeitmanagementsysteme erfahren müssen, dass es mit Formularen, Rationalität, Zeitmessung und -bewertung, Prioritäten setzen usw. alleine nicht geht. Natürlich wird es auch in Zukunft solche Hilfsmittel geben, die jeden unterstützen können. In diesem Buch finden Sie entsprechende Hinweise in Teil 3.

Der Begriff Zeitmanagement ist jedoch ein Widerspruch in sich. Sie können die Zeit nicht managen, sondern nur sich selbst. Und dazu bedarf es insbesondere der folgenden „Hilfsmittel", die Sie immer „bei sich" haben: Verstand, Gefühl und Intuition.

Vielfach sind diese anscheinend „abhanden" gekommen bzw. die Menschen haben den Zugang dazu „verloren". Dennoch steckt alles Potenzial in jedem. Sie brauchen es nur zu wecken.

Das Buch handelt deshalb von zwei Fragen:
- Wozu genau soll Selbstmanagement Ihnen helfen?
- Worin soll es Sie unterstützen?

Heute müssen Sie alle verfügbaren Ressourcen einsetzen, um den vielfältigen Anforderungen gerecht zu werden, die an Sie gestellt werden.

Begegnen Sie diesen Anforderungen ganzheitlich:
- Nutzen Sie Ihre Intuition.
- Leben Sie Ihre Emotionen bzw. Gefühle.
- Berücksichtigen Sie Ihre Werthaltungen, Einstellungen und Überzeugungen, denn diese steuern Ihr Verhalten.
- Fokussieren Sie sich auf Ihre Ziele und arbeiten Sie konsequent an deren Erreichung.
- Begeben Sie sich auf den Weg. Tun Sie es!

Lothar J. Seiwert plädiert in seinem Buch „Wenn Du es eilig hast, gehe langsam" bewusst für einen anderen Umgang mit Zeit. Da ist zum einen der Drang nach immer schneller, besser und weiter. Daraus entstand aber auch das Paradigma der Langsamkeit. Das bewusste Wahrnehmen, die Besinnung auf das Wesentliche, der Austritt aus der „Tempofalle", die Nutzung neuer Chancen.

Das eine geht nicht ohne das andere.

Phasen der Schnelligkeit und des Zeitdrucks brauchen zum Ausgleich Phasen der Ruhe, Entspannung und somit der Erholung. Bleibt diese über einen längeren Zeitpunkt aus, so hat dies unweigerlich vielfältige, auch gesundheitliche Folgen.

Die Welt um Sie wird immer komplexer und schneller.

So ist es nur folgerichtig, bei den ganz persönlichen Themen dieser Komplexität Rechnung zu tragen. Neben den altbewährten Themen wie Zeitmanagement, Zielmanagement und Arbeitstechniken gewinnen Begriffe wie Werte, Normen und Überzeugungen verstärkt mehr Aufmerksamkeit.

Mit Blick auf die Nutzung aller Fähigkeiten eines Menschen bedeutet dies, solche Zusammenhänge zu beachten und sie für den persönlichen Erfolg zu nutzen. Das bedeutet die Orientierung hin zu einer ganzheitlichen Sichtweise des Menschen und seiner Umwelt.

> *Eine komplexe Welt braucht auf der persönlichen Ebene ein ganzheitliches Selbstmanagement!*

Was ist Selbstmanagement?

> **Selbstmanagement** *ist*
> *....die gezielte, selbstgesteuerte und eigenverantwortliche Entwicklung Ihres Lebens in die Richtung, die Sie für sich als die Beste empfinden, um erfolgreich zu sein. Die Parameter für Erfolg und das Beste sind persönlich einzigartige Komponenten und entsprechend individuell festzulegen.*

Dabei ist Selbstmanagement eher strukturiert und analysierend. Es bezieht sich auf die zielorientierte Planung und Umsetzung der eigenen Mission (Lebenssinn) und des eigenen Lebensbildes (Vision). Das geschieht basierend auf den eigenen Werten und Überzeugungen mit einem klaren Bewusstsein für die unterschiedlichen Rollen, die Sie in Ihrem Leben haben / einnehmen. Es geht darum, sowohl kurz- als auch langfristige Ziele zu erreichen. Insbesondere der Planung und der Umsetzung dieser Planung kommt eine hohe Bedeutung zu. Dabei bedienen Sie sich vieler operativer Methoden und Techniken.

Zunächst geht es darum, dass Sie sich selbst bewusster wahrnehmen mit dem Ziel, Ihr Leben eigenverantwortlich zu steuern. Damit werden Sie weniger zum „Spielball" Ihrer Umwelt, Sie gestalten Ihr Leben aktiv und zielorientiert. Jede Veränderung und Verbesserung Ihrer gegenwärtigen Situation wird nur von Ihnen selbst initiiert und umgesetzt werden. Dies bedeutet natürlich auch, dass Sie Klarheit benötigen über Ihre Wünsche, Visionen, Ziele etc. und Schritte planen, wie Sie das erreichen können.

Sie werden dabei immer wieder feststellen, dass es regelmäßig nicht möglich ist, den geplanten Weg zu 100% umzusetzen. Vielmehr ist ein wesentlicher Bestandteil dieser Vorgehensweise, sich auf den Prozess einzulassen und zu schauen, was Ihnen in Ihrem Leben begegnet. Möglichkeiten und Chancen, aber auch Gefahren und Fallstricke. Der „intelligente", d.h. flexible Umgang mit den Geschehnissen zeigt sich daran, wie Sie mit Ihren Zielen in einem solchen Prozess umgehen und inwieweit Sie sich den Veränderungen von Umwelt bzw. Rahmenbedingungen anpassen.

Denn nichts ist hinderlicher, als einmal gefasste Ziele mit aller Vehemenz zu verfolgen, ohne dabei auf Veränderungen wichtiger Einflussfaktoren zu achten. Auch davon handelt dieses Buch.

Voraussetzungen für ein erfolgreiches Selbstmanagement

Damit Sie erfolgreich Ihr Leben gestalten, bedarf es einer forschenden und experimentellen Haltung gegenüber sich selbst. Nachfolgend finden Sie einige Aussagen, die Sie anregen sollen, eine solche Grundhaltung für sich zu entdecken:

- Ich bin bereit, mit meinem **Verhalten** zu **experimentieren**.
- In jedem **Misserfolg** steckt der Samen für den **Erfolg**.
- Wenn ich anderen gebe, was sie wollen und brauchen, werden sie auch mir **geben**, was ich will und brauche.
- Nur wenn ich meine **eigenen Interessen und Bedürfnisse achte**, kann ich auch die Interessen und Bedürfnisse der anderen achten.
- Die Bedeutung meiner **Kommunikation** erkenne ich an der Reaktion meines Gesprächspartners.

Nehmen Sie sich nun einige Minuten Zeit, um über diese Aussagen anhand folgender Fragen nachzudenken:

- Was denke ich über diese Aussagen?
- Sind eine oder mehrere davon charakteristisch für mich?
- Was davon sehe ich anders und warum?
- Welche ergänzenden Aussagen gibt es für mich?
- Welche Erkenntnisse gewinne ich daraus?

1.2 Selbstmanagement-Modell

Als Orientierungsrahmen für dieses Buch, aber auch als „Landkarte" für Ihr persönliches Selbstmanagement wurde nachfolgendes Modell entwickelt. Wie Sie später noch sehen werden, gibt es zwischen den genannten Elementen vielfältige Beziehungen, die durch *Kursivschrift* gekennzeichnet sind. In diesem Sinne ist das Modell eher ganzheitlich, denn linear zu betrachten. Insoweit sind auch die folgenden Ausführungen zu verstehen.

Der Nutzen eines solchen Modells besteht für Sie darin

- die wesentlichen Elemente des Selbstmanagements zu kennen
- immer den Überblick zu behalten
- die vielfältigen Verbindungen der Elemente vor Augen zu haben.

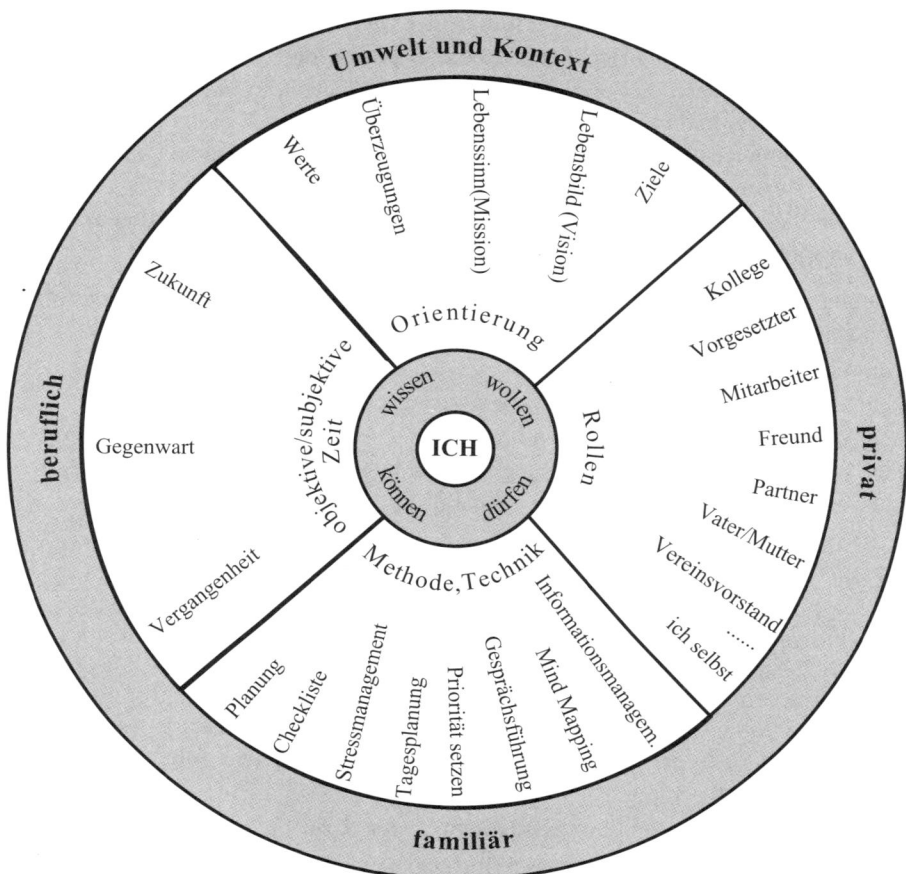

Abb. 1.1: Selbstmanagement-Modell

Beginnen wir mit dem inneren Kreis, dem „Ich". Von dort aus geht es Schritt für Schritt weiter nach außen.

1.2.1 Ich

Im Mittelpunkt stehen Sie selbst mit Ihren Anlagen, Fähigkeiten und Erfahrungen. Dabei ist zu unterscheiden zwischen dem, was sich aufgrund eines anlagebedingten Reifeprozesses entwickelt hat und was Sie andererseits im Laufe Ihres Lebens bewusst gelernt haben. Wobei *Lernen* an dieser Stelle sowohl die von außen durch die *Umwelt* als auch durch Sie selbst gesteuerten Prozesse beinhaltet.

Beispiel: *Sie haben „gelernt", wie Sie sich zu verhalten haben gegenüber Ihren Eltern, indem diese auf Ihr Verhalten entsprechend reagiert haben z.B. durch Lob oder Tadel. Anderseits haben Sie z.B. bewusst Informationen und Fer-*

tigkeiten gelernt wie etwa das Autofahren in Theorie und Praxis, damit Sie einem anderen Ziel, der persönlichen Mobilität o.ä. näher kommen.

In Ihrem „*Ich*", d.h. in Ihnen, sind also alle Geschehnisse der Vergangenheit vereint. Ein enger Zusammenhang besteht zwischen den Begriffen „*Ich*" und „Identität". Identität meint das Herausbilden eines Bildes von sich selbst, das erst die notwendige Abgrenzung gegenüber anderen Menschen möglich macht.

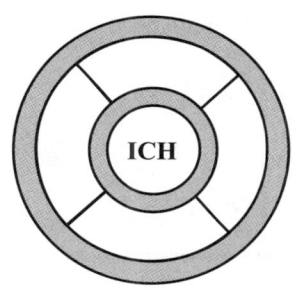

Ein anderer Blick auf das „*Ich*" besteht darin, sich selbst nicht als ein Ganzes, sondern als eine Vielzahl von mehreren Teilpersönlichkeiten zu verstehen.

Beispiel: *Eine Führungskraft möchte gerne bestimmter gegenüber seinen Mitarbeitern auftreten. Das ist jedoch nur das Bedürfnis von einem Teil in ihr. Daneben gibt es andere Teile, die anerkannt und geliebt werden wollen. Ebenso fühlte sich ein Teil bereits heute sehr einsam im beruflichen Umfeld usw.*

Gemeint ist damit, dass Sie unterschiedliche *Ziele* verfolgen. Nun kommt es sehr häufig vor, dass diese *Ziele* mit entsprechenden *Rollen* verknüpft sind und sich teilweise auch widersprechen. Es entsteht ein *Rollen*konflikt.

Oft bewegt sich ein Mensch dabei permanent von der einen Rolle zur anderen, ohne den Konflikt zu lösen. Er wendet sich jeweils der Seite zu, auf der der größte Druck besteht. Sei es von außen durch die Erwartung anderer Menschen oder auch in ihm selbst. Eine hilfreiche und entlastende Erklärung ist dann das „Modell der Teilpersönlichkeiten". Das bedeutet, nicht „*Ich*" bin so, sondern „ein Teil in mir" ist so und hat bestimmte *Erwartungen* zu erfüllen bzw. wünscht sich, bestimmte *Ziele* zu erreichen. Daneben gibt es andere Teile, die andere Anforderungen stellen. Hieraus ergeben sich sehr schnell Zielkonflikte.

Da gibt es beispielsweise einen „Angstminister", einen „Bequemen", einen „Gerechtigkeitsanwalt", einen „Kreativen" usw. Durch die Identifizierung der unterschiedlichen Anteile findet eine Differenzierung der unterschiedlichen *Ziele* und damit verbunden *Orientierungen* statt.

Der Konflikt kann durch ein inneres Verhandeln zwischen den einzelnen Teilen und damit der Herstellung einer guten Kooperation dieser Teile gelöst werden. Die zentrale Frage lautet: Wie ist es, wenn es optimal läuft? In der systemischen Familientherapie sind solche Konzepte bekannt geworden unter dem Begriff der „inneren Konferenz" (Gunther Schmidt: Arbeitspapiere). Schulz von Thun (Miteinander Reden 3) nennt es das „innere Team". Im Kapitel 1.2.4 „Rollen" werden diese inneren Anteile detaillierter behandelt.

1.2.2 Wissen, Können, Wollen und Dürfen

Zwischen *Wissen*, *Können* und *Wollen* besteht ein enger Zusammenhang.

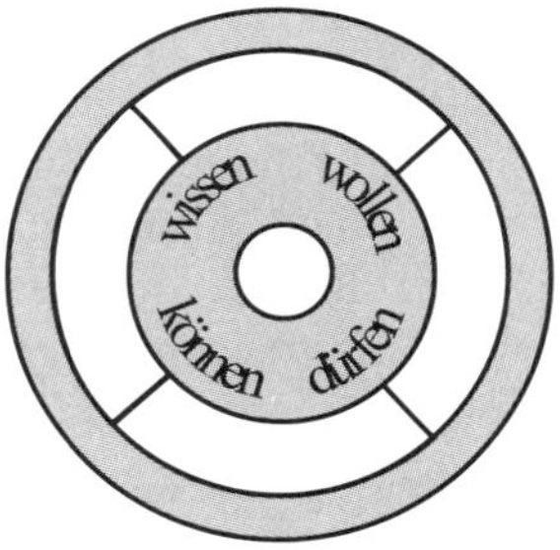
wissen
wollen
können
dürfen

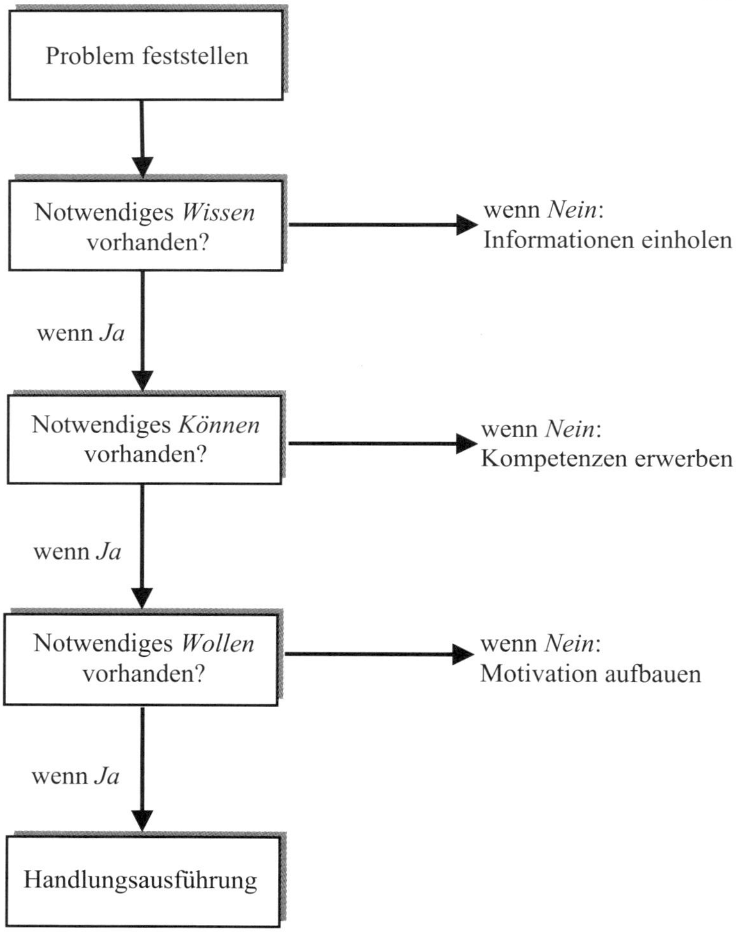
Problem feststellen
Notwendiges *Wissen* vorhanden?
wenn *Nein*: Informationen einholen
wenn *Ja*
Notwendiges *Können* vorhanden?
wenn *Nein*: Kompetenzen erwerben
wenn *Ja*
Notwendiges *Wollen* vorhanden?
wenn *Nein*: Motivation aufbauen
wenn *Ja*
Handlungsausführung

Abb. 1.2: Zusammenhang zwischen Wissen, Können und Wollen

Wissen

Das *Wissen* beinhaltet die kognitiven Bestandteile dessen, was Ihr Handeln prägt. Es ist zu trennen zwischen aktivem und passivem *Wissen*.

- *Aktives Wissen* ist das, was Sie jederzeit zur Verfügung haben.
- *Passives Wissen* sind Informationen, die Sie irgend wann einmal gehört oder gelesen haben, auf die Sie aber z.Z. nicht unmittelbar zugreifen können.

Angesichts der steigenden Informationsflut wird es immer weniger möglich, alles *Wissen* verfügbar zu halten. Vielmehr wird es darum gehen, zum richtigen Zeitpunkt die richtigen Informationen parat zu haben.

Damit Sie dies erfolgreich bewerkstelligen können, bedarf es des Bewusstseins für den aktuellen Wissensbedarf, eine ausgeprägte Fähigkeit des *Lernens* und Verlernens sowie geeignete Strukturen für die Informationssammlung und -ablage. Siehe auch Kapitel zwei und drei dieses Buches.

Können

Das *Können* beinhaltet alle Fähigkeiten und Fertigkeiten (Kompetenzen) eines Menschen. Gemeint ist damit die Leistungsfähigkeit eines Menschen. Es reicht vom Ausfüllen bestimmter Formulare bis zur Ausführung komplexer Bewegungsmuster, wie sie beispielsweise ein Artist bzw. Jongleur durchzuführen vermag. Dies zu erreichen bedarf teilweise jahrelanger Übung und ist ebenfalls eng mit Lernprozessen verknüpft. Hier kommt auch der Einsatz bestimmter *Methoden und Techniken* zur Geltung. Bezogen auf Ihr Selbstmanagement finden Sie dazu in Kapitel drei umfangreiche Hilfsmittel.

Wollen

Wollen setzt voraus, dass Ihnen das notwendige *Wissen* und *Können* zur Verfügung stehen, und geht folgerichtig jeder Handlung voraus (siehe Abb. 1.2). *Wollen* bedeutet auch Leistungsbereitschaft. Mit dem *Wollen* ist eng der Begriff Motivation verbunden. Motivation ist der Motor für Tätigkeiten. Motivation ist unsere innere *Überzeugung*, die Hinwendung zu einer Tätigkeit auslöst. Wobei nur Bedürfnisse, die nicht befriedigt sind, motivieren können und anspornen, vorausgesetzt, dass die reale Chance besteht, sie zu befriedigen. Daraus ergibt sich auch der Bezug zu den *Werten* und *Zielen* jedes Menschen (siehe Kapitel 1.2.3 und 1.3). Nur wenn Klarheit über diese besteht, können Sie ein solch unbefriedigtes Bedürfnis entdecken, zuordnen und durch angemessene Handlung befriedigen. Unterstützung für die konkrete *Umsetzung* finden Sie im Kapitel 2 „Umsetzung".

> *Wenn wir alles täten, wozu wir imstande sind,*
> *würden wir uns wahrlich in Erstaunen versetzen!*
> (Thomas A. Edison)

Dürfen

Mit *Dürfen* ist die „Erlaubnis" zu einer Handlung gemeint. Man bezeichnet dies auch als Leistungsentfaltungsmöglichkeit. Diese Erlaubnis gibt sich zunächst jeder selbst. Meist zeigen sich hier schon erste Hindernisse. Gemeint sind einschränkende Einstellungen und Überzeugungen, Werte und Normen (siehe *„Orientierung"*), die Sie im Laufe Ihrer Sozialisation (siehe *„Ich"*) erworben haben und die heute unbewusst weiter wirken. Sich diese bewusst zu machen ist eine notwendige Voraussetzung, um adäquat mit ihnen umzugehen.

Selbstmanagement bedeutet an dieser Stelle auch sich Selbst-bewusst-sein und mit den Augen eines Erwachsenen auf die Grundlagen der eigenen Entwicklung zu schauen. Sie zu ändern, wo es möglich und sinnvoll ist, sie zu akzeptieren, wo es keine andere Alternative gibt. Dies geschieht immer in einem bestimmten *Kontext*, einer *Umwelt*, die vielfältige Erwartungen an Sie stellt. Diese lassen sich erkennen in den unterschiedlichen *Rollen*, die jeder einnimmt. In Kapitel 1.4 haben Sie die Möglichkeit, sich Ihrer unterschiedlichen *Rollen* und den damit verbundenen *Rollenerwartungen* bewusst zu werden. Menschliches Verhalten wird auch dadurch wesentlich geprägt, inwieweit es von der *Umwelt* aufgrund gesellschaftlicher Normen oder klarer *Rollenerwartungen* „erlaubt" ist. Häufig sind diese Zusammenhänge nicht bewusst und prägen dennoch Verhalten und damit die zu erzielenden Erfolge.

1.2.3 Orientierung

Was für Unternehmen bzw. Organisation gilt, hat auch für den einzelnen Menschen Bedeutung. Die zunehmende Individualisierung und der Wertewandel tun ein Übriges dafür, nach Quellen der Orientierung zu suchen. Früher schien es einfach, gaben doch im Wesentlichen die Religion und die tradierten *Werte* Halt, Sicherheit und *Orientierung*.

Heute hat jeder von uns vielfältige Möglichkeiten, *Orientierung* zu finden. Beispielsweise in Kirchen, Kinder-, Jugend- und Erwachsenengruppen, Vereinen, Parteien und anderen thematischen Gruppierungen.

Es geht aber auch darum, wieder in sich zu ruhen und genau zu überlegen, was für Sie wichtig ist. Damit ist der beste Ort der *Orientierung* jeder selbst!

> *Es gibt für Menschen keine geräuschlosere und ungestörtere Zufluchtstätte als seine eigene Seele. Halte recht oft solche stille Einkehr und erneuere Dich selbst.*
> (Marc Aurel)

Also nehmen Sie sich Zeit für sich. Nur so kann es Ihnen gelingen, ein selbstbestimmtes Leben zu führen.

Für diese *Orientierung* ergeben sich eine Reihe nützlicher Fragen wie z.B.

- Was ist der *Sinn* meines Lebens?
- Welche Erwartungen habe ich an mich und mein Leben?
- Was soll mit mir in dieser Zeit passieren? Was möchte ich passieren lassen?
- Welche *Ziele* habe ich wirklich und wie könnte ich Sie erreichen?
- Was sind meine *Werte* und welchen Einfluss haben Sie?
- Woran *glaube* ich und was bedeutet das für mich und mein Leben?

Egal, mit welcher Frage Sie sich zuerst beschäftigen. Im Laufe Ihres Lebens werden Sie sicher die Erfahrung gemacht haben, dass jede ihre eigene Bedeutung für Sie hat.

Als Beispiel der *Wert „Perfektion": Er entsteht schon in früher Kindheit u.a. durch einen Mangel an emotionaler Unterstützung und durch zu hohe Leistungsmaßstäbe der Eltern. Im konkreten Verhalten kann er sich später beispielsweise in Arbeitssucht bzw. sehr vielen Überstunden zeigen, weil Menschen glauben, nur dann das Beste erreichen zu können.*

Das Beste lässt sich jedoch auch an konkreten *Zielen* messen und ist deshalb nicht gleichbedeutend mit einem hohen Zeit- und Energieeinsatz. Und je früher Sie sich Klarheit darüber verschaffen, desto eher können Sie die vielfältigen Möglichkeiten nutzen, die das Leben Ihnen bietet, um das aus sich zu machen, was Sie sich tief im Innersten wünschen.

1.2.4 Rollen

Eine Rolle ist ein Bündel von Verhaltenserwartungen, das an eine Person herangetragen wird. Diese Rolle ist zusammen mit dem Menschen und seinem gezeigten Verhalten zu betrachten. Je nach Situation, Persönlichkeit und eigenem Gestaltungsvermögen nimmt jeder Mensch Einfluss auf seine Rollen.

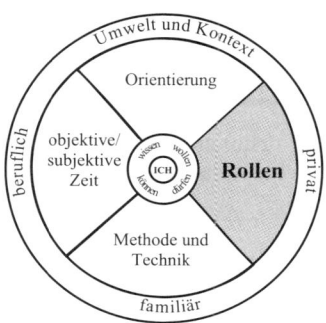

Im Leben hat jeder vielfältige *Rollen* zu übernehmen. Teilweise werden diese sehr aktiv von Ihnen gestaltet (Rolle als Freund, Ehemann oder Vater), teilweise sind sie in einem vorgegebenen Rahmen auszufüllen, wie z.B. in der Organisation, in der Sie tätig sind. Sie sind also immer von der *Umwelt* und dem *Kontext* abhängig. Die Vielzahl der *Rollen* und die daran geknüpften *Erwartungen* führen im Alltag zu Irritationen, Konflikten und einem permanenten Abwägungsprozess. Wer kennt das nicht.

Beispiel: *Sie sollen einerseits die wichtige Präsentation für die Vorstandssitzung noch heute fertigstellen. Andererseits hatten Sie einen Kinoabend mit Ihrer Familie vorgesehen.*

Solche und ähnliche Konflikte ergeben sich immer wieder. Ja sie sind nicht zu vermeiden. Denn jede Rolle verlangt auch eine gewisse Loyalität ihr gegenüber, soll diese befriedigend ausgefüllt werden. Das hat aber auch Konsequenzen darauf, ob Sie sich bzw. Ihre *Umwelt* Ihnen bestimmte Handlungen und Aussagen „erlauben", d.h. ob Sie es *dürfen*. Die entscheidende Frage ist, wie Sie damit intelligent umgehen können. Von den unterschiedlichen *Rollen*, den daran geknüpften *Erwartungen* und Ihrem konkreten Umgang damit handelt das Kapitel 1.4 und 2.2.4.

1.2.5 Zeit

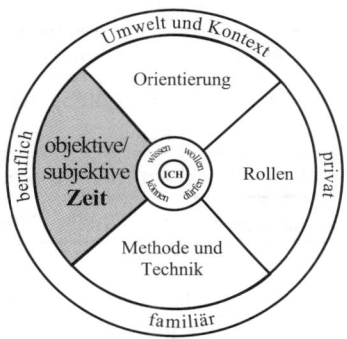

Selten hat ein Begriff die gesellschaftliche Entwicklung so geprägt wie der Begriff *Zeit*.

Dabei ist dies nicht nur eine Frage der Definition, sondern vielmehr der subjektiven Wahrnehmung, des individuellen Erlebens von *Zeit*. Objektiv betrachtet hat jeder Mensch gleich viel *Zeit*. Es erscheint jedoch sehr stark von der Tätigkeit und der Bedeutung, die Sie der Tätigkeit geben, abzuhängen, wie *Zeit* erlebt wird. Ist es spannend, so vergeht die *Zeit* wie im Flug. Ist es „langweilig" oder auch unangenehm, so erscheint jede Minute wie eine Ewigkeit.

Die Qualität von Zeit ist abhängig von der Art der Messung. *Objektive* Zeit, also die von Uhren gemessene und *subjektive* Zeit, die von Ihnen erlebte, wahrgenommene, sozusagen in Ihnen gemessene Zeit. *Zeit* können Sie aber auch chronologisch betrachten. Die *Vergangenheit* hat Sie vielfältig geprägt. Sie haben Erfahrungen gemacht und diese steuern auch heute noch unbewusst Ihr Handeln (unsere *Werte* und *Überzeugungen*). In der *Gegenwart* leben Sie. Nur hier können Sie durch Ihr Handeln aktiv dazu beitragen, *Vergangenheit* zu bewältigen, konkrete Maßnahmen umzusetzen und *Zukunft* zu gestalten. Eine Vorstellung von der *Zukunft* zu haben, gibt Ihnen wiederum *Orientierung* (*Lebenssinn, -bild* und *Ziele*), die hilfreich ist, um das Leben zu führen, das Sie sich wünschen. Mehr dazu im Kapitel 1.5 dieses Buches.

1.2.6 Methoden und Techniken

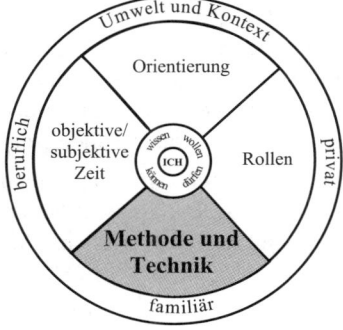

Damit Sie Unterstützung für die konkrete *Umsetzung* Ihrer *Vision* und *Ziele* in Ihrem Alltag haben, finden Sie im Kapitel 3 vielfältige *Methoden*, *Techniken*, Verhaltensweisen und Hilfsmittel. Vorangestellt ist eine Übersichtsmatrix, die die Zusammenhänge zwischen den einzelnen *Methoden* und *Techniken* darstellt, so dass Sie schnell die für Ihr „Problem" passende *Methode / Technik* finden können. Die *Methoden / Techniken* reichen von A wie Arbeitsorganisation über P wie Planung bis Z wie Zeitplanbuch.

Die Darstellung der *Methoden / Techniken* erfolgt in der nachfolgend aufgezeigten einheitlichen Struktur.

Situation:	Beschreibung typischer Situationen
Problem:	Darstellung häufig anzutreffender Probleme in solchen Situationen
Ziel:	Aus den Problemen abgeleitete Ziele
Lösungen:	Vorschläge, Hinweise, Erläuterungen zur Zielerreichung

Damit sollen Sie in die Lage versetzt werden, alles umzusetzen, was Sie sich vornehmen, bzw. mit Hilfe dieses Buches zu erarbeiten. Insoweit besteht eine enge Verknüpfung mit dem Kapitel „*Umsetzung*", in dem Sie diese konkreten Schritte erarbeiten.

1.2.7 Umwelt und Kontext

Die *Umwelt* hat hohen Einfluss auf unser Leben. Sie prägt(e) unsere Entwicklung. Handlungen werden häufig erst durch Berücksichtigung der *Umwelt* bzw. unter Berücksichtigung des *Kontextes* erklärbar.

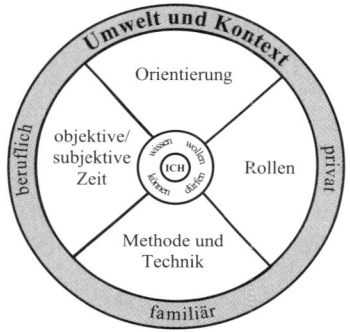

Beispiel: *Ein eher schlampig gekleidetes Paar geht in einem Park spazieren. Plötzlich beginnt die junge Frau, grässlich zu schreien. Daraufhin zögert der junge Mann nicht lange und schlägt ihr mehrmals mit der flachen Hand ins Gesicht.*

Was halten Sie davon?

Vermutlich nichts. Sehr wahrscheinlich lehnen Sie Gewalt ab und empfinden dies als eine sehr unangemessene und verachtungswürdige Handlung. In welchem Kontext könnte das Verhalten des Mannes aber sinnvoll und hilfreich sein? Nun, er hat damit seine Frau vor einem epileptischen Anfall bewahrt.

Daran lässt sich zweierlei erkennen. Erstens sind Handlungen nicht allein durch deren Beobachtung erklärbar. Zweitens ist unbedingt der *Kontext* zu berücksichtigen, um die Handlung zu verstehen. Und dieser besteht in obigem Beispiel in der Krankheit der Frau.

Zur Differenzierung von *Umwelt und Kontext* sind die Bereiche *Beruflich, Familiär* und *Privat* zu unterscheiden. Die folgenden Ausführungen beziehen sich immer auf das bisher Erlebte (*Vergangenheit, Werte* und *Überzeugungen*) bzw. das, was Sie noch erreichen wollen (*Zukunft, Vision* und *Ziele*).

Beruflich
Alles, was Ihre Arbeitswelt betrifft. Von der Ausbildung / Studium über die verschiedenen Phasen Ihres beruflichen Werdegangs über die Unternehmen und Branchen, in denen Sie tätig waren, bis zu Ihrem „Traumjob". Natürlich auch Ihre unterschiedlichen *Rollen*, die Sie in diesem Kontext einnehmen, wie z.B. Kollege, Vorgesetzter, Mitarbeiter, Mentor usw.

Familiär
Damit ist sowohl Ihre Herkunftsfamilie als auch Ihre jetzige Familie gemeint. Wie ist Ihre *Rolle* in der Herkunftsfamilie? Wie ist sie entstanden und wer hält sie aufrecht? Wie wurden Sie durch diese Familie geprägt? Welche *Rollen* haben Sie in Ihrer jetzigen Familie? Wie beeinflussen diese Rollen z.B. Ihre Partner (-in) bzw. Kind(er)? Nehmen Sie sich ausreichend *Zeit* für Kontakt und Pflege der Beziehungen untereinander?

Privat
Damit sind schließlich Sie ganz persönlich und alleine gemeint. Also einerseits Ihr *„Ich"*, andererseits aber auch die *Zeit* und der Raum, den Sie für sich selbst in Anspruch nehmen. Seminarteilnehmer berichten immer wieder die Erfahrung, wenn Sie die ersten Schritte im Beruf erfolgreich gegangen sind und die Familie gegründet ist, eine gewisse Leere für sich selbst zu empfinden. Viele haben es versäumt, in sich zu ruhen und sich immer wieder auch nach dem *Sinn* ihres Lebens zu fragen, eigene, persönliche *Visionen* und *Ziele* zu haben und zu verfolgen.

All das ist in Balance zu halten. Damit dies möglich ist, bedarf es immer wieder Feedback und Reflexion, zur Ruhe kommen und prüfen, ob Sie noch das Leben führen, wie Sie es sich vorstellen. Oder werden Sie etwa gelebt? Möglicherweise spüren Sie den Grad der Fremdsteuerung nicht mehr. Sie haben sich daran gewöhnt und dennoch empfinden Sie ein Gefühl der Unzufriedenheit. Bedenken Sie immer, dass Sie sich entscheiden können, das zu ändern. Jederzeit und sofort!

1.2.8 Umsetzung

In dem Kapitel 1.2. haben Sie einen Überblick über das Selbstmanagementmodell bekommen. In den folgenden Kapiteln werden einzelne Elemente näher beleuchtet. Die konkrete *Umsetzung* für Ihr persönliches Selbstmanagement ist Gegenstand des Kapitels 2. Ihnen wird ein konkreter Weg aufgezeigt, wie Sie die im Rahmen des Lesens gewonnenen Erkenntnisse systematisch umsetzen können. Ausgehend von einer Standortbestimmung können Sie konkrete Schritte zur Erarbeitung und Umsetzung von Maßnahmen durcharbeiten. Die Umsetzung orientiert sich an den in der nachfolgenden Grafik aufgezeigten Schritten.

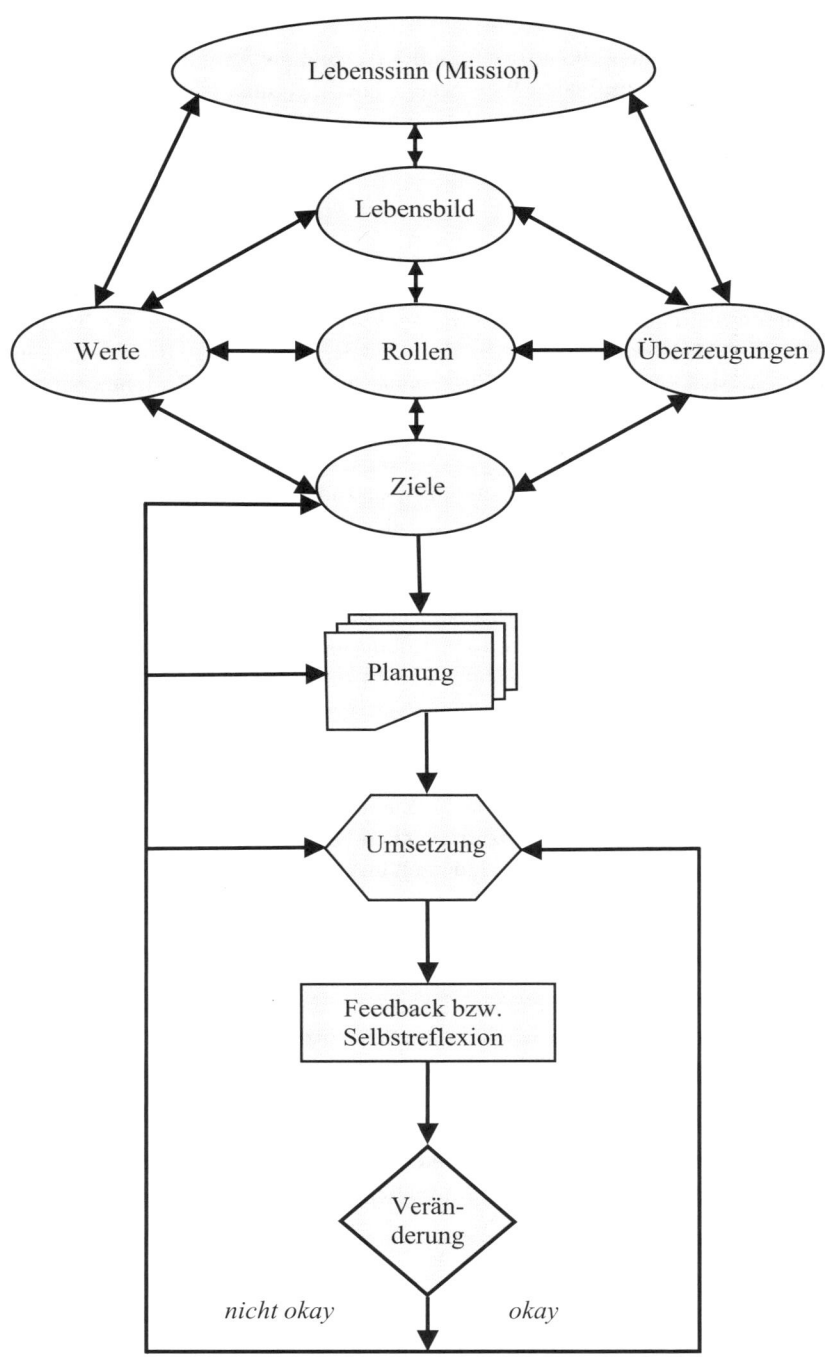

Abb. 1.3: Umsetzung des Selbstmanagements

Im Einzelnen handelt es sich um folgende Schritte:

- Im **ersten** Schritt definieren Sie Ihren Lebenssinn (Mission), Ihren Beitrag zu einem größeren Ganzen.
- Im **zweiten** Schritt entwickeln Sie Ihr *Lebensbild* (*Vision*), Ihre Vorstellung eines erfüllten und erfolgreichen Lebens.
- Im **dritten** Schritt formulieren Sie Ihre wichtigen *Werte*, das, was Sie tief im Innersten bewegt. Ebenfalls ermitteln Sie im dritten Schritt die im Laufe Ihres Lebens entwickelten *Überzeugungen*. Dabei geht es auch darum, sie daraufhin zu prüfen, welche Einschränkungen damit für Sie verbunden sind.
- Im **vierten** Schritt klären Sie Ihre *Rollen*, die Sie täglich ausfüllen.
- Im **fünften** Schritt geht es um die Formulierung von konkreten *Zielen*. Sie werden Ihre Ziele für unterschiedliche Zeithorizonte und Rollen formulieren.
- Im **sechsten** Schritt erstellen Sie schließlich eine konkrete *Planung* zur Umsetzung Ihrer Ziele. Sie entwickeln u.a. einen Jahresplan und einen konkreten Tagesplan.
- Im **siebten** Schritt erhalten Sie abschließende Hinweise, wie Sie während der *Umsetzung* Ihren Fortschritt überprüfen und ggf. Änderungen vornehmen können.

1.2.9 Standortbestimmung Ihres Selbstmanagements

Nehmen Sie sich nun einige Minuten Zeit, um eine Bestandsaufnahme Ihres Selbstmanagements zu machen.

	Ja	Nein
Haben Sie eine schriftlich definierte *Vision* bzw. ein Bild davon, wie Ihre Zukunft aussieht?	❏	❏
Sind Sie sich Ihrer unterschiedlichen *Rollen* bewusst und haben diesbezüglich auch Erwartungen und *Ziele* definiert?	❏	❏
Besitzen Sie schriftlich fixierte *Werte* und wissen so, was Sie zum Teil auch unbewusst steuert in Ihrem Leben?	❏	❏
Kennen Sie alle Ihre Überzeugungen, wie z.B. „Nur wer hart arbeitet, wird Erfolg haben"?	❏	❏
Formulieren Sie regelmäßig schriftlich Ihre lang- und kurzfristigen *Ziele*?	❏	❏
Halten Sie die *Balance* zwischen den Bereichen Kontakt (mit anderen Menschen), Leistungsorientierung (im Beruf), Sinn (meines Lebens) und körperlicher Fitness?	❏	❏
Planen Sie regelmäßig Ihre *Zeit* und Ihre *Ziele*?	❏	❏
Nehmen Sie sich regelmäßig Zeit, um den Stand der *Ziel*erreichung und die Anpassung Ihrer *Planung* zu überdenken?	❏	❏

Fortsetzung siehe nächste Seite

Kennen Sie Ihre Strategien, wie Sie für sich Veränderungen verhindern können?	❏	❏
Wissen Sie, wie Sie sich sofort in einen guten Zustand bringen können und setzen Sie diese Techniken regelmäßig und bewusst ein?	❏	❏
Kennen Sie Erfolgsmethoden und setzen Sie diese regelmäßig ein?	❏	❏
Benutzen Sie Hilfsmittel, wie z.B. ein Zeitplanbuch, um damit eine konsequente Umsetzung sicherzustellen?	❏	❏
Sind Ihnen Ihre Zeitfresser bewusst? Wenn ja, haben Sie konkrete Maßnahmen vorgesehen, wie Sie mit diesen besser umgehen werden?	❏	❏
Priorisieren Sie täglich Ihre zu bewältigenden Aufgaben?	❏	❏
Setzen Sie bewusst *persönliche Arbeitstechniken* zur *Ziel*erreichung ein?	❏	❏

Je mehr Nein-Antworten Sie ankreuzen, desto mehr Nutzen wird Ihnen dieses Buch bieten. Ebenfalls finden Sie für die Ja-Antworten weitere Anregungen für Ihr Denken und Handeln.

1.3 Orientierung

Dieses Kapitel enthält die wesentlichen Voraussetzungen für ein bewusstes Leben. Damit soll Ihnen die Grundlage und notwendige Orientierung für Ihre persönliche Lebensgestaltung vermittelt werden.

Wenn Sie dieses Kapitel lesen und verarbeiten, werden Sie

- ❏ Klarheit über die Bedeutung von Lebenssinn, Vision, Zielen, Werten und Überzeugungen gewinnen
- ❏ angeregt werden, über den Sinn Ihres Lebens nachzudenken
- ❏ Ziele als wesentliches Hilfsmittel zur Erfüllung der eigenen Wünsche kennenlernen
- ❏ sich der großen Bedeutung der eigenen Werte und Überzeugungen für Ihr Leben bewusst sein
- ❏ Affirmationen als ein hilfreiches Mittel zur Unterstützung des eigenen Erfolges kennenlernen.

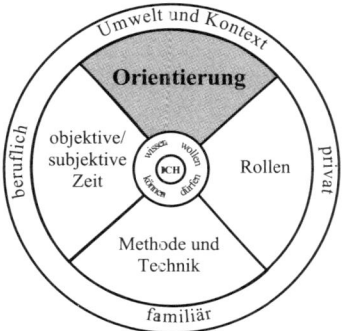

1.3.1 Grundlagen

Jede Form des Managen benötigt Orientierung. Denn wenn Sie nicht wissen, wohin bzw. worauf Sie Ihre Aufmerksamkeit und damit Zeit und Energie richten wollen, werden Sie auch nicht die gewünschten Erfolge erzielen können.

> *Die entscheidende Frage für Erfolg ist nicht,*
> *ob etwas machbar ist, sondern ob es denkbar ist.*
> (Jürgen Höller)

In Organisationen ist die Vermittlung von Orientierung eine der wesentlichen Aufgaben von Führungskräften. Man bedient sich der Instrumente wie Vision, Leitbild, (Führungs-) Grundsätzen, Strategien, Organisationszielen, Maßnahmenplänen usw. Entscheidend für einen Erfolg solcher Instrumente ist dabei weniger das Ergebnis, sondern der Weg der Erarbeitung. Solche Instrumente mit Leben zu füllen und damit nutzbar für die Organisation zu machen, gelingt nur, wenn die betroffenen Mitarbeiter intensiv an deren Entwicklung beteiligt werden. Vergleichbares gilt auch für Ihr persönliches Selbstmanagement. Auch Sie benötigen Orientierung, einen selbst gesteckten Rahmen, in dem Sie erfolgreich sein wollen. Niemand außer Ihnen selbst kann wissen und erkunden, was genau für Sie das Beste ist! Sorgen Sie dafür, Ihre persönliche Situation noch weiter zu verbessern und Ihre Ziele zu erreichen! Damit Sie in Ihrem Leben erfolgreich sind, sollten Sie sich eine Reihe von Fragen stellen. Die folgende Grafik stellt diese in ihrem Zusammenhang dar.

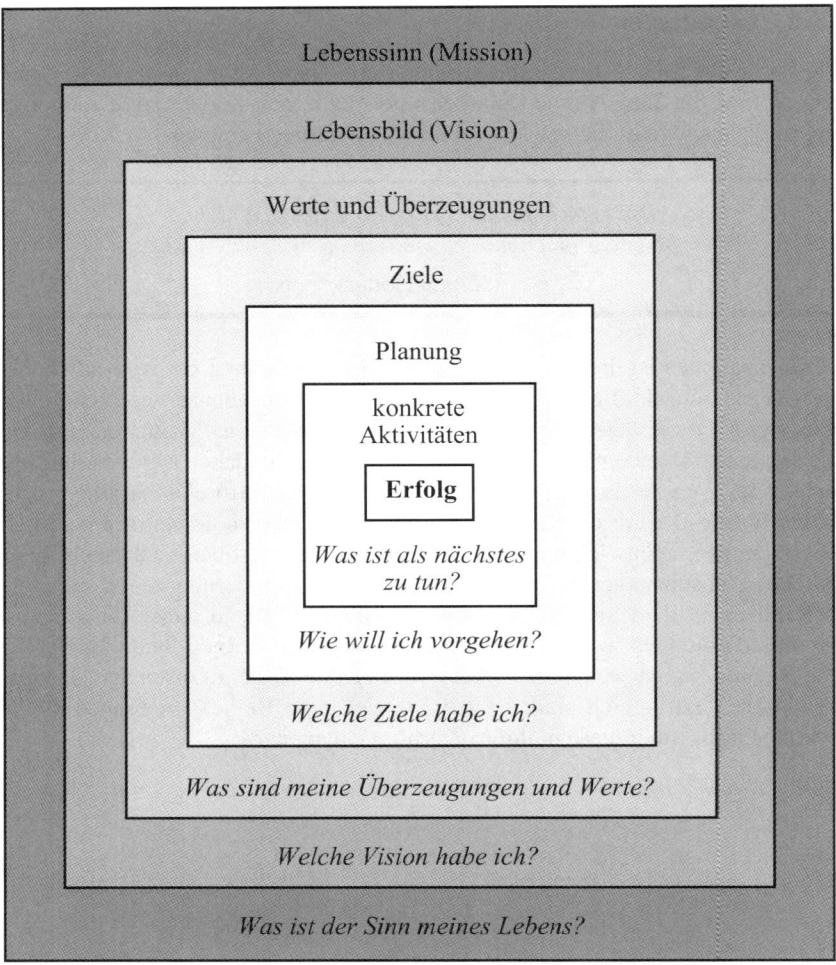

Abb. 1.4: „Rahmen" für die persönliche Orientierung

> *Erfolg hat drei Buchstaben: **T - U - N**!*
> (Höller)

Ergreifen Sie also die Initiative. Begeben Sie sich auf den Weg. Sie werden dabei nicht immer genau dort ankommen, wo Sie es „geplant" haben. Aber der Weg ist auch hier das Ziel.

Im Folgenden werden die einzelnen Elemente der Orientierung näher beschrieben.

1.3.2 Lebenssinn (Mission)

> *Jedes Leben birgt in seinem Innersten einen zentralen Wunsch:*
> *Das es etwas bedeuten möge, gelebt zu haben.*
> (Ron Smothermon)

Leben ist dauernder Wandel, dauernde Veränderung. Ihr Wissen muss sich ständig den veränderten Umweltbedingungen anpassen. Ebenso Ihre Fähigkeiten und Fertigkeiten. Beziehungen, Freundschaften wollen täglich gepflegt werden. Genauso wie Sie täglich etwas für Ihre Gesundheit und Psychohygiene tun sollten. Sicher haben Sie schon bemerkt, dass sich diese Elemente in dem Selbstmanagementmodell zuordnen lassen. Dabei geht es neben der Orientierung auch um handfeste Ziele und daraus abgeleitet konkrete Maßnahmen. Davon später mehr.

Das Leben ist auch mit einem Garten vergleichbar. Sie können nur das ernten, was Sie auch säen. Aber wozu das alles? Jeder Mensch braucht Sinn für sein Leben. Eine Mission zu haben bedeutet, Ihrem Leben Sinn und Richtung zu geben. Erfolgreich zu sein hängt auch sehr stark davon ab, welche Vorstellungen Sie von Ihrem Beitrag in Ihrer Gemeinschaft haben, sich dessen bewusst zu werden und darauf die nächsten Schritte aufzubauen. Die wichtigste Frage in diesem Zusammenhang ist: „Was ist der Sinn meines Lebens?"

Beispiele: *Die weltweite Verbreitung effektiver und ökologischer Führungsfähigkeiten fördern. Menschen helfen, ihre eigene Lernfähigkeit und -bereitschaft zu entwickeln.*

Lebensphasen

Im Laufe Ihres Lebens kann sich diese Mission verändern. Es empfiehlt sich deshalb, dass Sie sich regelmäßig mit ihr beschäftigen. Berücksichtigen Sie dabei auch die typischen Phasen, die jeder Mensch im Laufe seines Lebens durchläuft. Die folgende Übersicht soll das verdeutlichen. Prüfen Sie für sich, wo es Übereinstimmung, aber auch, wo es Unterschiede in der Beschreibung gibt. Das Wissen um die verschiedenen Phasen im menschlichen Leben ermöglicht ein bewusstes Auseinandersetzen mit dem, was Sie erreicht haben und noch erreichen oder erleben wollen. Diese Übersicht erhebt nicht den Anspruch, vollständig und umfassend zu sein. Aber sie bietet eine gute Orientierung über typische Lebensphasen.

> *Das, was jemand von sich selbst denkt,*
> *bestimmt sein Schicksal.*
> (Mark Twain)

Die Zeitspanne der einzelnen Phasen beträgt sieben Jahre. Sie wurde deshalb gewählt, da innerhalb von sieben Jahren alle Zellen im menschlichen Körper sich mindestens einmal erneuern. Sie werden sozusagen alle sieben Jahre ein „neuer" Mensch. Daneben gilt die Sieben von jeher als heilige und magische Zahl. Gott erschuf die Welt in sechs Tagen, ruhte am siebten Tag und gab den Menschen die Woche mit sieben Tagen. Ein Regenbogen besteht aus sieben Farben, und wir kennen die sieben Säulen der Weisheit und die sieben Wunder der Welt.

Phase	Alter	Was	Merkmale
1	1-7	Nachahmung, Umgebung	Körperliches Wachstum, sprechen und laufen, lernen an Modellen
2	8-14	Autorität	Identität finden, Geborgenheit, Pubertät, erste Rollen differenzieren
3	15-21	Ideale, Wahrhaftigkeit	Sexualität, Freundschaften, erste berufliche Erfahrungen
4	22-28	Lehr- u. Wanderjahre	Sturm- und Drangzeit, experimentieren, Grenzen erfahren, Partnerwahl
5	29-35	Planen, Organisieren	Familiengründung, berufliche Karriere, Persönlichkeit entwickeln
6	36-42	Herrschen	politischer und kultureller Gestaltungswille, Leere, Midlife crisis
7	43-49	Pionierskampf	Kinder loslassen, Mentor sein, Selbstlosigkeit, Suche nach etwas Höherem
8	50-56	Weisheitsvolle Liebe	Vision leben, „selbstloses" Dienen lernen, nach Weisheit streben
9	57-63	Wesentliches	„Weisheit" leben, mit dem Tod beschäftigen, Übergabe an Jüngere
10	ab 64	Loslassen	Materielles loslassen, Selbstlosigkeit, spirituelle Entwicklung, Frieden

Phasen Ihres Lebens erkennen

Nehmen Sie sich nun einige Minuten Zeit, in der Sie ungestört über die folgenden Fragen nachdenken können. Halten Sie Ihre Gedanken schriftlich fest.

- Wann habe ich Entwicklung bei mir erlebt?
- Was habe ich entwickelt oder was entwickelte sich?
- Unter welchen Umständen oder in welchem Umfeld erlebe ich Entwicklung?
- Was und wie will ich mich in Zukunft entwickeln?
- Welche Phasen kann ich in meinem Leben entdecken?
- Kann ich eine Überschrift für jede Phase finden?
- Welche wesentlichen Entscheidungen habe ich in meinem Leben getroffen?
- Welche sind getroffen worden? Wodurch, von wem?
- Womit bin ich zufrieden in meinem Leben? Womit unzufrieden?
- Was will ich noch erleben?
- Wenn ich morgen sterben müsste, was würde ich noch tun wollen? Was nicht?
- Was bereitet mir Freude?
- Mit welchen Menschen will ich zusammen sein?
- Welchen Beruf will ich ausüben?
- Welche Aufgaben sind mir wichtig?
- Was bedeutet das alles für meine Zukunft?
- Was soll so bleiben, wo ist Veränderungsbedarf?
- Wenn ich etwas verändern will, besitze ich die notwendigen Informationen (Wissen), die entsprechenden Kompetenzen (Können) und die Motivation (Wollen), dies zu tun?
- Wenn nein, was ist noch zu tun?

Tun Sie es **Jetzt!**

> *Pro-aktiv sein heißt, dass wir als Menschen selbst für unser Leben verantwortlich sind. Unser Verhalten ist eine Funktion unserer Entscheidungen, nicht der gegebenen Bedingungen.*
> (Steven R. Covey)

1.3.3 Lebensbild (Vision)

> *Wenn Du ein Schiff bauen willst, dann rufe nicht die Menschen zusammen, um Pläne zu machen, Arbeit zu verteilen, Werkzeug zu holen und Holz zu schlagen, sondern lehre sie die Sehnsucht nach dem weiten, endlosen Meer. Dann bauen sie das Schiff von alleine.*
> (Antoine de Saint Exupery)

Eine Vision ist ein emotional aufgeladenes inneres Bild, das Sie motiviert und veranlasst in Bewegung zu kommen. Es bedeutet, sich eine Vorstellung von der entfernten Zukunft zu machen. Ein Bild, das Sie motiviert und veranlasst, sich darauf hinbewegen zu wollen.

> *Visionäre Gedanken schaffen die subjektive Voraussetzung für Erfolg und Zufriedenheit.*
> (Heinze und Rinck)

Menschen haben grundsätzlich zwei **Grundstrategien der Motivation**, die sie in Bewegung bringen. Die folgende Übersicht soll das verdeutlichen.

Weg-von-etwas-Strategie	Hin-zu-etwas-Strategie
Vermeidung von	**Hinbewegung** auf
• Angst	• Glück
• Schmerz	• Erfolg
• Trauer	• Selbstbewusstsein
• Wut	• Ausstrahlung
• Demütigung	• Reichtum
• Krankheit	• Liebe
• unangenehmen Folgen bzw. Konsequenzen	• Macht
	• Bequemlichkeit

Wie würden Sie Ihre Motivation einordnen? Eher Hin-zu-etwas oder Weg-von-etwas?

Die Hauptantriebsfeder bei Menschen ist zweifellos der Wunsch, negativen Gefühlen auszuweichen, sich also von etwas weg zu bewegen. Warum ist das so? Das Vermeiden dieser negativen Gefühle ist meist ein akut wahrnehmbares Gefühl. Freude zu erlangen wird dagegen als etwas erlebt, was meist in der Zukunft liegt und damit ungewiss ist. Den aktuellen Gefühlen räumen Menschen meist den Vorrang ein. Nach demselben Prinzip verfahren sie bei der Setzung von Prioritäten und bringen sich damit unter Zugzwang.

Angesichts der höheren Dringlichkeit wird die Weg-von-etwas-Strategie meistens Vorrang vor der Hin-zu-etwas-Strategie haben. Beide Strategien sind wirkungsvoll. Entscheidend wird sein, wieviel Leidensdruck Sie brauchen, um in Bewegung zu kommen. Oder wie attraktiv Sie Ihr inneres Bild, Ihre Vision gestalten, um sich darauf zu bewegen zu wollen. Am erfolgreichsten ist es, sich beide gleichzeitig zunutze zu machen. Verbinden Sie den (erwarteten) Leidensdruck mit einem anregenden inneren Bild einer positiven Zukunft.

Eine Vision zu vermitteln, gehört ebenso zu den Fähigkeiten einer guten Führungskraft wie sie generell zu jedem Menschen gehört, der sich selbst managen will. Sie gibt Orientierung, eine Richtung an, in die es sich lohnt, sich zu entwickeln. Bewusst ist hier nicht von „Wünschen" die Rede, denn Wünsche haben viele Menschen. Sie sind zumeist unspezifisch und unklar. Doch welche davon lassen sich realisieren? Und wer muss etwas dafür tun, damit sie Wirklichkeit werden? Durch die Antwort auf diese Fragen unterscheidet sich ein Wunsch von einer Vision bzw. auch von Zielen.

Sie sind es, der dafür aktiv werden muss!

Deshalb ist eine Vision, das eigene Lebensbild für jeden Menschen von großer Bedeutung. In der Praxis hat es sich als hilfreich herausgestellt, die Vision in eine familiäre, eine berufliche und eine private zu differenzieren. Wie bereits besprochen, sind das die relevanten Umwelten, in denen Sie sich bewegen. Beachten Sie jedoch, dass diese in Harmonie und Balance miteinander stehen. Dies jederzeit zu berücksichtigen, bedeutet, es als Lebensaufgabe zu akzeptieren. Sie werden erleben, dass es Ungleichgewichte im Verlauf Ihres Lebens gibt. Entscheidend ist, diese sensibel wahrzunehmen und entsprechende Anpassungen vorzunehmen.

Beispiele: *Als Führungskraft bin ich erfolgreich und anerkannt.*

Wir leben ein harmonisches und glückliches Familienleben.

Ich bin eine ausgeglichene Persönlichkeit.

Wie Sie an den Beispielen erkennen können, sind diese Formulierungen noch zu ungenau, um daraus sofort Maßnahmen abzuleiten und diese umsetzen zu können. Hierfür sind konkrete, messbare Ziele notwendig.

1.3.4 Ziele

Ziele geben Ihnen eine Antwort auf die Fragen:
- Was will ich wann erreichen?
- Welches Ergebnis strebe ich an?

> *Ein Ziel ist die gedankliche Vorwegnahme eines zukünftig gewünschten Zustandes.*

Klar davon zu unterscheiden sind Maßnahmen, also die Beschreibung des Weges, diese Ziele zu erreichen. Maßnahmen geben Antwort auf die folgenden Fragen:

- Wie komme ich dahin?
- Welche Unterstützung / Mittel brauche ich dabei?
- Was muss ich tun, um das Ziel zu erreichen?

Ziele dienen dazu, eine vorhandene Vision in klare Absichten zu fassen und in präzisen Formulierungen auszudrücken. Damit wird Ihr Handeln auf die Erreichung dieser Ziele ausgerichtet.

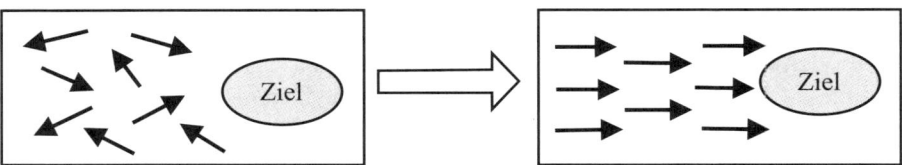

Fragen Sie sich deshalb auch ständig bei Ihren täglichen Aktivitäten:
- Bringt mich das, was ich im Moment tue, wirklich meinen Zielen näher?

Ziele wirken auch unbewusst. Je attraktiver sie sind, desto besser wird Ihr Unterbewusstsein Sie dabei unterstützen, diese zu erreichen. Unterschätzen Sie diesen Faktor nicht!

Damit ein Ziel richtig formuliert ist, sollte es folgende Bedingungen erfüllen:

S	**Sinnesspezifisch**: den Zielzustand so spezifisch wie möglich beschreiben (konkret, eindeutig, präzise)
M	**Messbar**: der angestrebte Zustand muss erkennbar, objektiv feststellbar und damit überprüfbar sein
A	**Aktionsorientiert, attraktiv** und **als ob jetzt**: das Ziel ist so zu formulieren, dass es Handlungen und positive Veränderungen aufzeigt
R	**Realistisch** und **Relevant**: es sollen wichtige Ziele beschrieben werden, die auch erreichbar sind
T	**Terminiert** und **transparent** in der Erreichung: also zeitlich festgelegt und klar nachvollziehbar

Formulieren Sie Ihre Ziele in Zukunft **SMART!**

Benutzen Sie dafür das folgende **ZIEL-Schema**:

Zweck	• Zu welchem Zweck mache ich das? • Was habe ich davon? • Was bedeutet das für mich?
Inhalt	• Was brauche ich dazu? (Methoden, Vorgehensweisen, Personen, Maßnahmen und Aktivitäten, Voraussetzungen) • Wie und womit?
Ergebnis	• Ein messbarer und überprüfbarer Zustand • Erfolgskriterien? • Was?
Länge	• Wie lange?

(nach Bischof: Selbstmanagement)

Jeden Tag sind Sie mit einer Fülle von Aufgaben konfrontiert. Telefonate sind zu führen, wichtige Berichte zu erstellen und eine Besprechung jagt die andere. Untersuchungen haben gezeigt, dass nur ca. fünf Prozent aller Menschen konkrete Ziele und darüber hinaus nur ein Prozent aller Menschen ihre Ziele auch schriftlich formuliert haben! Kein Wunder also, dass viele Menschen in der Hektik des Alltags den Überblick nicht mehr behalten und damit häufig nicht dort ankommen, wo sie es sich wünschen.

> *Wer den Hafen nicht kennt, in den er segeln will,*
> *für den ist kein Wind ein günstiger!*
> (Seneca)

Formulieren Sie ab sofort Ihre Ziele schriftlich. So stellen Sie sicher, dass Sie konkrete Vorstellungen davon entwickeln, was Sie erreichen möchten. Ein weiterer wichtiger Grundsatz bei der Arbeit mit Zielen besteht darin, diese auch zeitlich zu fixieren. Damit ist einerseits natürlich die Fixierung eines Endtermins gemeint, andererseits aber auch, Ziele in Teilziele zu zerlegen.

Dieses Vorgehen bietet folgende Vorteile:

◆ Bessere Übersicht für die Erreichung des Gesamtziels
◆ schnell realisierbare Erfolgserlebnisse
◆ gute Korrektur- / Anpassungsmöglichkeit an eintretende (Umwelt-) Veränderungen
◆ Orientierung
◆ Anziehungskraft.

Beachten Sie aber, dass die schriftliche Fixierung der Ziele nicht dazu führen darf, diese als unverrückbare Größen zu betrachten und sich „sklavisch" danach zu richten.

Wirklich erfolgreiche Menschen passen ihre Ziele rechtzeitig und flexibel an veränderte Umweltbedingungen und eigene Veränderungen an.

Berücksichtigen Sie bei der Definition Ihrer Ziele auch die weithin bekannte Bedürfnispyramide nach Maslow.

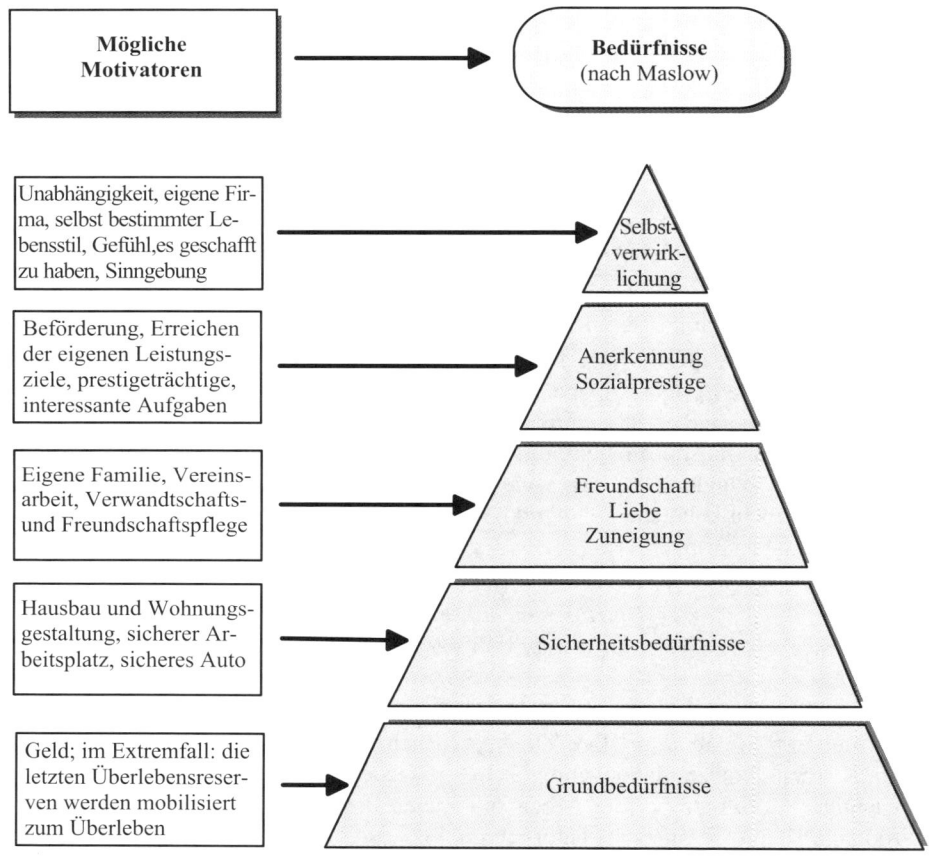

Abb. 1.5: Bedürfnispyramide nach Maslow

Diese einzelnen Stufen der menschlichen Bedürfnisse sind auch heute noch bedeutsam. Wenn auch die Ansicht von Maslow überholt ist, dass erst auf einer Ebene **alle** Bedürfnisse befriedigt sein müssen, um zur nächst höheren Ebene zu gelangen. Dennoch hilft diese Pyramide zur Orientierung bei der Definition der eigenen Ziele, indem Sie sich fragen, was für Sie auf der jeweiligen Ebene erreicht sein soll. Erfahrungsgemäß haben viele Menschen in Deutschland die Ebenen Grund- und Sicherheitsbedürfnisse erreicht bzw. weitestgehend befriedigt. Die nächsten Ebenen stehen zur Verwirklichung an. Bedenken Sie dabei aber auch, dass es Rückschläge auf bereits befriedigten Ebenen geben kann, beispielsweise durch Krankheit, Arbeitsplatzabbau, bzw. -verlust, Kündigung der Wohnung, Verlust des Partners, Trennung, Scheidung etc.

Ebenfalls sollten die einzelnen Ziele strukturiert werden. Als Kriterien für eine solche Strukturierung bieten sich üblicherweise an:

- Die Fristigkeit (kurz-, mittel- und langfristig)
- der Inhalt (beruflich, privat, persönlich)
- die Wertigkeit (materiell, immateriell)
- die Rollen (Vorgesetzter, Kollege, Mitarbeiter, Partner, Vater, Freund usw.).

Richten Sie die Ziele auch an Ihren (Lebens-) Rollen aus (vgl. Kapitel 1.4 und 2.2.4). Eine Zielstruktur könnte beispielhaft so aussehen:

1. Ich (Selbstverwirklichung)
2. Partnerschaft
3. Kind
4. Gesundheit (Ernährung, Sport, Entspannung, Schlaf)
5. Freizeit (Hobbys, soziales Engagement)
6. Kontakte (Familie, Freunde)
7. Beruf (Inhalte, Karriere)
8. Weiterbildung (Persönlichkeitsentwicklung)
9. Werte (immateriell und materiell).

Wie Sie sehen, ist es auch möglich, eine Mischung aus Inhalten, Wertigkeit und Rollen zu verwenden. Daneben können diese Ziele hinsichtlich der Fristigkeit in Wochen-, Jahres- und Lebensziele unterteilt werden.

Damit Sie regelmäßig Ihre Ziele und deren Erreichung feststellen können, eignet sich folgendes **Balance-Modell**:

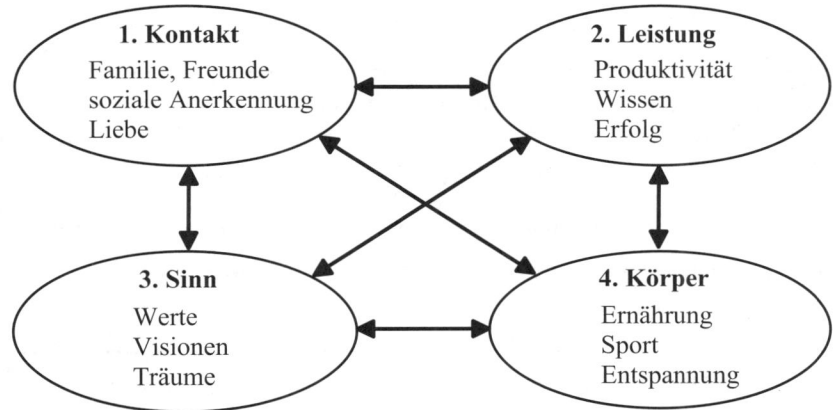

Abb. 1.6: Balance-Modell

Die Ausprägung ermitteln Sie für einen bestimmten Zeitraum (Tag, Woche, Monat, Jahr). Es zeigt Ihnen an, was Sie gerade „übergewichten" und wo Sie „Nachholbedarf" haben.

Abschließend zwei Beispiele für gut formulierte Ziele:

Ich werde ab sofort jede Woche an mindestens drei Tagen 30 Minuten Rad fahren oder schwimmen. Dabei verbrauche ich mindestens 300 Kalorien. Damit werde ich mein Körpergewicht unter 90 kg halten. Übersteige ich diese Grenze, lege ich sofort einen Fasten- oder Rohkosttag ein.

Ich führe bis zum September 2000 einen mindestens einwöchigen Erholungsurlaub durch. Dabei werde ich an jedem Tag mindestens sieben Stunden schlafen und drei Stunden lesen. Ich führe tägliche Meditationen durch. Mindestens jeden zweiten Tag werde ich mich 30 Minuten körperlich betätigen (schwimmen, Rad fahren, joggen).

1.3.5 Werte und Überzeugungen

Die prägenden Einflussfaktoren für Verhaltensweisen von Menschen sind deren Werte und Überzeugungen.

> *Werte sind „Richtlinien", an denen Menschen z.B. festmachen, was gut und böse, was Recht und Unrecht ist. Also Ihre Sicht der Dinge. Sie dienen Ihnen, bewusst oder unbewusst, als Orientierungshilfe bei allen Entscheidungen, die Sie treffen.*

Aber nicht nur Werte, sondern auch Ihre Überzeugungen unterstützen Sie.

> *Unter Überzeugungen verstehe ich das, was ein Mensch über sich selbst sagt, denkt und wonach er handelt. Sein Selbstbild also. Ebenfalls seine Vorstellung von der Welt, seine „Landkarte", wie und warum etwas ist und wirkt.*

Senge (Fieldbook zur Fünften Disziplin) hat den Begriff „Mentale Modelle" dafür geprägt:

> *Mentale Modelle (Landkarten) sind Bilder, Annahmen und Geschichten, die wir von uns selbst, von unseren Mitmenschen, von Institutionen und von jedem anderen Aspekt der Welt in unseren Köpfen tragen.*
> (Senge, u.a.: Das Fieldbook zur Fünften Disziplin)

Ihre Werte und Überzeugungen steuern auf einer meist unbewussten Ebene Ihr Denken, Ihre Entscheidungen und auch Ihr Verhalten. Sie entstehen während Ihres Sozialisierungsprozesses und werden sehr stark durch die Erziehung der Eltern geprägt. Und sie leben in Ihnen weiter. Später verknüpfen Sie diese mit eigenen Erfahrungen. Es ist möglich, ja sogar sehr häufig, dass sich diese Werte im Verlaufe Ihres Lebens (grundlegend) verändern.

Beispiel: *In einer Familie stellt finanzielle Sicherheit einen hohen Wert dar. Dadurch geprägt streben die Kinder danach, viel Geld zu verdienen, um der Not der Kindheit nicht ausgesetzt zu sein. Im Übrigen eine typische Weg-von-etwas-Strategie. Das berufliche Engagement steigt. Wann jedoch ist es genug? Welche Auswirkungen hat das auf andere Lebensbereiche? Möglicherweise stellen diese Menschen erst sehr spät fest, dass ihnen etwas fehlt. Eine eigene Familie, ein geregeltes Familienleben, Kinder, Zeit für Spaß und Muße. Die Folge sind Wertkonflikte. Solange diese nicht bewusst bearbeitet und geklärt werden, bleibt immer eine gewisse Unzufriedenheit zurück.*

Wie lässt sich das erklären? Die Leiter der Schlussfolgerungen, auch als Abstraktionsleiter bekannt, bietet hier ein anschauliches Erklärungsmodell.

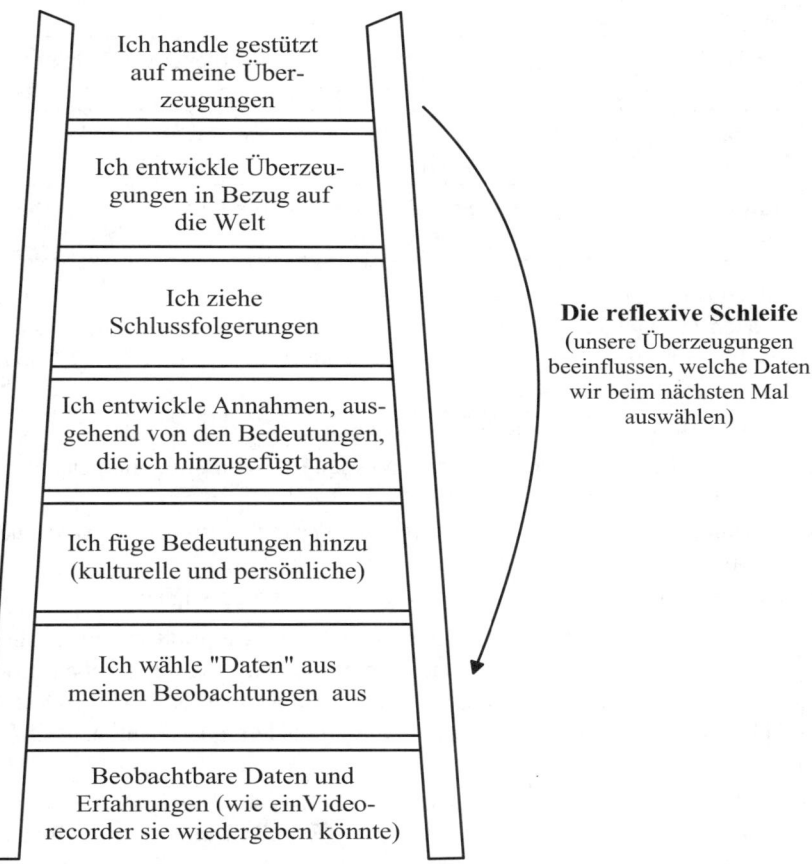

Abb. 1.7: Die Leiter der Schlussfolgerungen

Dazu ein Beispiel:

Beobachtbare Daten und Erfahrungen (wie ein Videorecorder sie wiedergeben könnte)	Die Eltern sind beide berufstätig, haben wenig Zeit für ihre Kinder. Sie sammeln Geld in Kassetten, gehen regelmäßig auf die Bank und tätigen Einzahlungen auf ein Sparbuch etc. Sie sagen, dass Geld wichtig ist in dieser Welt und man davon nie genug haben kann. Außerdem biete es „Sicherheit" usw.
„**Daten**" aus den Beobachtungen auswählen	Lange arbeiten. Geld sammeln.
Bedeutungen (kulturell und persönlich) hinzufügen (**Werte**)	Ich will, dass es mir gut geht.
Annahmen entwickeln, basierend auf den Bedeutungen, die Sie hinzugefügt haben	Dazu muss ich hart und lange arbeiten. Dann habe ich genug Geld.
Schlussfolgerungen ziehen	Wenn ich lange arbeite, werde ich genug Geld verdienen. Dann bin ich in Sicherheit.
Überzeugungen entwickeln in Bezug auf die Welt	Geld ist alles. Geld regiert die Welt.
Handeln aufgrund der eigenen Überzeugungen	Lange und hart arbeiten. Geld auf die Bank bringen usw.

Bedeutend ist, dass Ihre Werte und Überzeugungen beeinflussen, welche Daten Sie beim nächsten Mal auswählen. Damit tritt derselbe Effekt ein wie bei einer sich selbst erfüllenden Prophezeiung, denn Sie nehmen nur das wahr, was Sie wahrnehmen bzw. wahrhaben wollen.

Sie können dieses Instrument für sich nutzen, um

- sich Ihr eigenes Denken und daraus abgeleitete Schlussfolgerungen bewusster zu machen (Reflexion)
- Ihr eigenes Denken und Schlussfolgerungen sichtbar für andere zu machen (argumentieren)
- das Denken und die Schlussfolgerungen anderer zu erkunden.

Da Werte und Überzeugungen in Entscheidungsprozessen oft unbewusst berücksichtigt werden, können sich daraus auch einige Schwierigkeiten ergeben. So zeigt ein Mensch manchmal ein Verhalten, was, zum Teil in früher Kindheit gelernt, nun ohne Berücksichtigung des Kontextes nur noch reproduziert, quasi „automatisch" abgespult wird.

Beispiel: *Ein Mann hat als Kind immer erlebt, wie die Mutter zu ihm sagte: „Junge, iss, damit Du groß und kräftig wirst." Für die Mutter war die Versorgung ihres Sohnes ein hoher Wert. Der Junge tat wie ihm geheißen. Aus dem schmächtigen Jungen wurde ein großer, korpulenter Mann. Er hatte den Wert seiner Mutter verinnerlicht und „stopft" auch heute noch das Essen in sich hinein. Ein Bewusstsein für angemessenes Essverhalten hat sich nicht ausreichend entwickelt.*

> *Jeder Mensch, der mit seinem Leben nicht zufrieden ist und etwas ändern möchte, muss sich als erstes seiner Gedanken und Gefühle bewusst werden.*
> (Susanne Anderegg)

Ebenfalls können Wertkonflikte entstehen. Immer wenn ein Mensch sich in Kontakt mit anderen befindet, treffen unterschiedliche Wertsysteme, aber auch Rollenerwartungen aufeinander. Da sind die Wertsysteme der beteiligten Individuen und ergänzend kommen die gesellschaftlichen Normen, Werte und Prinzipien hinzu.

Grafisch lässt sich das so darstellen:

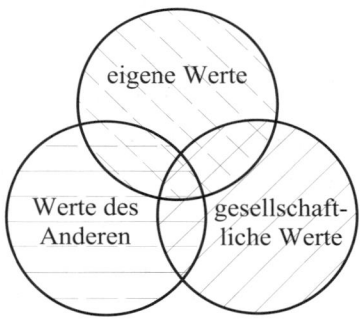

Abb. 1.8: Wertkonflikte

Der Konflikt besteht darin, dass sich hinter den Erwartungen des anderen und des sozialen Umfeldes Wertsysteme verbergen, die unbewusst abgeglichen werden. Von der Größe der jeweiligen Schnittmenge ist es abhängig, wie groß das Konfliktpotenzial ist. Da die Werte der anderen Menschen Ihnen jedoch größtenteils verborgen sind, kann eine Lösung nur darin bestehen, den Grad an Selbstbestimmtheit zu erhöhen. Dafür ist es wichtig, sich regelmäßig bewusst zu machen, welche Werte und Überzeugungen Ihren Entscheidungen und damit auch Ihrem Verhalten zugrunde liegen, und anschließend sich immer wieder zu fragen:

◆ Bringt mich das, was ich im Moment tue, wirklich meinen Zielen näher?

> *Mein Denken, Fühlen und Wollen bestimmen meine Wirklichkeit.*

Überzeugungen lassen sich bei vielen Menschen sprachlich erkennen. Meist lassen sie diese in einem Glaubenssatz ausdrücken.

Beispiele: *Ich glaube das nicht!*
Mathematik ist schwierig!
Menschen sind schlecht / hinterhältig!
Was ich mir vorstellen kann, das kann ich auch erreichen!
Es gibt immer einen Weg!
Große Hunde beißen!
Ich bin überzeugt davon, dass kleine Menschen Minderwertigkeitskomplexe haben!

Nahezu für fast jede Lebenssituation gibt es einen eigenen Glaubenssatz. Zu unterscheiden sind dabei globale Glaubenssätze (siehe oben, die ersten Beispiele), die auf viele Situationen zutreffen, und ganz spezifische Glaubenssätze (siehe oben, die letztgenannten Glaubenssätze), die nur auf bestimmte Situationen zutreffen. Überzeugungen können entweder einschränken, wie z.B. „Ich eigne mich nicht als Führungskraft", oder erweitern und ausdehnen, wie z.B. „Ich bin so lange erfolgreich, wie ich aus jeder Situation etwas lerne". Deshalb lassen sich Überzeugungen auch für die eigene „Programmierung" und Lebensgestaltung nutzen.

> *Wenn Sie glauben, dass Sie eine Sache tun können,*
> *oder wenn Sie glauben, dass Sie eine Sache nicht tun können,*
> *so haben Sie in jedem Fall recht.*
> (Henry Ford)

Viele Dinge oder Ereignisse in Ihrem Leben liegen völlig außerhalb Ihrer Kontrolle. Was Sie jedoch kontrollieren können, ist die Einstellung, die Sie gegenüber diesen Dingen einnehmen!

Neue Verhaltensweisen werden langfristig nur dann erfolgreich gelernt und praktiziert werden können, wenn sie zu den vorhandenen Werten und Überzeugungen passen. Das bedeutet unter Umständen auch eine Anpassung der zugrundeliegenden Werte und Überzeugung. Beschäftigen Sie sich deshalb mit Ihren Werten und Überzeugungen. Finden Sie heraus, was Sie beeinflusst. Klären Sie für sich, ob Sie mit der Wirkung auch heute noch einverstanden sind. Verstärken Sie solche, die Ihnen auch in Zukunft förderlich sind, und ändern Sie die, welche Sie auf Ihren zukünftigen Weg eher behindern werden. Sie haben es selbst in der Hand, Ihr Potenzial noch besser einzusetzen!

> *Nicht die Vergangenheit prägt uns, sondern die Erinnerung daran.*

Die folgende Grafik **Ebenen der Veränderung** soll die Einordnung von Werten, Überzeugungen und Verhalten noch einmal verdeutlichen.

(nach Robert Dilts: Die Veränderung von Glaubenssystemen)

Abb. 1.9: Ebenen der Veränderung

Die **Umwelt** bestimmt die äußeren Möglichkeiten oder Einschränkungen, auf die ein Mensch reagieren muss. Sie umfasst das **wann und wo** - den Einfluss auf den äußeren Kontext.

Verhalten umfasst die einzelnen Handlungen oder Reaktionen einer Person innerhalb der Umwelt. Es ist das **was**.

Fähigkeiten leiten die Verhaltensweisen durch eine mentale Landkarte, einen Plan oder einer Strategie und geben Ihnen Richtung. Die Ebene der Fähigkeiten bezieht sich auf das **wie** - den geistigen Einfluss auf die Menschen.

Überzeugungen und Werte sorgen für die Verstärkung, die die Fähigkeiten und Verhaltensweisen fördert und hemmt. Die Ebene von Überzeugungen und Werten umfasst das **warum** - den Einfluss auf die Herzen jedes Menschen. Sie beinhaltet ebenfalls dessen Vorannahmen. In dem Maße, wie eine Aufgabe in Ihr persönliches Wertesystem passt oder auch nicht, werden Sie diese Aufgabe gerne übernehmen oder vermeiden. Auf dieser Ebene wird die Erlaubnis oder das Verbot für mögliche Handlungen gegeben. Diese Ebene bestimmt die Motivation und gibt Ihnen die Berechtigung für das, was Sie tun.

Identität umfasst die Rollen, die Berufung und / oder das Selbstverständnis eines Menschen. Sie bezieht sich auf das **wer**. Die Identitätsebene hat mit dem Selbstverständnis von Menschen innerhalb einer Gruppe zu tun. Identität lässt sich nicht leicht definieren. Sie ist abstrakter als Überzeugungen und hat mit den tiefsten Ebenen von Informationsverarbeitung zu tun, mit Verantwortung für das Erlernte und mit dem

Engagement, es in die Tat umzusetzen. Identität hat in erster Linie mit Mission, Berufung und damit dem Lebenssinn zu tun.

Zugehörigkeit und Spiritualität beziehen sich auf das größere System, zu dem jeder Mensch gehört, und auf den Einfluss dieses Systems auf jeden Einzelnen. Sie umfasst das **wer noch** und **für wen** - den Einfluss auf das weitere System. Spirituelle Faktoren ergeben sich aus der Erkenntnis, dass Sie zu immer weitreichenderen Systemen um uns herum gehören.

1.3.5.1 Affirmationen

Affirmationen sind schöpferische, lebensbejahende und lebensunterstützende Gedanken und Aussagen, durch die lebensverneinende Überzeugungen, Verhaltensweisen und Einstellungen sichtbar werden. Affirmationen bestehen aus positiven Leitworten. Sie beschreiben einen zukünftigen Zustand, als wäre er bereits eingetreten. Damit unterstützen Affirmationen Sie bei der Veränderung von Überzeugungen und Einstellungen.

Beispiele: *Bei all meinen Handlungen bin ich liebevoll, aufmerksam und erfolgreich.*
Ich bin die Ruhe selbst.
Alles, was ich mir wünsche und brauche, kommt so oder so zu mir.
Ich habe viel Energie und bin voller Lebenslust.
Ich bin freundlich und liebevoll und habe anderen sehr viel zu geben.
Ich verdiene es, erfolgreich und glücklich zu sein. Ich bin jetzt erfolgreich und glücklich.
Ich stehe gerade und ruhe in meinem eigenen Gleichgewicht.

Damit Affirmationen für Sie ein hilfreiches Instrument werden, benutzen Sie bitte die Formulierungsanleitung in Kapitel 2.

1.4 Rollen

In diesem Kapitel geht es um die Bedeutung der Rollen, die Sie in Ihrem Leben einnehmen, und um die Erwartungen, die andere an Sie aufgrund dieser Rollen herantragen.

Nach dem Lesen dieses Kapitels werden Sie

◆ Klarheit über die Bedeutung von Rollen in Ihrem Leben haben
◆ sich der Vielfalt Ihrer unterschiedlichen Rollen bewusst sein.

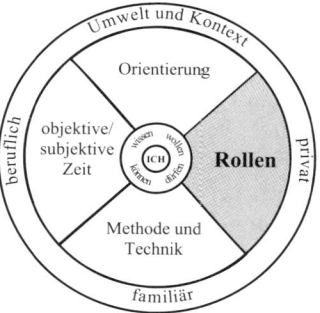

1.4.1 Rollendefinition

> *Eine Rolle ist ein Bündel von Verhaltenserwartungen, das an eine Person herangetragen wird. Diese Rolle ist zusammen mit dem Menschen und seinem gezeigten Verhalten zu betrachten. Je nach Situation, Persönlichkeit und eigenem Gestaltungsvermögen nimmt jeder Mensch Einfluss auf seine Rolle(n).*

Jeder Mensch nimmt in seinem Leben immer mehrere Rollen ein. Und dies manchmal auch gleichzeitig. So können Sie im beruflichen Umfeld z.B. die Rollen Vorgesetzter, Kollege, Mitarbeiter usw., im privaten Umfeld z.B. die Rollen Partner, Vater, Freund, Vereinsvorstand usw. einnehmen.

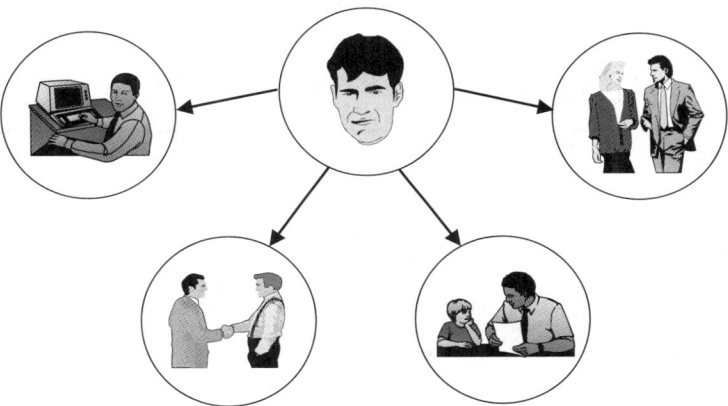

Abb. 1.10: Verschiedene Rollen einer Person

Einige dieser Rollen werden von Ihnen bewusst übernommen, andere werden Ihnen aufgrund von Rahmenbedingungen gegeben.

Der Grad an Selbstbestimmung und Beeinflussbarkeit dieser Rollen ist unterschiedlich ausgeprägt. Er ist u.a. abhängig von der bisherigen Sozialisation und den eigenen Erfahrungen. Dazu zählt insbesondere, welche Rollenerfahrungen Sie selbst und durch Beobachtung anderer Menschen, wie z.B. Ihrer Eltern, Großeltern, Vorgesetzten etc. gemacht haben. Nicht zuletzt ist dies auch von der Umwelt, dem Kontext abhängig, also vom sozialen Umfeld. Dem, was dieses zulässt bzw. inwieweit Sie sich selbst in einem bestimmten Kontext einschränken (es also „Dürfen"). Prüfen Sie also immer, inwieweit Sie sich Selbstbeschränkungen auferlegen und ob Sie diese auch für Ihr weiteres Leben so bestehen lassen wollen.

Anschaulich wird das im beruflichen Umfeld. Hier lassen sich beispielsweise folgende Unterscheidungen hinsichtlich Rolle, Person, Stelle und Organisation treffen:

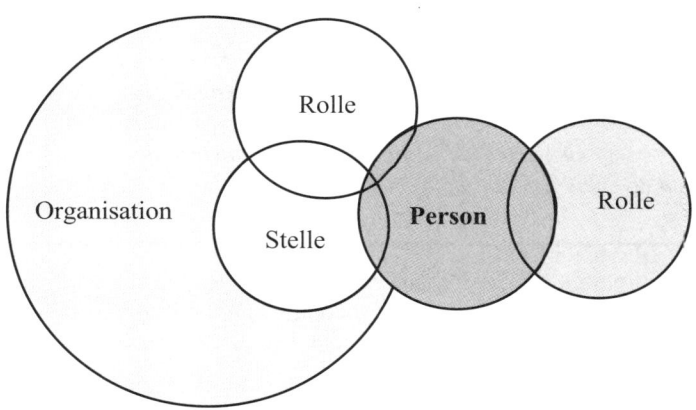

Abb. 1.11: Abhängigkeiten der Rolle vom beruflichen Kontext

Rolle	Ein Bündel von Verhaltenserwartungen
Person	Der einzelne Mensch mit all seinen bewussten und unbewussten Erfahrungen, Fähigkeiten und Affekten
Stelle	Die Funktion innerhalb einer Organisation und die damit verbundenen Aufgaben, Kompetenzen und Verantwortungen
Organisation	Die Festlegung von Regelungen, wie Menschen, Informationen und Sachmittel zusammenwirken, um bestimmte Aufgaben zu erfüllen

(vgl. Graf-Götz u. Glatz: Organisation gestalten)

Wir sehen also, dass eine Person durchaus mehrere Rollen, aber in der Organisation nur eine Stelle einnimmt.

Beispiel: *Die Stelle des Filialleiters einer bestimmten Filiale in einer Bank wird nur durch eine Person besetzt. Die Rollen, die dieser Filialleiter einnimmt, sind u.a.*
- *Leiter / Vorgesetzter anderer Geschäftsstellen*
- *Kollege der anderen Filialleiter*
- *Mitarbeiter seines Vorgesetzten (z.B. des Vorstandes).*

In einer Gruppe nehmen die einzelnen Gruppenmitglieder ebenfalls unterschiedliche Rollen ein. Diese sind nicht zufällig, prägen sich aber erst im Rahmen einer intensiveren Zusammenarbeit heraus.

Beispiele dafür sind:
- *Direktor*
- *Inspirator*
- *Unterstützer*
- *Beobachter*
- *Motivator*
- *Berater*
- *Koordinator*
- *Reformer*

> *Wenn nicht ich für mich bin, wer ist dann für mich?*
> (Talmud)

Das Verhalten eines Menschen ist somit nicht nur Ausdruck seiner Individualität und Persönlichkeit. Ergänzend dazu sind die Bereiche Ziele und Normen der Organisation sowie formale und soziale Rollenerwartungen zu berücksichtigen.

Das sich daraus ergebende Spannungsfeld lässt sich wie folgt darstellen:

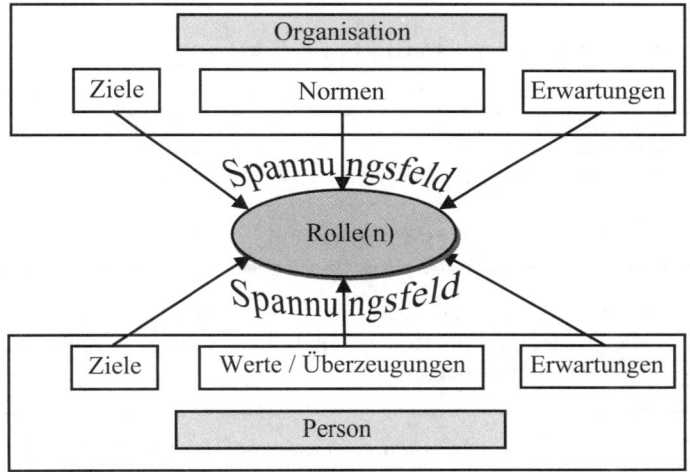

Abb. 1.12: Spannungsfeld der Rollenerwartungen

Damit sind Fragen verbunden wie:
- Welche Organisation suche ich mir aus?
- Welche Organisationen suchen sich welche Personen als Mitarbeiter aus?
- Welche Spannungszustände gibt es und wie kann man diese lösen?
- Wo verliere ich mich, wo bin ich noch ich selbst?
- Wo passe ich mich, wenn notwendig auch auf Biegen oder Brechen an, wo tue ich das um keinen Preis?

Ähnliche Unterschiede können Sie auch im privaten und familiären Umfeld feststellen.

Andererseits ist die quasi „zufällige" Übernahme einer bestimmten Rolle zu unterscheiden von einer bewusst gewählten Rolle, wie z.B. der Vaterrolle. Hier gibt es zwar auch kulturell verankerte Definitionen und Erwartungen, was von einem Vater erwartet wird. Der Gestaltungsspielraum ist ungleich größer.

Wie Sie bereits in Kapitel 1.3 gesehen haben, können Sie Ihre unterschiedlichen Rollen für die Suche geeigneter Zielbereiche nutzen und zu den einzelnen Rollen Lebens-, Jahres-, Monats- und Wochenziele formulieren.

Rollen lassen sich auch in „äußere" und „innere" Rollen unterscheiden.

Die bisherigen Ausführungen beziehen sich auf die **äußeren Rollen**.

Die **inneren Rollen** bzw. Anteile beziehen sich auf unterschiedliche Aspekte in einem einzelnen Menschen. Im Selbstmanagementmodell sind mit der Rolle „Ich selbst" diese inneren Rollen gemeint.

Damit beschäftigt sich ein späterer Abschnitt.

1.4.2 Rollenerwartungen, -konflikte und -klärung

> *Die Ursache für viele Beziehungsschwierigkeiten liegt in widersprüchlichen oder unterschiedlichen Erwartungen hinsichtlich der Rollen und Ziele.*
> (Steven Covey)

Rollen sind deshalb nie isoliert zu betrachten. Der Kontext ist, wie bereits erwähnt, von entscheidender Bedeutung für Rollen, sowie für die daran geknüpften Erwartungen und dem erfolgreichen Umgang damit.

> *Ein Rollenkonflikt liegt vor, wenn zwei oder mehrere Ihrer Bezugspersonen einander widersprechende Erwartungen an Sie richten (Intra-Rollen-Konflikt).*

> *Ein Rollenkonflikt kann auch in Ihnen selbst bestehen, indem Sie „in sich", und damit unabhängig von anderen Menschen unterschiedliche Bestrebungen bzw. widersprechende Ziele verfolgen (Inter-Rollen-Konflikt). (Vgl. innere Rollen / Anteile).*

Beispiel: *Ihre Partnerin erwartet, dass Sie sich Zeit für sie nehmen. Gleichzeitig steht der Umzug Ihres besten Freundes an.*

Häufig werden Sie in einer Situation in mehreren Rollen angesprochen. Dabei geraten Sie in einen Konflikt, sich entscheiden zu müssen, welche Art von Rolle und damit Beziehung Sie zu wem aufnehmen werden. D.h. also, welcher Erwartung Sie am meisten, und welcher Sie am wenigsten nun in dieser konkreten Situation entsprechen wollen.

Beispiel: *Ihr Vorgesetzter erwartet von Ihnen als Abteilungsleiter die pünktliche und korrekte Abgabe der monatlichen Verkaufsstatistik. Ihr dafür zuständiger Mitarbeiter hat die Verkaufsstatistik noch nicht fertig, weil er einige Zeit krank gewesen und zudem große private Probleme hat. In Ihrer Rolle als kompetenter und erfolgreicher Abteilungsleiter müssten Sie sofort den Mitarbeiter zur Verantwortung ziehen. In Ihrer Rolle als verantwortliche und verständnisvolle Führungskraft haben Sie Verständnis für die Schwierigkeiten Ihres Mitarbeiters und müssen das entsprechend würdigen. Was ist nun das „richtige" Verhalten?*

In der Regel erfolgt Ihre Reaktion unbewusst in weniger als einer Sekunde. Sie sind also bis zu einem hohen Maß darauf „programmiert", diesen Erwartungen „automatisch" zu begegnen. Ein erlerntes Verhaltensmuster, das in vielen Situationen sehr nützlich ist. Aber es kann sich lohnen, wenn Sie sich diese Rollenerwartungen und auch Ihre erlernten Muster bewusst machen.

Damit können Sie auf einer „bewussten" Ebene beobachten und entscheiden, ob Sie mit Ihren Reaktionen und den sich daraus ergebenden Konsequenzen zufrieden sind oder inwieweit Sie diese verändern möchten. Und wenn ja, in welche Richtung? Mögliche Fragen zur Bewusstmachung dieser unterschiedlichen Erwartungen sind:

- Wie verhalte ich mich als neuer Chef meinen ehemaligen Kollegen gegenüber?
- Wie kritisiere ich Personen, die alles persönlich nehmen?
- Kann ich einen Kunden, der mich persönlich attackiert, die Meinung sagen?
- Wie komme ich aus einer Opferrolle heraus?
- Nehme ich in meiner Rolle als Elternteil Pflegeurlaub für mein krankes Kind in Anspruch, oder bringt mir das bei meiner beruflichen Karriere Nachteile?
- Kann ich zugleich Vorgesetzter und Freund sein?
- Was ist jetzt (im Büro) unbedingt noch zu tun, und was will ich mit Blick auf einen rechtzeitigen Feierabend heute (überhaupt) nicht tun?

Rollenklärung

Aus den bisherigen Ausführungen ist deutlich geworden, warum das Klären der eigenen Rollen wichtig ist. Eine bewusste Entscheidung für eine bestimmte Rolle und der Umgang damit, also mit den eigenen und fremden Erwartungen, ist allemal besser, als sich im Strudel diffuser Erwartungen zu verstricken. Eine systematische Rollenanalyse und -klärung bietet Ihnen demgemäß folgende Vorteile:

- Sie lernen das soziale Netzwerk, in das Sie eingebunden sind, besser kennen.
- Sie identifizieren die an Sie gerichteten Erwartungen.
- Sie können Veränderungen dieser Erwartungen frühzeitig erkennen.
- Sie können sich rechtzeitig auf diese Veränderungen einstellen.
- Sie können bewusst Ihre Rollen gestalten.
- Sie entscheiden, welche Investitionen in welchen Rollen Sie Ihren Zielen näher bringen.
- Sie erkennen auch, welche Konsequenzen sich daraus für Sie ergeben (mehr Distanz, soziale Verluste etc.).

Verwenden Sie dazu die Rollenanalyse und -klärung im Kapitel 2.2.4.

1.4.3 Innere Rollen

> *Ein Großteil persönlicher Krisen wird schon allein dadurch ausgelöst,
> dass Sie nicht wissen, welche Rolle und die mit ihr verbundene Identität,
> welche ihre eigene Dynamik besitzt, Sie eigentlich steuert.*
> (Roderich Heinze / Elmar Rinck)

Wie schon beim Rollenkonflikt beschrieben, können Konflikte auch in uns selbst entstehen, d.h. es gibt nicht die Person an sich, sondern Sie sind immer viele Personen auf einmal. Dies ist als solches nicht pathologisch, solange Sie Zugang zu all diesen Persönlichkeitsanteilen besitzen und entsprechend bewusst oder unbewusst diese unterschiedlichen Anteile und damit Rollen leben. Im Selbstmanagementmodell ist damit die Rolle „Ich selbst" gemeint.

Entstanden ist dieses Gedankengut in der systemischen Psychotherapie, die u.a. wiederum aus der Familientherapie entwickelt wurde (Gunther Schmidt). Es hat sich dabei gezeigt, dass Menschen während ihrer Entwicklung ein individuelles Wert- und Glaubenssystem aufbauen. Nun ist dieses in der Regel nicht bewusst entstanden bzw. gestaltet worden, sondern es hat sich eher unbewusst und ungewollt so entwickelt. Über die Einflussfaktoren der menschlichen Entwicklung wurde bereits im ersten Kapitel berichtet.

In der Literatur ist auch vom „inneren Team" (Schulz von Thun: Miteinander reden 3) bzw. von „innerer Mannschaft" und „Persönlichkeitsteilen" (Besser-Siegmund: Denk Dich nach vorn) die Rede.

Normal ist, dass Sie in einer Situation meist mehrere Verhaltensalternativen haben. Doch was steuert Sie, und auf welcher Grundlage entscheiden Sie sich für welche Alternative? In der Regel treffen Sie diese Entscheidung unbewusst oder bewusst auf der Basis sachlogischer Argumente. Hinter diesen sachlogischen Entscheidungen stecken jedoch erfahrungsgemäß häufig sehr persönliche bzw. menschliche Beweggründe. Auf welcher Grundlage entscheiden Sie sich für welche Alternative? Gerade an dieser Stelle zeigen sich in Ihnen die unterschiedlichen und durchaus auch gegensätzlichen Werte und Überzeugungen. Welcher werden Sie dann eher gerecht? Hier genau entsteht der Konflikt. Wenn entschieden wird, dann zumeist unbewusst, häufig unausgewogen und nicht im Sinne der eigenen Werte und Überzeugungen. Genau wie bei den äußeren Rollen, wo zumeist der Erwartung am ehesten entsprochen wird, wo gerade der Druck am höchsten ist, wird auch innerlich entschieden. Konsequenzen daraus sind solche Phänomene wie das schlechte Gewissen (ein Teil in Ihnen, der sich übergangen fühlt und dies innerlich „anklagt") oder die Erfahrung, trotz getroffener Entscheidung dieses „Thema" immer noch nicht abschließen zu können (ein Teil in Ihnen, der sich und seine Interessen nicht ausreichend berücksichtigt fühlt). Kommt Ihnen das bekannt vor? Da kann es sich lohnen, wenn Sie sich Ihrer inneren Rollen bewusst werden und den Umgang mit Ihnen entsprechend gestalten.

Hilfreich im Umgang mit den inneren Rollen ist es, davon auszugehen, dass jede dieser inneren Rollen / Anteile, zumindest zum Zeitpunkt ihrer Entstehung eine gute Absicht hat.

Beispiel: *Die Überzeugung „auf Nummer sicher zu gehen" kann in als riskant erlebten Situationen überlebensnotwendig sein. Wenn Sie aber beispielsweise im beruflichen Umfeld überschaubare Risiken eingehen sollen und dieser „Risiko"-Anteil meldet sich sehr stark zu Wort und wird übermäßig berücksichtigt, ist das für die Entscheidung eher hinderlich.*

Nützlich an dieser Stelle ist es, die Absicht des „Sicherheitsanteils" herauszufinden um

- diese Absicht zu verstehen
- sie zu würdigen
- bezogen auf die aktuelle Situation zu prüfen, wie sie gut an einer konstruktiven Entscheidung mitwirken kann.

Wie schon dargestellt, sind aber immer mehrere Rollen / Anteile, ein ganzes Team also an jedem Entscheidungsprozess beteiligt.

Typische innere Anteile und deren gute Absichten sind:

Bezeichnung	gute Absicht / positive Funktion
Anerkennungsteil	Ist der Meinung, unsere Anstrengungen verdienen ein Lob. Da Lob in unserer Gesellschaft einen schlechten Ruf hat („Eigenlob stinkt"), muss dieser Teil oft indirekt durch Essen, Trinken oder Geld ausgeben sein Ziel erreichen.
Beschützerteil	Bewahrt vor Gefahren und Verletzungen auch auf der zwischenmenschlichen und persönlichen Ebene.
Energiehaushaltsteil	Teilt unsere geistigen und körperlichen Kräfte mit einer langfristigen Zielsetzung ein. Reguliert oft durch Müdigkeit, Konzentrationsmangel oder gar Krankheiten.
Freiheitsteil	Steht für die Unabhängigkeit und die Autonomie der Persönlichkeit.
Geborgenheitsteil	Sorgt für Erlebnisse von Wärme und Nähe, meist in Zusammenhang mit anderen Menschen.
Harmonieteil	Strebt nach einem ganzheitlichen Erleben der äußeren und inneren Welt, steht für Frieden.
Konservativer Teil	Schützt vor vorschnellen Veränderungen, der Bewahrer.
Kontaktteil	Trägt unserer Existenz als soziales Wesen Rechnung, wobei Geborgenheit nicht unbedingt eine Rolle spielen muss.
Kreativer Teil	Diesem Teil kommt gerade bei der Persönlichkeitsentwicklung sowie bei Veränderungsprozessen eine zentrale Rolle zu. Er steht für den Reichtum von allen Erlebnissen, Erfahrungen und Verhaltensmustern, Lernprogrammen, Erziehung und Wertvorstellungen, denen wir im Laufe unseres Lebens begegnet sind. Er kennt somit all unsere brachliegenden Kraftquellen und Möglichkeiten. Ist er im Einsatz, scheint der Ideenreichtum kein Ende zu haben, Leistungen ergeben sich spielerisch wie von selbst. Daher können wir oft kaum verstehen, wenn andere die Produkte unserer Kreativität ehrfürchtig bewundern, denn uns selbst ist die Leistung ja so leicht gefallen.
Kritischer Teil	Liefert uns Beurteilungen zu neuen Eindrücken und Erlebnissen, die gleichermaßen negativ und positiv sein können.

Lebensfreudeteil	Bewertet unsere Aktivitäten und unser Befinden hinsichtlich einer positiven Lebensqualität wie Spaß oder Befriedigung der Neugierde.
Lebenssinnteil	Hat zum Ziel, im Leben etwas Sinnvolles zu tun, „eine Spur auf dieser Welt zu hinterlassen", wozu es sich zu leben gelohnt hat.
Mitmenschlicher Teil	Befähigt uns, uns in andere Menschen und Wesen hineinzudenken und dadurch ein Gerechtigkeitsempfinden zu entwickeln.
Motivationsteil	Will in uns Kräfte zum Erreichen von Zielen wecken und aufrechterhalten.
Narzissmusteil	Möchte, dass wir uns selbst schön und attraktiv finden.
Progressivere Teil	Ist stets auf der Suche nach Innovation, Entfaltung, Bereicherung, neuen Möglichkeiten. Er ist der Sucher.
Sicherheitsteil	Organisiert meist über Leistung und Arbeit die existenzielle Absicherung der Person.
Selbstwertteil	Meint, dass wir bedeutsam sind - allein schon durch die Tatsache, dass wir auf der Welt sind.
Solidaritätsteil	Stärkt und unterstützt Erlebnisse von Zugehörigkeit wie Wir-Gefühl, Familienzusammengehörigkeit, Nationalität, Corporate Identity.
Spiritueller Teil	Beschäftigt sich individuell mit Fragen der geistigen Welt, die unser Dasein beeinflusst. Wird oft in Religion, Esoterik und Philosophie ausgelebt.
Überlebensteil	Achtet auf die primäre körperliche Unversehrtheit, wobei die Lebensqualität keine Rolle spielt.
Würdeteil	Steht für Eigenschaften wie Stolz und Ehre der eigenen Person.
Zufriedenheitsteil	Möchte das „Sattwerden" unserer Sinne, das Gefühl, genug bekommen zu haben. Er möchte, dass unser „Lebenshunger" gestillt wird.

(nach Cora Besser-Siegmund und Harry Siegmund: Denk Dich nach vorn)

Dabei handelt es sich nur um eine Auswahl dessen, was an inneren Anteilen in Ihnen vorhanden sein kann. In der konkreten Situation können noch weitere hinzukommen.

Erfahrungsgemäß hat jeder Mensch sogenannte Stammspieler, also solche Rollen, die allgegenwärtig sind, und solche, die nur in ganz bestimmten Kontexten auftauchen.

Beobachten Sie dazu in nächster Zeit sowohl Ihr äußerliches Verhalten, insbesondere aber auch Ihre damit einhergehenden inneren Dialoge. Diese geben Ihnen viele Hinweise auf Ihre inneren Rollen.

Aus der Perspektive eines bestimmten Verhaltens wie z.B. der „Unpünktlichkeit" kann das Zusammenwirken der beteiligten Teile anschaulich dargestellt werden.

Kontaktteil	Alle von der Unpünktlichkeit betroffenen Mitmenschen wie Kollegen, Sportsfreunde und Partygäste nehmen den Zuspätkommer bewusst wahr, sprechen ihn an und schenken Beachtung.
Narzissmus- oder Selbstgefälligkeitsteil	Unpünktlichkeit als „schickes" Image eines ganz besonderen Menschen.
Freiheitsteil	Unpünktlichkeit als ein Zeichen der Ablehnung äußerer Zwänge.
Energiehaushaltsteil	Sorgt bei Erschöpfung und Übermüdung für ein paar ruhige Minuten mehr im Bett.

(vgl. Cora Besser-Siegmund und Harry Siegmund: Denk Dich nach vorn)

Jeder Teil verfolgt eine gute Absicht. Daraus lässt sich seine Berechtigung ableiten. Gleichzeitig sorgt jeder für die Gesamtpersönlichkeit. In ihrem Zusammenwirken kann es jedoch schnell zu ungewollten Auswirkungen kommen. Im obigen Beispiel könnte dies auf längere Sicht die Gefährdung des Arbeitsplatzes und die Verärgerung guter Freunde sein.

Wichtig ist, dass Sie diese inneren Teile akzeptieren und ihnen „Gehör" schenken. Wie Sie gesehen haben, werden Sie nicht umhin kommen, sich mit diesen Rollen in Ihnen zu beschäftigen. Aber nicht nur, um viele Erlebnisse der Vergangenheit zu erklären, sondern natürlich auch, um die Zukunft zu gestalten.

Zur kreativen Problemlösung in allen Lebenslagen empfiehlt sich Ausschau nach Ihrem kreativen Teil zu halten. Er kann Ihnen jederzeit die Unterstützung und Ideen geben, die Sie benötigen. Ebenso unterstützt Sie dieser Teil, noch nicht vorhandene, aber hilfreiche Teile zu gestalten und so Ihre (innere) Vielfalt zu erhöhen.

Damit diese Rollen gut miteinander kooperieren können, ist es unerlässlich, ihre positive Absicht zu erkennen und diese entsprechend zu würdigen. Sodann kann im Rahmen einer „inneren Konferenz" mittels einer Verhandlung der betroffenen Rollen ein gutes Verhalten, eine gute innere Balance „ausgehandelt" werden.

Hier soll nicht der Eindruck erweckt werden, dass Sie sich bei jeder Entscheidung mit all Ihren Anteilen zu einer inneren Konferenz zurückziehen sollen. Das wäre zu aufwendig und ist gar nicht notwendig. Nur da, wo es hakt, wo so Phänomene wie schlechtes Gewissen oder nicht abschließen können von Themen auftauchen, ist es angebracht, sich intensiver damit auseinanderzusetzen.

Wie Sie mit Ihren inneren Rollen / Anteilen in Frieden und Koexistenz leben, aber auch diese für eine ausgezeichnete innere Balance nutzen können, zeigen Ihnen die konkreten Bearbeitungsschritte in Kapitel 2.

1.5 Zeit

Dieses Kapitel befasst sich mit dem Thema Zeit. Es zeigt Ihnen die Bedeutung der Zeit für die verschiedenen Facetten in Ihrem Leben.

Wenn Sie dieses Kapitel lesen, werden Sie

- Ihre persönliche Lebenszeit als kostbare, wichtige Ressource wertschätzen
- sich Wissen über die verschiedenen Aspekte der Zeit aneignen, um diese sinnvoll bei Ihren Entscheidungen einzubeziehen
- in Ihren verschiedenen Rollen „Zeitchancen" bewusst und erfolgreich nutzen können
- Anregungen für die Gestaltung dieser wertvollen Ressource erhalten.

>*Nimm Dir Zeit, um zu **arbeiten**,*
>*es ist der Preis des Erfolges.*
>*Nimm Dir Zeit, um **nachzudenken**,*
>*es ist die Quelle der Kraft.*
>*Nimm Dir Zeit, um zu **spielen**,*
>*es ist das Geheimnis der Jugend.*
>*Nimm Dir Zeit, um zu **lesen**,*
>*es ist die Grundlage des Wissens.*
>*Nimm Dir Zeit, um **freundlich zu sein**,*
>*es ist das Tor zum Glücklichsein.*
>*Nimm Dir Zeit, um zu **träumen**,*
>*es ist der Weg zu den Sternen.*
>*Nimm Dir Zeit, um zu **lieben**,*
>*es ist die wahre Lebensfreude.*
>*Nimm Dir Zeit, um **froh zu sein**,*
>*es ist die Musik der Seele.*
>*Nimm Dir Zeit, um zu **genießen**,*
>*es ist die Belohnung des Tuns.*
>*Nimm Dir Zeit, um zu **planen**,*
>*dann hast Du Zeit für die übrigen neun Dinge.*
>(Irisches Gedicht)

> *Zeit ist ein illusionäres Konstrukt des Verstandes, um die Tatsache beschreiben zu können, dass sich Dinge ändern. Zeit ist nicht wirklich, und zweifellos ändern sich die Dinge.*
> (Ron Smothermon)

1.5.1 Das Phänomen Zeit

Der Zeit können Sie sich nicht entziehen, Sie können sie auch nicht festhalten. Zeit ist für Ihre Sinne als Objekt nicht wahrnehmbar. Was Sie wahrnehmen ist fast immer mehrdeutig, verwirrend und manchmal widersprüchlich. Sie ist gleichzeitig offensichtlich und nicht fassbar, verlässlich und flüchtig, alltäglich und geheimnisvoll.

> *Man kann sagen, dass Zeit das ist, was vergeht, wenn sonst nichts vergeht, dass sie das ist, was alles entstehen oder vergehen lässt, dass sie die Ordnung der aufeinanderfolgenden Dinge ist, dass sie die sich entwickelnde Entwicklung ist, oder, etwas scherzhafter, dass sie das praktischste Mittel ist, das die Natur gefunden hat, um nicht alles auf einmal passieren zu lassen.*
> *Aber keine dieser pirouettenhaften „Definitionen" wird der Natur und der Gesamtheit von Zeit gerecht.*
> *Die Schwierigkeit rührt daher, dass man von ihr nicht sprechen kann, ohne auch von allem anderen zu sprechen.*
> (nach Etienne Klein: Die Zeit)

Ist Zeit - Geld? Warum „hat" niemand Zeit? Wofür, für wen oder was verwenden Sie Ihre Zeit? Was ist wichtig? Was ist dringend? Ist Zeit mehr als Geld? Ist Zeit das Leben? Zumindest haben Sie Zeit, solange Sie leben!

Sie können Zeit weder speichern noch vermehren. Zeit entrinnt. Zeit ist Ihnen anvertrautes Kapital, mit dem Sie in eigener Verantwortung gut oder schlecht umgehen. Verlorene Zeit können Sie nicht wiedergewinnen.

> *Wer nicht mit der Zeit geht, geht mit der Zeit!*
> (Szenespruch)

Zeiterleben

Zeit lässt sich als objektiv / physisch (chronos) messbar und als subjektiv erlebt (tempus) unterscheiden. Objektive Zeit ist die von der Uhr gemessene Zeit. Subjektive Zeit ist die Zeit, wie Sie sie erleben. Die „Messung" erfolgt also in Ihrem Inneren.

Zeit ist ein Phänomen und hat verschiedene Qualitäten. Gut empfundene, angenehme Zeit vergeht schnell. Auch Zeitdruck lässt den Zeiger der Uhr scheinbar rascher drehen. Schlecht empfundene, monotone Zeit schleppt sich oft quälend langsam durch den Tag oder die Nacht.

> *Die Länge einer Minute hängt davon ab,*
> *auf welcher Seite der WC-Tür du dich befindest!*
> (Sprichwort)

Sie vergeuden Ihre Zeit, indem Sie Falsches oder Unnötiges tun. Sie verschwenden aber auch Zeit, wenn Sie das Richtige falsch machen.

Zeit ist nicht gleich Zeit. In einem Zeitblock ohne Störungen schaffen Sie mehr und bessere Resultate als in einem gleichen, mit Störungen durchsetzten Zeitraum.

Nachfolgend einige **Merkmale** des Phänomens Zeit:

Zeit
- ist unabänderlich
- lässt sich nicht speichern
- lässt sich nicht vermehren
- lässt sich nicht übertragen
- vergeht unwiderruflich mit anhaltender Gleichmäßigkeit
- wird subjektiv wahrgenommen und gemessen.

1.5.1.1 Kategorien der Zeit

Zeit lässt sich auch unterscheiden in die Dimensionen Vergangenheit, Gegenwart und Zukunft.

Wenn auch Einstein sagte:

> *Die Unterscheidung zwischen Vergangenheit, Gegenwart und Zukunft ist*
> *für uns eingefleischte Physiker nur eine, wenn auch hartnäckige Illusion,*

so sollte es Sie nicht daran hindern, sich dieser Unterscheidung bewusst zu sein, denn nur in der Gegenwart, also im Hier und Jetzt können Sie Ihr Leben wahrnehmen und gestalten. Und Sie haben zu berücksichtigen, dass die Erfahrungen der Vergangenheit Sie geprägt haben und damit Ihr derzeitiges und auch künftiges Verhalten beeinflussen werden.

> *Wie kann man das Sein der Zeit begreifen, obwohl ja die Vergangenheit*
> *nicht mehr und die Zukunft noch nicht ist und die Gegenwart schon nicht*
> *mehr ist, wenn sie gerade anfängt zu sein? Wie kann es eine Existenz der*
> *Zeit geben, wenn sie nur aus solchen Nicht-Existenzen besteht?*
> (Etienne Klein)

Die Zeitkategorien lassen sich wie folgt unterscheiden:

Vergangenheit oder die Erinnerung

Die Vergangenheit hat Sie vielfältig geprägt. Sie haben Erfahrungen gemacht und diese steuern auch heute noch - oft unbewusst - Ihr Verhalten (Werte und Überzeugungen). Andererseits sollte die Vergangenheit kein „Sklave" für Ihre Zukunft bedeuten. Viele Menschen, die aus ärmlichen Verhältnissen kommen, haben es geschafft, erfolgreich und berühmt zu werden. Die Vergangenheit kann also nie die „Bestimmung" für die Zukunft sein.

Gegenwart oder die Aufmerksamkeit

In der Gegenwart leben Sie. Nur hier können Sie durch Ihr Handeln aktiv dazu beitragen, Vergangenheit zu bewältigen, konkrete Maßnahmen umzusetzen und Zukunft zu gestalten. Es geht darum, im Sinne von Entschleunigung sich bewusst auch Zeiten der Ruhe zu gönnen. Innehalten, nachdenken, reflektieren und gemachte Erfahrungen auswerten. Im Anschluss daran gilt es, Konsequenzen daraus zu ziehen und die Aktivitäten im Hier und Jetzt wieder aufzunehmen.

Zukunft oder die Erwartung

Wie gern würden Menschen die Zukunft voraussagen bzw. sie vorab bestimmen können. Wissen, was die Zukunft bringt, hat sie schon immer fasziniert. Wie anders ist zu erklären, dass die Astrologie und die Methoden der Weissagung wie z.B. Tarot, Runen, I Ging usw. guten Zuspruch finden.

Ob es Ihnen gefällt oder nicht, Sie können nur in der Gegenwart leben. Immer nur in dieser Zeit entwerfen Sie Ziele und definieren Sie Probleme oder Lösungen. Durch die Art und Weise, wie Sie auf die Vergangenheit „schauen" und diese bewerten, bestimmen auch deren Wert und Einfluss das Heute. Ebenso, welche Vorstellungen und Erwartungen Sie an die Zukunft haben. Auch diese werden wesentlich zu der Bedeutung und Gestaltung der Gegenwart beitragen. Somit sind Sie Gestalter und Bedeutungsgeber Ihrer Zeit!

Zusammenfassend lässt sich zur **Definition von Zeit** auch sagen:

- Zeit ist Lebenszeit.
- Jeder hat gleich viel Zeit zur Verfügung.
- Zeit kann nicht angehäuft und gehortet werden, im Gegenteil, sie muss ausgegeben werden.
- Uhren zeigen uns nur eine mögliche Messung von Zeit.
- Die Art, wie Sie Zeit innerlich wahrnehmen und messen, bestimmt über deren Qualität.
- Es kommt im Wesentlichen darauf an, was Sie in und mit der Zeit tun.
- Nur in der Gegenwart ist Zeit wahrnehmbar und beeinflussbar.
- Deswegen ist es heute Zeit zum Handeln! Lebe Sie im Hier und Jetzt!

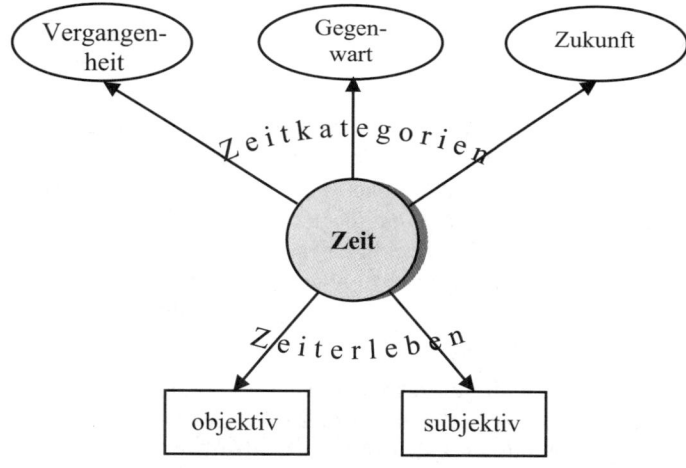

Abb. 1.13: Die Zeitkategorien

1.5.2 Umgang mit der Zeit

Zeit in Wirtschaft und Gesellschaft

Es scheint, als leben wir in einer Welt, in der Zeit zu einem besonderen Gut geworden ist. Wirtschaftlich ist sie längst zu einem entscheidenden Wettbewerbsfaktor geworden. Bereits vor Jahren gab es das Konzept der just-in-time Zu-Lieferung (z.B. in der Automobilindustrie), da ist die Rede vom Erfolgsfaktor Geschwindigkeit (nicht der Große frisst den Kleinen, sondern der Schnelle den Langsamen) und auch das Konzept der Lernenden Organisation basiert auf dem Phänomen Zeit (die Lerngeschwindigkeit einer Organisation muss mindestens gleich groß wie die Veränderungsgeschwindigkeit seiner Umwelt sein).

Aber auch im privaten Umfeld diktiert die Zeit immer mehr das Geschehen. Sie haben auch deshalb nicht mehr Zeit zur Verfügung, weil für die Organisation Ihres Alltags die gewonnene Zeit sofort wieder verbraucht wird. Denken Sie nur an die gestiegene Informationsflut, aber auch an den immer komplexer werdenden Alltag und die technischen Geräte und deren Gebrauchsanweisungen, Anwendung von Software, Steuergesetzen etc. Der Anspruch an die Freizeit steigt genauso wie der Zeitbedarf für Urlaub und Kultur. Ganz zu schweigen von den vielfältigen Ablenkungsmöglichkeiten wie Fernsehen und Internet, die großen Einfluss auf unser Leben, aber auch auf unsere Zeitgestaltung haben. Dies hat Konsequenzen auf Ihre Lebensqualität und auch auf Ihre Leistungsfähigkeit. Negativer Stress breitet sich aus.

Dessen Auswirkungen sind z.B.
- Konzentrationsmängel
- Motivationsverlust
- körperliche Beschwerden
- psychische Störungen

- ◆ Angst
- ◆ soziale Konflikte.

Aber auch Fehler häufen sich und die Fehlerquote steigt bzw. die Qualität von Produkten und Dienstleistungen sinkt (ein tragisches Beispiel dafür ist das ICE-Unglück von Eschede im Jahr 1998). Die Ursachen lassen sich unter dem Begriff „Beschleunigung" oder Speed Management zusammenfassen. Aber fast jede Entwicklung ruft auch eine Gegenbewegung hervor. Hier die zur Langsamkeit bzw. „Entschleunigung". Die Zahl der Menschen, die nicht in einer Zeitspirale und -falle enden wollen, nimmt zu. Sie versuchen z.B. über flexible, aber auch kürzere Arbeitszeiten ihre Lebensqualität zu verbessern. Generell geht es darum, ein Gefühl für die eigene Zeit, für Langsamkeit und Stille, für den eigenen Rhythmus wieder zu gewinnen.

Warum Zeitgestaltung? Nun, diese Frage stellt sich nach den vorherigen Ausführungen sicherlich auch für Sie. Schließlich möchten Sie aller Definition zum Trotz ein selbstgestaltetes und -bestimmtes Leben führen. Außerdem ist Zeitdruck einer der größten Stressfaktoren. Deshalb ist die Gestaltung der knappen Ressource Zeit ein absolutes Muss für jedermann.

Zeitgestaltung ist Lebensgestaltung!

> *Ist die Zeit das Kostbarste unter allem, so ist Zeitverschwendung die aller größte Verschwendung!*
> (Benjamin Franklin)

Nochmals zur Erinnerung: ausschlaggebend ist nicht, wieviel Zeit Sie zur Verfügung haben, sondern wie Sie die Zeit empfinden und damit, wie Sie diese für sich selbst gut gestalten.

Sehen Sie die gesamte Zeit als Ihre Zeit!

Auch Sie werden sich den Umweltbedingungen wie der Beschleunigung nicht entziehen können. Vielmehr müssen Sie Ihre individuelle Strategie für den Umgang mit Ihrer Zeit entwickeln. Und das kann nur eine individuelle Mischung aus Beschleunigung und Entschleunigung sein. Doch wie genau kann das aussehen?

> *Eins, zwei drei im Sauseschritt*
> *läuft die Zeit, wir laufen mit,*
> *schaffen, schuften, werden älter,*
> *träger, müder und auch kälter,*
> *bis auf einmal man erkennt,*
> *dass das Leben geht zu End'.*
> *Viel zu spät begreifen viele*
> *die versäumten Lebensziele:*
> *Freude, Schönheit der Natur,*
> *Gesundheit, Reisen und Kultur.*
> *Darum, Mensch, sei zeitig weise!*
> (Wilhelm Busch)

Was tun?

Beachten Sie die Bedeutung der Ressource Zeit für Ihr Leben durch konsequentes **Zeitmanagement**. Dies bringt Ihnen folgende **Vorteile**:

- Ordnung und Überblick über die anstehenden Aufgaben
- Gute Vorbereitung und Einstimmung des nächsten Tages durch Planung
- Erfolgsgefühle beim Tagesrückblick (erledigte Aufgaben, erreichte (Tages-) Ziele)
- Gelassenheit bei unvorhergesehenen Ereignissen
- Erhöhung der Selbstkontrolle
- Reduzierung von Verzettelung und Fremdbestimmung
- Höhere Motivation
- Klare Prioritäten
- Zeitgewinn und Rationalisierung durch Aufgabenbündelung
- Abbau von Stress
- Erfolgserlebnisse.

Anhand der nachfolgenden **Checkliste** können Sie regelmäßig den Umgang mit Ihrer kostbaren Zeit überprüfen:

- ☐ Orientieren Sie sich bei der Verwendung Ihrer kostbaren Zeit an Ihren schriftlich geplanten **Zielen.**
- ☐ Führen Sie eine regelmäßige (mindestens einmal jährlich) **Zeitverwendungsanalyse** durch.
- ☐ Kontrollieren Sie den **Zeitbedarf**, den Sie für Ihre jeweiligen Kategorien festgelegt haben, und entscheiden Sie immer wieder, ob dieser, an Ihren Zielen orientiert, angemessen verteilt ist.
- ☐ Legen Sie Listen an über die in einem bestimmten Zeitrhythmus (täglich, wöchentlich, monatlich, jährlich) **wiederkehrenden** beruflichen und persönlichen **Aufgaben**. Berücksichtigen Sie dafür ausreichend Zeit in allen Zeitplänen, die Sie verwenden, und optimieren Sie diese wiederkehrenden Aufgaben. Diese Zeit geht von Ihrer planbaren Zeit ab. Verbunden mit festen Terminen und einigen A-, B- und C-Aufgaben sowie einem Zeitbudget von ca. 40 % für Unvorhergesehenes verbleibt somit nicht mehr viel frei planbare Zeit.
- ☐ Überprüfen Sie in gewissen Abständen Ihre **Zeitfresser** und arbeiten Sie daran, besser damit umzugehen (siehe diverse Methoden und Techniken in Kapitel 3).
- ☐ **Konzentrieren** Sie sich ganz auf Ihre Arbeit.
- ☐ **Standardisieren** Sie Ihre Arbeit soweit wie möglich durch Einsatz von (selbst entwickelten) Checklisten, Arbeits- und Projektplänen.
- ☐ Nehmen Sie regelmäßig „Auszeiten", um Ihren **individuellen Zeitrhythmus** zu erspüren und diesen für die Organisation Ihrer Zeit zu verwenden.
- ☐ Entziehen Sie sich der **Fremdbestimmung** durch andere. Prüfen Sie, inwieweit Sie fremd- und selbstbestimmt sind, und entwickeln Sie Maßnahmen, diesen Anteil der selbstbestimmten Zeit permanent zu erhöhen.
- ☐ Arbeiten Sie regelmäßig an den Aufgaben bzw. Zielen, die für Sie wichtig sind. Lassen Sie sich **nicht** von der **Dringlichkeit** überrumpeln.

- Vergessen Sie nie, sich Zeit zu nehmen zum **Entspannen und Reflektieren**. Denn nur die so genutzte Zeit ermöglicht Ihnen, notwendige Korrekturen Ihrer Zeitverwendung zu erkennen und umzusetzen.
- Setzen Sie täglich **Prioritäten**, die sich an Ihrer Zielerreichung orientieren - Jeden Tag an einem Ziel arbeiten - !
- Sagen Sie nie mehr: „Ich habe keine Zeit". Denn in Wahrheit meinen Sie doch: **„Ich habe andere Prioritäten!"** Stehen Sie auch dazu.
- Zeitprobleme und die Art und Weise der Bewältigung sind zu einem wesentlichen Teil situationsabhängig. Dies bedeutet auch einen **flexiblen Umgang** damit. Seien Sie sich dessen immer bewusst.
- Begegnen Sie aber auch der **Gefahr der Überstrukturierung** (noch mehr in immer weniger Zeit zu erreichen) und genießen Sie das Nichtstun. Meist ist dies die kreativste Zeit!

Maßnahmen zur effektiven Zeitgestaltung und -nutzung

- Erstellen Sie Ihren Tagesplan immer vor Arbeitsbeginn, noch besser am Abend zuvor.
- Bündeln Sie ähnliche Aufgaben.
- Vergeben Sie für jede Aufgabe eine Priorität.
- Verplanen Sie nie mehr als 60 % Ihrer Zeit. So haben Sie noch ausreichend Zeit für Unvorhergesehenes.
- Tragen Sie Ihren Tagesplan immer mit sich.
- Gehen Sie Unangenehmes sofort an.
- Beenden Sie angefangene Aufgaben.
- Kontrollieren Sie regelmäßig Ihre erledigten Aufgaben.
- Notieren Sie Ideen sofort. Tragen Sie dazu immer Notizpapier bei sich.
- Teilen Sie Ihren Tag gemäß Ihrer individuellen Leistungskurve ein.
- Legen Sie systematisch (kurze) Pausen ein.
- Führen Sie Adressen, Telefonnummern, Visitenkarten und ausreichend Geld immer mit sich.
- Fassen Sie sich kurz beim Telefonieren.
- Erledigen Sie komplexe Fragen am besten telefonisch, statt langen Schriftwechsel zu führen.
- Nutzen Sie Ihre leistungsstarken Stunden für die wichtigsten Aufgaben.
- Identifizieren Sie Zeitdiebe (Ablenkung, Plaudereien) und schieben Sie Ihnen einen Riegel vor.
- Sorgen Sie dafür, in störungsarmen Zeiten nur im Notfall gestört zu werden.
- Delegieren Sie so viel wie möglich. Konzentrieren Sie sich auf Ihre „Kernkompetenzen".
- Delegieren Sie Aufgaben eindeutig mit Nennung von Ziel, Ergebnis und Endtermin.
- Nehmen Sie nicht jede Arbeit an. Sagen Sie konsequent „Nein".

- Reduzieren Sie Ihre Reisen. Prüfen Sie, was Sie auch anderweitig (per Telefon, Brief, Fax, E-Mail, Videokonferenz etc.) erledigen können.
- Nutzen Sie (selbsterstellte) Checklisten und Formulare.
- Empfangen Sie nicht jeden Besucher.
- Seien Sie „geizig" im Umgang mit Ihrer wichtigen Ressource Zeit.
- Erledigen Sie eins nach dem anderen.
- Bereiten Sie den Tag schriftlich nach.

Umgang mit Zeitfressern

Für den Umgang mit Ihren Zeitfressern nutzen Sie folgende Hinweise:

Zeitfresser	Mögliche Ursachen, Gründe	Maßnahmen / Lösungen
Keine Ziele, Prioritäten oder Tagespläne	Kein Planungssytem	Legen Sie sich ein Zeitplanbuch zu.
	Erfolgreich ohne Planung	Berücksichtigen Sie, dass geplante Aktivitäten sehr viel häufiger zu guten Ergebnissen führen als ungeplante.
	Meinung, dass jeder Tag doch anders verläuft und Unvorhergesehenes ohnehin nicht planbar ist	Bedenken Sie, dass viele Manager immer wieder auf die gleiche Weise Zeit verschenken. Planung schafft Freiräume für Unvorhergesehenes und die wirklich wichtigen Aktivitäten (Führungsaufgaben).
	Aktionsorientiertheit (Handeln vor Denken)	Erkennen Sie, dass derjenige noch erfolgreicher ist, der weiß, warum er etwas tut (oder nicht tut).
Versuch, zuviel auf einmal zu tun	Keine Zeitplanung	Formulieren Sie Ziele, setzen Sie Prioritäten, planen Sie Ihre Zeit (Zeitplanbuch).
	Konzentration auf das Dringliche	Berücksichtigen Sie neben der Dringlichkeit auch die Wichtigkeit; delegieren Sie!
	Zu weitgespannte Interessen	Beschränken Sie sich auf das Wesentliche (weniger ist mehr!)

Fortsetzung siehe nächste Seite

Unentschlossenheit	Angst, Fehler zu machen	Erkennen Sie, dass jeder Fehler die Möglichkeit neuer Erfahrungen bietet (Lernprozess).
	Entscheidungsprozess verläuft nicht rational	Sammeln Sie Tatsachen, setzen Sie Ziele und untersuchen Sie die Alternativen. Verwenden Sie bewährte Entscheidungstechniken, und führen Sie die getroffene Entscheidung durch.
	Drang, alle Fakten zu kennen (Perfektionismus)	Akzeptieren Sie Risiken als unvermeidbar. Entscheiden Sie auch, ohne alle Tatsachen zu kennen. Oft ist eine Entscheidung besser als gar keine.
	Fehlende Initiative, fehlende Motivation	Finden Sie die Gründe für evtl. Unzufriedenheit (Arbeitseinstellung, Ambitionen, Chef, Mitarbeiter etc.).
Hast, Ungeduld	Keine Planung des Arbeitstages	Planen Sie am Abend des Vortages, welche Aufgaben am nächsten Tag unbedingt erledigt werden müssen (Zeitplanbuch).
	Keine Bewertung der Arbeitsaufgaben	Unterscheiden Sie zwischen Dringlichkeit und Wichtigkeit, und erstellen Sie jeden Tag eine Rangordnung Ihrer Arbeiten.
	Versuch, zuviel innerhalb zu kurzer Zeit zu tun	Tun Sie weniger selbst, und delegieren Sie mehr (Eisenhower-Regel).
	Ungeduld, sich auch um Details zu kümmern	Erledigen Sie alle Aufgaben konsequent und richtig. Sparen Sie sich die Zeit, das Ganze später noch einmal anfangen oder überarbeiten zu müssen.
Unfähigkeit, nein zu sagen	Angst, jemand zu beleidigen	Eine ehrliche Antwort muss nicht beleidigend sein. Beispiel: „Es tut mir leid, ich kann nicht, aber ich mache Ihnen folgenden Vorschlag ...".
	Keine Ausreden parat	Die beste Entschuldigung ist die ehrliche Aussage, dass sie keine Zeit haben. Voraussetzung ist, dass Sie Ihre tägliche Arbeit planen und Ihre Zeitknappheit kennen.

		Wunsch, zu gefallen (hilfsbereiter Kollege)	Erweist sich als Bumerang, wenn Sie die in Sie gesetzten Erwartungen nicht erfüllen können. Negative Nachwirkungen können dann die Folge sein.
		Bedürfnis, anderen zu helfen	Nicht übertreiben. Wird rasch zur Gewohnheit und baut dann eine Erwartungshaltung auf.
Aufgabe nicht zu Ende geführt		Keine Prioritäten	Legen Sie Prioritäten nach den Kriterien „Dringlichkeit" und „Wichtigkeit" fest, und erledigen Sie zuerst die Aufgabe mit der höchsten Priorität.
		Keine Endtermine	Setzen Sie bei allen wichtigen Aufgaben einen realistischen Termin (Tagesplan), und halten Sie ihn auch ein.
		Unentschlossenheit	Siehe Ursachen und Maßnahmen / Lösungen unter „Unentschlossenheit".
Persönliche Desorganisation, überhäufter Schreibtisch		Kein System	Notieren Sie alles Wichtige im ZPB, und legen Sie danach die Unterlagen ab.
		Aufschieben	Nehmen Sie die wirklich wichtigste Aufgabe zuerst in Angriff. Setzen Sie sich selbst Endtermine.
		Alles kommt auf den Tisch	Weisen Sie Ihre Sekretärin an, unwichtige Post auszusortieren und Anfragen, die auch von Ihren Mitarbeitern beantwortet werden können, an diese weiterzuleiten.
		Angst, den Überblick zu verlieren	Mit dem ZPB und einem Blatt „Vorgangsübersicht" haben Sie eine bessere Übersicht als mit dem Stapeln aller Unterlagen auf dem Tisch. Nur jeweils die Unterlagen auf dem Tisch, die Sie für den Vorgang auch wirklich brauchen.

(vgl. in diesem Zusammenhang auch Mackenzie, 1974, S. 161-165)

Weiterführende Methoden, Techniken, Verhaltensweisen und Hilfsmittel finden Sie im Kapitel 3.

2 Praktische Umsetzung

Dieses Kapitel gibt Ihnen die Möglichkeit, systematisch Ihren Erfolg zu planen. Es zeigt Ihnen Schritt für Schritt den Weg von Ihrer derzeitigen Situation bis zu konkret geplanten Maßnahmen für den nächsten Tag.

Wenn Sie dieses Kapitel aktiv bearbeiten, werden Sie

- Ihre derzeitige Ist-Situation dokumentiert und analysiert haben
- Ihre Mission und Vision konkret beschrieben vor sich liegen sehen
- hilfreiche Werte und Überzeugungen für Ihr Leben erarbeitet haben
- Ihre Rollen definiert haben
- konkrete Ziele für alle Zielbereiche formuliert haben
- Ihre Erfolgsplanung vorliegen haben
- Maßnahmen kennen, um eine erfolgreiche Umsetzung zu unterstützen und evtl. Korrekturen vornehmen zu können.

> *Es soll nicht genügen, dass man Schritte tue, die einst zum Ziele führen, sondern jeder Schritt soll Ziel sein und als Schritt gelten.*
> (Goethe)

Den aktuellen Stand feststellen, Maßnahmen umsetzen, Ziele realisieren, die eigene Vision (er)leben. Davon handelt dieses Kapitel. Zum Überblick siehe Kapitel 1.2., Seite 15.

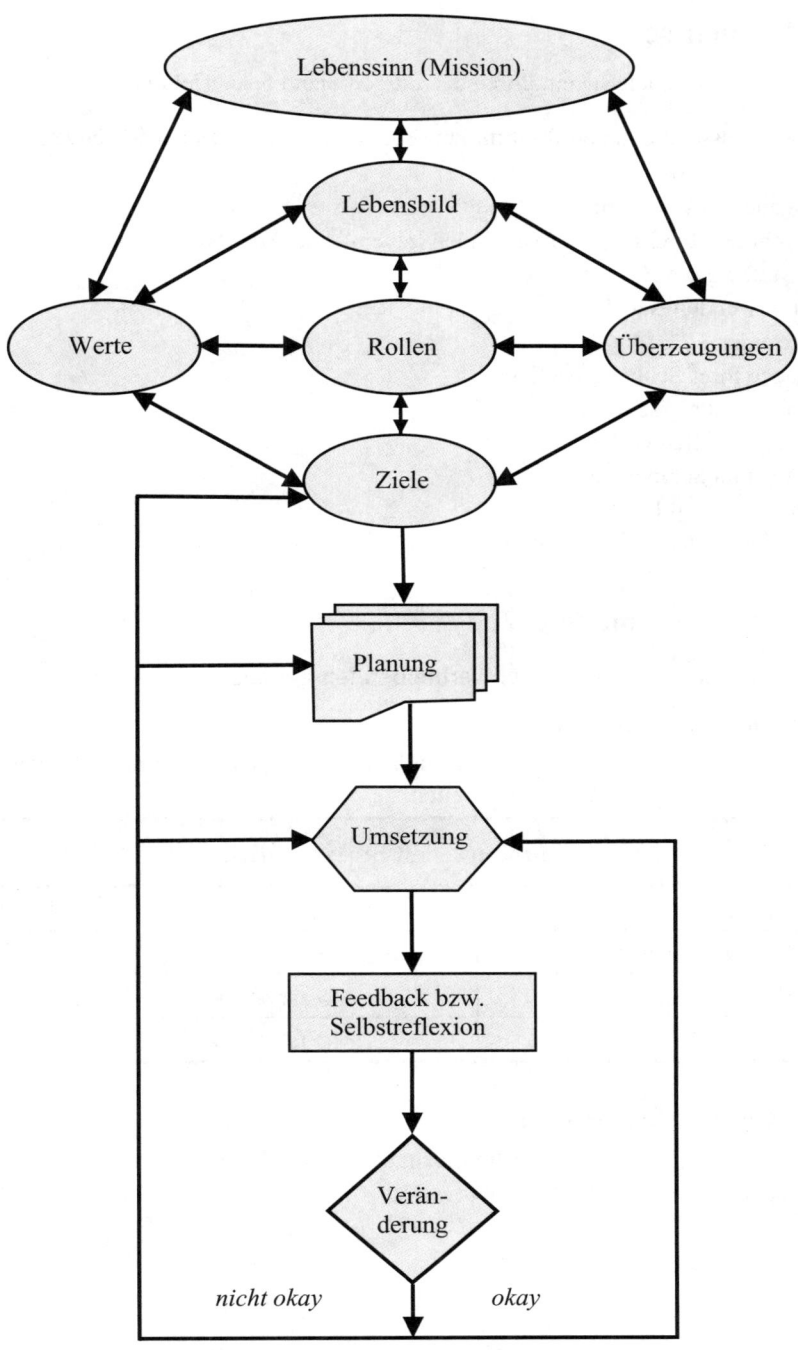

Abb. 2.1: Umsetzung

2.1 Ist-Analyse

In diesem Sinn lade ich Sie ein, Ihren derzeitigen Stand festzustellen.

Für eine umfassende Standortbestimmung sollten Sie Klarheit über folgende Bereiche haben:

- Umgang mit Ihrer Zeit
- Berechnung Ihrer noch verbleibenden Lebens- und Arbeitszeit
- Feststellung des Zeittyps
- Zeitverwendungsanalyse
- Zeitfresser
- Balance Ihrer Schlüsselbereiche
- Erfolge und Misserfolge
- Stärken und Schwächen
- Freude und Schmerzen
- Kenntnisse und Fähigkeiten
- Stressfaktoren und Stressrisiko.

2.1.1 Umgang mit Ihrer Zeit

2.1.1.1 Berechnung Ihrer noch verbleibenden Lebens- und Arbeitszeit

Wieviel Zeit haben Sie noch?

Zunächst einmal zwei Berechnungen bezüglich der Lebenszeit und ihrer Verwendung sowie der verbleibenden Zeit zum Arbeiten.

Verfügbare Zeit im Überblick		
Lebenszeit	73 Jahre	26.645 Tage
Kindheit und Ausbildung	18 Jahre	6.570 Tage
Beruflich aktive Phase	45 Jahre	16.425 Tage
Pensionär	10 Jahre	3.650 Tage

Wieviel Zeit bleibt zum **Arbeiten**?

Von der beruflich aktiven Phase, die maximal 45 Jahre betragen wird, das entspricht 16.645 Tagen, werden verwendet für:

Ist-Analyse

Verwendung	Zeit	Gesamttage	Stunden pro Jahr
Wochenenden	104 Tage		
Feiertage	12 Tage		
Urlaub	30 Tage	6.570 Tage	3.504 Stunden
Ruhezeit	8 Stunden täglich		
Körperpflege	2 Stunden täglich		
Ernährung	2 Stunden täglich	4.928 Tage	2.628 Stunden
Anreise	1 Stunde täglich		
Abreise	1 Stunde täglich		
Restfreizeit	2 Stunden täglich	1.642 Tage	876 Stunden
Arbeitszeit	8 Stunden täglich	3.285 Tage	**1.752 Stunden**
	Summen:	16.425 Tage	8.760 Stunden

Es bleiben **1.752 Stunden jährliche Arbeitszeit**, es sei denn, man zapft die freie Zeit an.

Berechnen Sie nun Ihre Lebenszeit und Ihre Arbeitszeit, die Sie voraussichtlich noch zu leisten haben.

Mein heutiges Alter	Jahre	Tage	Stunden
Vermutliche Restlebenszeit (bis 73)	Jahre	Tage	Stunden
Davon beruflich aktive Phase (max. 45 Jahre)	Jahre	Tage	Stunden
Pensionär (10 Jahre)	Jahre	Tage	Stunden

Angenommen, Sie werden die jährliche Arbeitszeit auf 1.752 Stunden beschränkt halten:

◆ Was genau werden Sie in dieser kostbaren Zeitspanne noch erledigen wollen?
◆ Womit werden Sie sich in Zukunft
  — mehr
  — genauso lang
  — weniger
beschäftigen?

Halten Sie dann inne und fragen Sie sich:
- Wie geht es mir damit, wenn ich nun diese Zeit, vermeintlich genau, ermittelt habe?
- Was löst das in mir an Gefühlen und Gedanken aus?
- Welche Konsequenzen möchte ich möglicherweise daraus ziehen?

Vielleicht kommen Ihnen Gedanken wie
- so kann man das aber nicht berechnen
- mir ist das zu mathematisch
- was soll das?

Oder es stellen sich Gefühle der Trauer, Wut o.ä. über verlorengegangene Zeit usw. ein.

Alles das ist in Ordnung. Bedenken Sie aber auch, dass die Art, wie Sie die vergangene Zeit bewerten, viel dazu beiträgt, welche Gefühle diese Aufgabe nun in Ihnen auslöst. Ein Beweis für die unterschiedliche Qualität der Zeitmessung!

In diesem Zusammenhang kann es auch hilfreich sein, wenn Sie sich Ihrer Überzeugungen von Zeit und deren sinnvollen Gebrauch bewusst werden.

2.1.1.2 Feststellung des Zeittyps

Stellen Sie mit Hilfe der folgenden Fragen Ihren Zeittyp fest.

	Testfragen	Stimmt nicht	Stimmt mitunter	Stimmt meistens	Stimmt vollkommen
1	Ich mache oft voreilige Versprechungen, die ich danach nur schwer erfüllen kann.	①	②	③	④
2	Vor dem Schlafengehen überlege ich, was ich am nächsten Tag zu tun habe.	①	②	③	④
3	Manchmal weiß ich nicht, wo mir der Kopf steht.	①	②	③	④
4	Im Alltag fühle ich mich für alles verantwortlich.	①	②	③	④
5	Ich weiß auf Anhieb, wo sich alle wichtigen Dokumente von mir befinden.	①	②	③	④
6	Manchmal notiere ich wichtige Informationen, Telefonnummern oder Terminvereinbarungen auf Zetteln, die ich nach kurzer Zeit nicht mehr finde.	①	②	③	④

7	Auch wenn ich voll beschäftigt bin, kann ich anderen schwer einen Wunsch abschlagen, ohne mich schuldig zu fühlen.	①	②	③	④
8	Für wichtige Vorhaben mache ich einen Zeitplan.	①	②	③	④
9	Ich beginne viele Sachen gleichzeitig und verliere dabei oft den Überblick.	①	②	③	④
10	Ich neige dazu, mir mehr aufhalsen zu lassen, als ich schaffen kann.	①	②	③	④
11	Es fällt mir im Vergleich zu anderen leicht, meine Interessen zu wahren.	①	②	③	④
12	Was ich nicht selbst in die Hand nehme, geht schief.	①	②	③	④
13	Ich fühle mich oft ausgenützt.	①	②	③	④
14	Ich achte darauf, dass ich auch untertags genügend Freiräume habe.	①	②	③	④
15	Stille beruhigt mich.	①	②	③	④
16	Es fällt mir schwer, andere um etwas zu bitten.	①	②	③	④
17	Ich teile meine Termine so ein, dass ich zeitlich nicht unter Druck gerate.	①	②	③	④
18	Oft habe ich das Gefühl, nicht Herr meiner Zeit zu sein.	①	②	③	④
19	Wenn ich unerwartet einen freien Tag habe, weiß ich gar nicht, was ich mit der Zeit anfangen soll.	①	②	③	④
20	Während ich mich auf eine Arbeit konzentriere, bin ich für niemanden erreichbar.	①	②	③	④
21	Freizeit, Erholung und Ausspannen kenne ich nur vom Hörensagen.	①	②	③	④

Auswertung:

Typ A		Typ B		Typ C	
Frage	Punkte	Frage	Punkte	Frage	Punkte
1		2		3	
4		5		6	
7		8		9	
10		11		12	
13		14		15	
16		17		18	
19		20		21	
Summe		Summe		Summe	

Typ A: Das Opferlamm

Sie klagen zwar über Zeitnot und stöhnen wegen der Überlastung, der Sie fortwährend ausgesetzt sind. Aber ist Ihnen bewusst, dass Sie selbst den Dauerdruck verursachen, unter dem Sie leiden? Sie können sich nur schlecht abgrenzen. Ein „Nein" kommt daher selten über Ihre Lippen. Überlegen Sie einmal, welche Motive hinter Ihrer Opferhaltung stecken. Möglicherweise geht es Ihnen um Beachtung, Zuwendung und Bewunderung. Es könnte aber auch sein, dass sich hinter Ihrer aufopfernden Haltung ein unausgesprochener Vorwurf verbirgt. Sie nehmen zwar Ihren Mitmenschen viel Arbeit ab, gleichzeitig bereiten Sie ihnen aber ein schlechtes Gewissen.

Typ B: Der Stabile

In punkto Zeiteinteilung und Lebensorganisation sind Sie zu beneiden. Obwohl Sie viel weiterbringen, geraten Sie kaum unter Druck. Sie gehen überlegt an jede Aufgabe heran und halsen sich nicht mehr auf, als Sie bewältigen können. Da Sie wissen, wie kostbar Zeit ist, gehen Sie dementsprechend maßvoll mit ihr um. Chaotische Wesenszüge gibt es bei Ihnen ebensowenig wie Unordnung und Chaos in Ihrem Lebensraum – ein Beweis Ihrer gut entfalteten, stabilen Persönlichkeit! Ihr Handeln ist daher vernunftorientiert und wenig impulsiv. Natürlich wirken sich Ihre Fähigkeit, Ruhe zu bewahren und Übersicht walten zu lassen, auch auf Ihre Umgebung aus. Sie haben die Fähigkeit, in Gruppen die Führungsposition zu übernehmen!

Typ C: Der Verdränger

Wann immer man Sie anspricht, sind Sie überbeschäftigt und haben keine Zeit. Keine Frage – Sie arbeiten zu viel. Aber sicher nicht, weil Sie müssen! Sie stürzen sich in die Arbeit, weil Sie Betäubung suchen. Mit hoher Wahrscheinlichkeit haben Sie Angst vor innerer Leere und Einsamkeit. Um der daraus entstehenden inneren Bedrohung zu entgehen, pflastern Sie jeden auch noch so kleinen Freiraum mit Terminen zu. Gehen Sie doch einmal den tieferen Ursachen Ihrer Ängste nach und überlegen Sie, welchen Konflikten Sie eigentlich ausweichen. Möglicherweise dient der selbsterzeugte Stress dazu, Beziehungsschwierigkeiten aus dem Weg zu gehen? Zögern Sie daher nicht, Ihren Zeitplan umzustellen. Ihr Lebensstil ist weder für Sie noch für andere auf Dauer zu verkraften.

(Gerti Senger und Walter Hoffmann: Finden Sie Ihren PQ)

2.1.1.3 Zeitverwendungsanalyse

Wie und wofür verwenden Sie Ihre Zeit?

1. Schritt: Ermittlung des Zeitbedarfs je Zeitkategorie

Verwenden Sie dazu bitte die nachfolgende Tabelle **Zeitverbrauch** – Beispiele siehe „Kategorien mit Erläuterungen" (S.75 / 76)).

Ordnen Sie Ihren Zeitverbrauch je Tag den einzelnen Zeitkategorien zu, bilden je Zeitkategorie die Gesamtsumme und ermitteln den prozentualen Zeitanteil je Woche. Ermitteln Sie dann den Durchschnittswert der 2 Wochen. Damit das alles anschaulich wird, bringen Sie bitte alles in ein Tortendiagramm. Dazu verwenden Sie einen Kreis mit einer prozentualen Einteilung.

Zeitverbrauch

Beobachten Sie Ihren Zeitverbrauch während zweier aufeinanderfolgender Wochen (normaler Alltag) und tragen Sie das Ergebnis in die nachstehende Liste ein.

Zeitangaben möglichst genau in Stunden (St) und Minuten (M) z.B.:

Besonderheiten dieser Wochen, die bei der Auswertung berücksichtigt werden sollten:
....
....

Beispiel einer möglichen Zeitverteilung

Zeitkategorie	Std. pro Woche	= % Zeit-diagramm
Arbeitszeit	38	22
Indirekte Arbeitszeit	6	4
Familie	14	8
Soziale Aktivitäten	8	5
Sport	6	4
Hobby	5	3
Kultur	5	3
Körperpflege	6	4
Fernsehen	10	6
Do-it-yourself-Zeit	0	0
Nichtstun	8	5
Alleinsein	2	1
Muße	2	1
Streicheleinheiten	4	2
Schlafen	48	28
Weiterbildung	6	4
Summe	**168 Std.**	**100 %**

Kategorien mit Erläuterungen:

1. **Arbeitszeit:** Zeit, die Sie vom Arbeitsbeginn an am Arbeitsort bis zum Verlassen des Arbeitsplatzes (ohne Pausen) verbringen
2. **Indirekte Arbeitszeit:** An- und Abfahrtszeiten zur Arbeitsstelle für fünf Arbeitstage; Arbeitspausen (u.a. Kaffee-, Mittagspause)
3. **Familie:** Zeit, die Sie aktiv mit Ihrer Familie verbringen (z.B. während der Mahlzeit im Gespräch, bei Unterhaltung etc., gemeinsamen Ausflügen. Nicht gemeint ist hier die Zeit, die Sie passiv gemeinsam, z.B. vor dem Fernsehempfänger verbringen)
4. **Soziale Aktivitäten:** Zeit, die Sie mit Freunden, Bekannten, Kollegen, Verwandten oder in Vereinen verbringen
5. **Sport:** Zeit, in der Sie aktiv Sport treiben (z.B. Jogging, Gymnastik, Tennis etc.)
6. **Hobby:** für Lieblingsbeschäftigungen wie z.B. Lesen, Musik hören etc. verwendete Zeit
7. **Kultur:** Zeitaufwand für Kino-, Theater-, Konzert- und Ausstellungsbesuche
8. **Körperpflege:** Zeit, die Sie für die Körperpflege aufwenden

9. **Fernsehen:** Zeit, die Sie ausschließlich für das Fernsehen verwenden (ohne Nebentätigkeiten)
10. **Do-it-yourself-Zeit:** Zeit für Reparaturen im Haus, Gartenarbeiten, Autopflege
11. **Nichtstun:** das „Tagträumen", „Herumgammeln" ohne zweckbestimmte Absicht etc. (dabei wird meist nachgedacht, mitunter auch gesprochen)
12. **Alleinsein:** Zeit, die Sie im „stillen Kämmerlein" verbringen, während der Sie reflektieren, denken, planend denken und mit sich selbst im Dialog stehen
13. **Muße:** Zeiten völliger Entspannung
14. **Streicheleinheiten:** Zeit für aktiv gegebene oder passiv empfangene Liebe, Anerkennung, Hinwendung, Fürsorge
15. **Schlaf:** Zeit, die Sie ausschließlich schlafen.

Selbstverständlich können Sie weitere Zeitkategorien ergänzen. Allerdings sollte die jeweils aufgewendete Zeit nicht zu klein sein, damit sie im Diagramm noch darstellbar ist.

Weitere Zeitkategorien können **Weiterbildung**, *Kinder, Einkauf, Haushalt etc.* sein. Aufgrund Ihres Zeitverbrauchs werden Sie diesen Punkt gut an Ihre Gegebenheiten anpassen können.

2. Schritt: Zeichnen des Ist-Zeitdiagramms

Zeichnen Sie jetzt Ihr Ist-Zeitdiagramm - verwandte Kategorien sollten möglichst nebeneinander liegen -, beschriften Sie die einzelnen „Segmente" und malen Sie diese farbig aus, damit alles anschaulich wird.

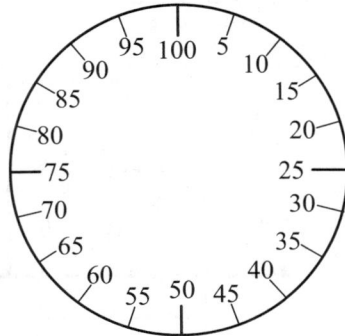

Abb. 2.2: Tortendiagramm (in %)

◆ Ermitteln Sie anhand der Aufzeichnungen, wieviel Ihrer Zeit selbstbestimmt und wieviel fremdbestimmt ist.
◆ Prüfen Sie ebenfalls, worauf sich Ihre Zeitgestaltung und -verwendung richtet. Dazu können Sie folgende Dimensionen unterscheiden:

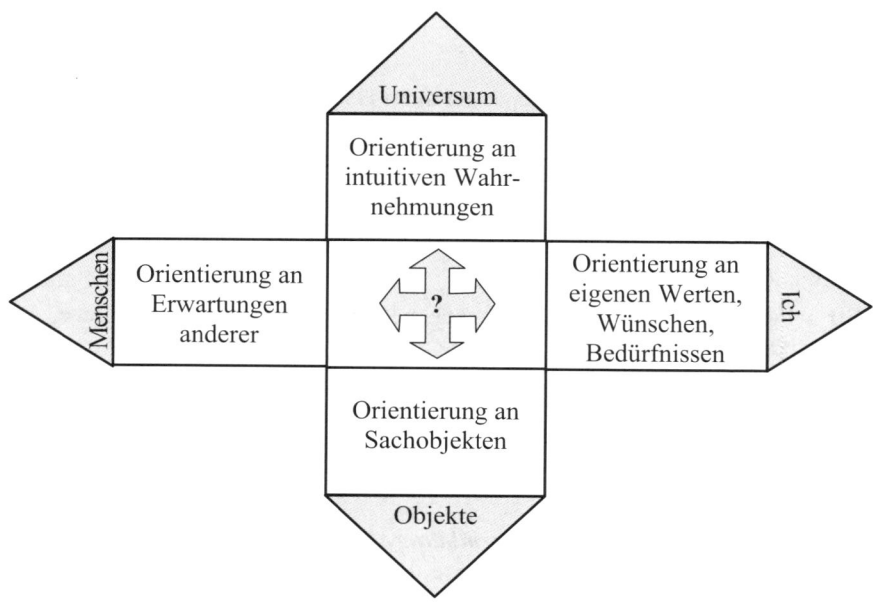

(vgl. Kunz-Koch: Geniale Projekte)

Abb. 2.3: Dimensionen der Zeitgestaltung

◆ Ermitteln Sie mit Hilfe Ihrer Aufzeichnungen **wiederkehrende Aufgaben**. Erstellen Sie eine Liste der wiederkehrenden Aufgaben. Unterscheiden Sie zwischen beruflichen und privaten Aufgaben. Listen Sie die Aufgaben nach folgendem Muster auf:

Tag / Uhrzeit	Auf- gaben	Aufwand				Prio- rität	Umgang damit (dele- gieren, eli- minieren, optimieren)
		täglich	wö- chent- lich	monat- lich	jähr- lich		
	Summe						
	Anteil an Ge- samtzeit						

- Priorisieren Sie die einzelnen Aufgaben, um deren Bedeutung zu erkennen.
- Überlegen Sie, welche Möglichkeiten Sie haben, diese Aufgaben optimal durchzuführen und tragen Sie Ihre Ideen bzw. Maßnahmen in die letzte Spalte ein.

2.1.1.4 Zeitfresser

Ermitteln Sie anhand der folgenden Merkmale Ihre häufigsten Zeitfresser:

	Wichtigkeit *)	Ideen zur Vermeidung
Keine Ziele, Prioritäten oder Tagespläne		
Versuch, zuviel auf einmal zu tun		
Wartezeiten (z.B. bei Verabredungen)		
Hast, Ungeduld		
Persönliche Desorganisation / überhäufter Schreibtisch		
Papierkram und Lesen		
Schlechtes Ablagesystem		
Zuwenig Delegation		
Mangelnde Motivation / indifferentes Verhalten		
Mangelnde Koordination / Teamwork		
Telefonische Unterbrechungen		
Unangemeldete Besucher		
Unfähigkeit, nein zu sagen		
Unvollständige oder verspätete Information		
Fehlende Selbstdisziplin		
Aufgaben nicht zu Ende geführt		
Ablenkung / Lärm		
Nicht informiert		
Besprechungen		
Keine oder unpräzise Kommunikation		
Privater Schwatz		

Fortsetzung siehe nächste Seite

Zuviel Kommunikation und zu viele Aktennotizen		
Unfähigkeit zuzuhören		
Unentschlossenheit		
Alle Fakten wissen wollen		
Sonstiges		

·*) Wichtigkeit: 1 = gering, 2 = mittel, 3 = hoch

2.1.2 Balance Ihrer Schlüsselbereiche

Zur schnellen und täglichen Analyse nutzen Sie das Balance-Modell als Diagnoseinstrument für Ihre Schlüsselbereiche.

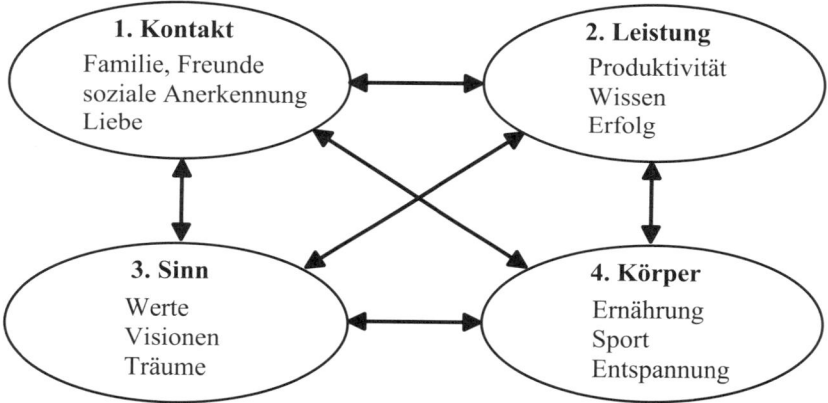

Abb. 2.4: Balance-Modell

Folgende Fragen sollten Sie dabei beantworten:
- In welchen Gebieten ist mein Engagement hauptsächlich angesiedelt?
- In welchen Bereichen erlebe ich Befriedigung und Glück?
- Wo finde ich meinen Ausgleich?
- Wo sehe ich meine Defizite?
- Mit welchem Vorhaben könnte ich beginnen, meine persönliche Balance herzustellen?

2.1.3 Erfolgs- und Misserfolgsbilanz

Werden Sie sich der bisherigen Erfolge, aber auch der Misserfolge bewusst.
- ❑ Berücksichtigen Sie dabei auch scheinbare Selbstverständlichkeiten.
- ❑ Werden Sie sensibel, was alles ein Erfolg sein kann (siehe vorne) und woran Sie erkennen, dass es ein Misserfolg war.
- ❑ Prüfen Sie, wofür die Misserfolge „gut" waren, also welche positive Absicht sich möglicherweise dahinter verbirgt und was Sie daraus gelernt haben. Bekanntermaßen lässt sich aus Fehlern und Misserfolgen viel lernen.
- ❑ Fragen Sie sich auch, welche Ursachen zu diesen Erfolgen und Misserfolgen geführt haben. Was lässt sich bezogen auf Ihre Schlüsselbereiche daraus ableiten?

Erfolge	Misserfolge
Ursachen	

2.1.4 Stärken-Schwächen-Analyse

Ermitteln Sie nun Ihre Stärken und Schwächen.
- ❑ Beginnen Sie mit einer unstrukturierten Sammlung.
- ❑ Sortieren Sie diese anschließend, wenn möglich nach Ihren Schlüsselbereichen.
- ❑ Prüfen Sie, welche Ursachen sich hinter den Stärken und Schwächen verbergen. Ziel sollte sein, die Stärken auszubauen und die Schwächen abzubauen.

Stärken	Schwächen
Ursachen	

2.1.5 Freude-Schmerz-Bilanz

Werden Sie sich darüber klar, was Ihnen Spaß und Freude bereitet und wo Sie eher frustriert sind bzw. schmerzliche Erfahrungen machen.

- ❑ Sammeln Sie zunächst die einzelnen Erfahrungen.
- ❑ Versuchen Sie in einem zweiten Schritt, diese zu sortieren.
- ❑ Prüfen Sie, ob es bestimmte Schlüsselbereiche gibt, in denen Sie mehr Freude erleben, und solche, in denen Sie mehr Schmerz empfinden.
- ❑ Versuchen Sie, die Ursachen dafür zu finden.

Freude und Spaß	Schmerz und Frust
Ursachen	

2.1.6 Ermittlung Ihrer Kenntnisse und Fähigkeiten

Ermitteln Sie abschließend Ihre Kenntnisse und Fähigkeiten.

- ❑ Überlegen Sie sich, was Sie auszeichnet.
- ❑ Über welche Kenntnisse verfügen Sie?
- ❑ Welche Fähigkeiten besitzen Sie?
- ❑ Nutzen Sie zur Beantwortung auch die vorangegangenen Analysen!

Kenntnisse	Fähigkeiten
+	+
+	+
+	+

2.1.7 Erkennen Sie Ihre Stressfaktoren und Ihr Stressrisiko

Bitte vergleichen Sie Ihre eigene Situation mit den folgenden Aussagen.
Kreuzen Sie spontan das Zutreffende an.

	1	2	3	4	5	6	7	
1. Verabredungen gegenüber bin ich gleichgültig.								Ich komme niemals zu spät.
2. Wo immer möglich, suche ich Chancen für Wettbewerb und Konkurrenz.								Prinzipiell hasse ich Wettbewerb und Konkurrenz.
3. Selten fühle ich mich bedrängt oder genötigt.								Ich fühle mich immer so.
4. Grundsätzlich beschäftige ich mich nur mit einer Sache zur selben Zeit.								Ich mache viele Dinge zugleich, und das sofort. Meistens denke ich dabei schon an die nächste Aufgabe.
5. Alles im Leben gehe ich eher beiläufig und gemächlich an.								Gehe ich bewusst und sofort im D-Zug-Tempo an.
6. Da meine Gefühle meine Privatangelegenheit sind, verberge ich sie soweit wie möglich.								Ich drücke meine Gefühle stets offen und spontan aus.
7. Außerhalb meiner alltäglichen Arbeit habe ich viele Interessen.								Ich habe kaum Interessen außerhalb meiner täglichen Arbeit.
8. Oft und gerne unterbreche ich meine Gesprächspartner.								Ich lasse sie grundsätzlich zu Worte kommen.
9. Auch in wichtigen Gesprächen komme ich meinen Partnern prinzipiell entgegen.								Ich beharre in jedem wichtigen Gespräch auf meinen ureigenen Positionen.
10. Freundschaften pflege ich auch dann, wenn sie mir keine geschäftlichen oder beruflichen Vorteile versprechen.								Ich befreie mich von Freunden, die mir in dieser Hinsicht keine Vorteile bringen.
11. Meine Freunde und Bekannten erziehe ich regelrecht, indem ich ihnen ihre Fehler sofort nachweise und sie auch korrigiere.								Ich schätze diese Menschen, so wie sie eben sind.

Fortsetzung siehe nächste Seite

12. Besonders, wenn ich gefordert bzw. beansprucht werde, versuche ich, mich zu entspannen bzw. danach zu erholen.						Darin sehe ich nur Zeit- und Energieverschwendung.
13. Während ich schlafe, knirsche ich mit meinen Zähnen.						Auch meine Zähne sind im Schlaf ruhig und entspannt.
14. Seit Jahren halte ich meinen Körper stabil.						Ich nehme seit Jahren mal zu, mal ab.
15. In letzter Zeit fühle ich mich häufig müde und abgespannt.						Richtig abgespannt und müde fühle ich mich eigentlich selten.
16. Kopfschmerzen kenne ich nicht.						Mein Kopf tut mir neuerdings oft weh.
17. Einsamkeit und Isolation kennzeichnen in den letzten Jahren meine persönliche Situation.						Echte Freunde und gute Bekannte begleiten auch jetzt mein Leben.
18. Es gehört zu meinem Charakter, dass ich mich oft zu Handlungen gezwungen fühle, ohne letztlich zu wissen, warum ich dies tue.						Es ist typisch für mich, dass ich meistens aus eigenem Antrieb handele - und dies sehr bewusst.
19. Wenn ich nicht so gut arbeite, wie ich oder andere Leute es erwartet haben, gebe ich dies offen zu.						Ich suche häufig nach Ausreden oder Entschuldigungen.
20. Mein Appetit beim Essen ist gut und regelmäßig.						Ich schwanke fast jeden Tag zwischen Heißhunger und Appetitlosigkeit.
21. Seit einiger Zeit unterlaufen mir kleine Versehen und Flüchtigkeitsfehler.						Solche Fehler und Versehen sind bei mir die Ausnahme.
22. Kleine Störungen im Alltag berühren mich kaum.						Solche Störungen bringen mich zur Weißglut.
23. Alpträume kenne ich nur vom Kino und Fernsehen.						Sie bringen mich seit geraumer Zeit um meinen Schlaf.
24. Aufgaben und Probleme fordern mich regelmäßig raus.						Sie überfordern mich regelmäßig.

25. Ich weiß meistens, was ich will. Insgesamt mache ich also auf andere Menschen einen entschlossenen und zielstrebigen Eindruck.					Ich wirke oft zerfahren, unentschlossen und ohne Ziele.
26. Kreislaufstörungen, z.B. schneller Puls, Herzklopfen, Drehschwindel, kalte und nasse Füße und / oder Hände, kenne ich eigentlich nur vom Hörensagen.					Diese Beschwerden stellen sich bei mir zunehmend ein.
27. Mein sexuelles Verlangen ist stabil und erfüllt meine Bedürfnisse.					Es hat sehr nachgelassen und ist auch für meinen Partner unbefriedigend.
28. Ich kann mich auf eine Sache gut konzentrieren, mir Tatsachen und Termine ohne Mühe merken und schnell aus Erfahrungen lernen.					Zunehmend habe ich erhebliche Merk-, Lern- und Konzentrationsschwierigkeiten.
29. Meine Verdauung ist in Ordnung. Die Toilette suche ich regelmäßig und mit Erfolg auf.					Ich habe oft Blähungen, Durchfall oder Verstopfungen, Sodbrennen, Brechreiz, häufigen Harndrang und / oder Magenschmerzen.
30. Es fällt mir auf, dass ich selten Schnupfen und Erkältungen habe.					Ich leide oft unter solchen Beschwerden.
31. Ohne besondere Anlässe gehe ich oft ins nächste Kaufhaus und kaufe groß ein.					Ich kaufe selten ein.
32. Ich fühle mich oft nervös, ängstlich und immer auch irgendwie schuldig.					Selten so.
33. Probleme mit dem Knochenbau habe ich nicht.					Meine Rücken-, Kreuz- und / oder Genickschmerzen nehmen zu.
34. Ich glaube, ich sehe die Welt, wie sie ist.					Ich sehe auch Dinge, die es gar nicht gibt.

Fortsetzung siehe nächste Seite

35. Wenn ich an einer Prüfung oder an einem anderen Leistungsvergleich teilnehme, möchte ich immer - möglichst sofort – wissen, wie gut ich abgeschnitten habe.	Es interessiert mich das Ergebnis letztlich nur am Rande. Manchmal will ich es auch gar nicht wissen.
36. Ich will immer wissen, wie ich bei anderen Menschen „ankomme".	Die Meinung anderer Leute über mich interessiert mich wenig.
37. In letzter Zeit stelle ich fest, dass ich in bestimmten Situationen bzw. bestimmten Dingen gegenüber allergisch reagiere - zum Beispiel in Form von Hautausschlag und Juckreiz oder leichtem Fieber.	Ich habe bisher solche Reaktionen bei mir nicht beobachtet.
38. Ich nehme mich so an, wie ich eben bin - mit all meinen Stärken und Schwächen.	Ich leide furchtbar unter meinen Schwächen und vergesse darüber meine Stärken.
39. Obwohl ich mich um Kontakte zu anderen Menschen sehr bemühe, bleiben meine Anstrengungen gewöhnlich ohne positives Echo.	Ich suche gelegentlich Kontakte und finde schnell Anschluss.
40. Letztlich versuche ich, mich zu einem fehlerfreien Menschen zu entwickeln.	Ich möchte mich zu einem Menschen mit Stärken und Schwächen entwickeln.

Auswertung - Stress-Test

1. Wandeln Sie bitte die Skalen-Werte für folgende Sätze um:
    2, 6, 8, 11, 13, 15, 17, 18, 21, 31, 32, 35, 36, 37, 39 und 40
2. Benutzen Sie dabei folgendes Schema:

   Für ursprünglich 1 Punkt(e) geben Sie sich jetzt 7 Punkt(e)

   2 ⟶ 6

   3 ⟶ 5

   4 ⟶ 4

   5 ⟶ 3

   6 ⟶ 2

   7 ⟶ 1 Punkt.

3. Addieren Sie alle Skalen-Werte zu einem Grundwert.

   Ihr **Stressrisiko** beträgt also: ─────

   Je näher sich Ihr Wert bei 280 befindet, um so größer ist ihr Stressrisiko.
   Der Minimalwert beträgt 40.

> *Unabhängig von Ihrem Arbeitsplatz entsteht der größte Teil Ihres*
> *Stresses stets am selben Ort – in Ihrem Kopf.*
> (Paul Wilson)

2.2 Sieben Schritte zur Umsetzung

Nachdem Sie eine umfangreiche Analyse Ihrer Ist-Situation vorgenommen haben, dürfte es Ihnen leicht fallen, die sieben Schritte zur Umsetzung, von der Mission zur Handlung, durchzuführen.

> *Zuerst: Habe ein klar umrissenes, praktisches Ideal*
> *– eine Zielvorstellung.*
> *Zweitens: Sei im Besitz der nötigen Mittel zur Erreichung deines*
> *Ziels – Weisheit, Geld, Material und Methoden.*
> *Drittens: Stimme alle deine Mittel darauf ab,*
> *dieses Ziel zu erreichen.*
> (Aristoteles)

Im **ersten** Schritt definieren Sie Ihren **Lebenssinn** (**Mission**), Ihren Beitrag zu einem größeren Ganzen.

Im **zweiten** Schritt entwickeln Sie Ihr **Lebensbild** (**Vision**), Ihre Vorstellung eines erfüllten und erfolgreichen Lebens.

Im **dritten** Schritt formulieren Sie Ihre wichtigen **Werte**, das, was Sie tief im Innersten bewegt. Ebenfalls ermitteln Sie im dritten Schritt die im Laufe Ihres Lebens entwickelten **Überzeugungen**. Dabei geht es auch darum, sie daraufhin zu prüfen, welche Einschränkungen damit für Sie verbunden sind.

Im **vierten** Schritt klären Sie Ihre **Rollen**, die Sie täglich ausfüllen.

Im **fünften** Schritt geht es um die Formulierung von konkreten **Zielen**. Sie werden Ihre Ziele für unterschiedliche Zeithorizonte und Rollen formulieren.

Im **sechsten** Schritt erstellen Sie schließlich eine konkrete **Planung** zur Umsetzung Ihrer Ziele. Sie entwickeln u.a. eine Jahresplanung und einen konkreten Tagesplan.

Im **siebten** Schritt erhalten Sie abschließende Hinweise, Tips und Anregungen, wie Sie während der **Umsetzung** Ihren Fortschritt überprüfen und ggf. Änderungen vornehmen können.

2.2.1 Lebenssinn (Mission)

Im **ersten** Schritt definieren Sie Ihren **Lebenssinn** (**Mission**), Ihren Beitrag zu einem größeren Ganzen.

Lebenssinn (Mission) formulieren

Zur Formulierung Ihrer Mission gehen Sie bitte in den folgenden Schritten vor:

1. Definieren Sie die für Sie relevanten Kontexte, in denen sich Ihr Leben heute abspielt. Berücksichtigen Sie dabei auch, wie es in fünf, zehn oder mehr Jahren aussieht. Kommen weitere hinzu? Wenn ja, welche sind das? Nutzen Sie dazu folgende Darstellungsweise:

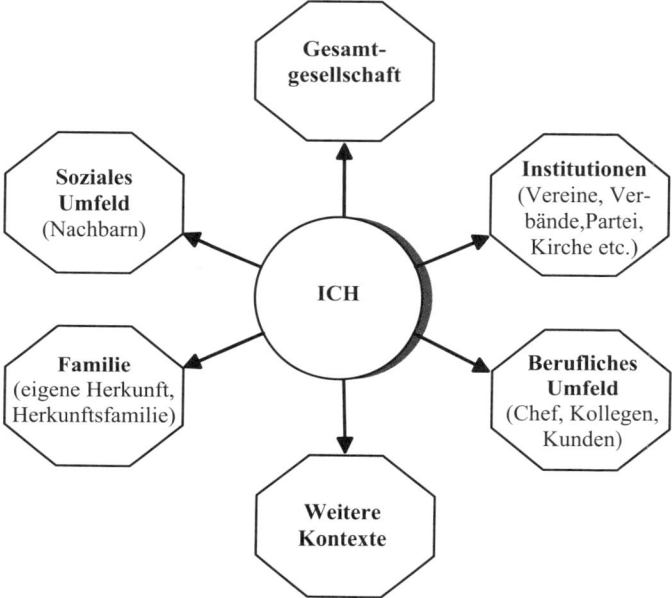

Abb. 2.5: Relevante Kontexte meines Ichs

2. Überlegen Sie, basierend auf Ihrer Ist-Analyse, welchen übergeordneten Beitrag Sie zu den einzelnen Umfeldern leisten bzw. leisten wollen. Oder anders gesagt: „Welchen Sinn und Zweck soll mein Leben erfüllen?"
3. Formulieren Sie nun Ihre Mission getrennt für die unterschiedlichen Bereiche in folgenden zwei Sätzen:

Meine Mission ist es, ...
Dazu bringe ich ...
ein.

4. Versuchen Sie, die einzelnen Formulierungen weiter zu verdichten. Beschreiben Sie in einem Satz, was Ihr Beitrag ist:

> Meine Mission ist es, ...
>
> Dazu bringe ich ...
>
> ein.

2.2.2 Lebensbild (Vision)

Im **zweiten** Schritt entwickeln Sie Ihr **Lebensbild** (**Vision**), Ihre Vorstellung eines erfüllten und erfolgreichen Lebens.

> *Jeder Mensch konstruiert sich seine Wirklichkeit selbst.*
> (Paul Watzlawik)

Lebensbild (Vision) kreieren

Ausgehend von Ihrer Ist-Analyse und Mission überlegen Sie nun, wie Ihre Vision aussieht.

Tun Sie das in zwei Schritten.

Im ersten Schritt stellen Sie Ihre Vision(en) als Bild dar. Keine Sorge, es geht nicht um Schönheit und Perfektionismus.

Im zweiten Schritt verbalisieren Sie Ihre Vision(en). Mit den Schritten 3 bis 5 können Sie die Qualität Ihrer gefundenen Vision überprüfen und diese ggfs. anpassen.

1. Gestalten Sie Ihr **Lebensbild**. Je größer, farbiger und klarer das Bild ist, desto mehr Sogwirkung wird es auf Sie haben.

   Nehmen Sie sich ca. 30 Minuten Zeit, in der Sie ungestört sind.

   Legen Sie sich dazu folgende Materialien bereit:
   – alte Zeitschriften, Prospekte etc.
   – eine Schere
   – einen Klebestift
   – bunte Stifte (Filzschreiber, Bleistifte, Wachsmalstifte o.ä.)
   – großen Pappkarton bzw. Papier
   – sonstiges Gestaltungs- und Bastelmaterial wie z.B. Kordel etc. Ihrer Kreativität sind keine Grenzen gesetzt.

   Legen Sie nun Ihre Lieblings - CD auf. Eine, die Sie inspiriert, die Sie zum Träumen einlädt, bei der Ihnen Gedanken und Ideen wie selbstverständlich zufließen.

Beginnen Sie nun mit dem Malen und Gestalten Ihres Lebensbildes. Als Anregung sollen Ihnen die folgenden Fragen dienen:
- Welche großen Träume liegen meiner Mission zugrunde?
  In welche Richtung bringen mich diese Träume? Wo bewege ich mich auf etwas zu, und wo von etwas weg?
- Wie genau sehen diese Träume aus?
- Wer will ich dabei sein?
- Wenn ich genau dieser Mensch sein könnte, der ich sein möchte, über welche Eigenschaften würde ich verfügen?
- Welche materiellen Dinge würde ich gerne besitzen?
- Über welche immateriellen Werte möchte ich gerne verfügen?
- Was ist für mich eine ideale Lebensumgebung?
- Welche Wünsche habe ich im Hinblick auf Fitness, Körper, Sport und alle Aspekte, die mit meiner Gesundheit zu tun haben?
- Welche Art von Beziehungen würde ich gerne zu Familienangehörigen, Freunden, Bekannten, Kollegen und anderen Menschen haben?
- Was ist für mich die ideale Arbeitssituation? Welche Auswirkungen sollten meine beruflichen Anstrengungen haben?
- Welche persönlichen Erfahrungen beispielsweise in bezug auf Reisen, Literatur oder Hobby möchte ich machen?
- In welcher Gemeinschaft oder Gesellschaft möchte ich leben?
- Welche weiteren Bereiche gibt es (siehe Mission) und was möchte ich dort erreichen bzw. erschaffen?

2. **Schreiben** Sie nun Ihre **Vision(en)** auf. Beachten Sie dazu folgende Hinweise: Schreiben Sie, so als ob Sie diese Vision schon erreicht hätten. Verwenden Sie dazu Formulierungen wie

   – Ich bin ...
   – Ich habe ...
   – Ich besitze...
   – Ich leite ...
   – Ich führe ...
   – Ich betreibe ...
   – Ich kann ...

Differenzieren Sie Ihre Vision auf die relevanten Kontexte (siehe Mission):

Meine Vision(en):

3. **Überprüfen** Sie Ihre Vision abschließend darauf, wie sehr Sie diese motiviert, auf einer Skala von 1-10. Erfahrungsgemäß sollte der Wert zwischen 7 und 8 liegen. Entscheidend ist, dass Sie damit zufrieden sind und jedesmal verspüren, wie Sie diese Vision motiviert. Testen Sie es. Wo stehen Sie mit Ihrem Bild auf der Skala? Bitte kreuzen Sie es jetzt an!

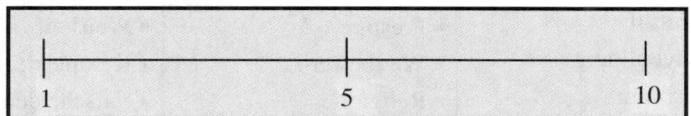

4. Wenn Sie einen Wert unter 5 erreichen, sollten Sie Ihre Vision nochmals **überarbeiten**.
5. Zur **Überprüfung** Ihrer Vision können Sie auch folgende Fragen nutzen:
- Wie fühlt es sich an, wenn ich mir vorstelle, diese Vision zu erleben?
- Was sehe ich, höre ich, fühle ich in diesem Bild der Zukunft?
- Wie weit kann ich mich mit dieser Vision identifizieren?
- Wie angezogen fühle ich mich von meiner Vision?
- Was muss ich tun, damit der Sog zur Vision sich noch verstärkt?
- Prüfen Sie ebenfalls, wie Sie es schaffen können, diese in Harmonie und Balance zu bringen / halten.

2.2.3 Werte - Überzeugungen

Im **dritten** Schritt definieren Sie Ihre wichtigen **Werte**, das, was Sie tief im Innersten bewegt. Ebenfalls ermitteln Sie die im Laufe Ihres Lebens entwickelten **Überzeugungen**. Dabei geht es auch darum, sie daraufhin zu prüfen, welche Einschränkungen damit für Sie verbunden sind. Sie finden auch Hinweise, wie Sie diese verändern können.

Ermitteln Sie Ihre Werte

1. Beantworten Sie dazu folgende Fragen:
- Was ist mir besonders wichtig in meinem Leben?
- Was ist mir am Wichtigsten im Leben?
- Wohin bringen diese Werte mich?

Zur Veranschaulichung und Orientierung finden Sie nachfolgend einige Beispiele:

Physische Werte	Emotionale Werte	Intellektuelle Werte
• Handwerkliche Tätigkeit • Komfort • Bodybuilding • Reichtum • Aussehen • Gesundheit • Urlaub • Arbeitsbedingungen • Stärke • Aktiv sein • Reisen • Attraktivität • Finanzielle Sicherheit • Leistung •	• Verantwortlichkeit • Emotionale Stabilität • Prestige • Wettbewerb • Religion • Sicherheit • Vertrauen • Intimität • Liebe • Freundlichkeit • Leidenschaft • Optimismus • Offenheit • Soziale Verpflichtung • Hingabe • Helfen	• Lernen • Kreativität • Weisheit • Komplexität • Entscheiden • Abstrahieren können • Unabhängigkeit • Perfektion • Ruhm • Planung • Lesen • Kommunikation • Verstand • Informationsverarbeitung •

2. Verdichten Sie Ihre gefundenen Werte auf die **zehn wichtigsten**.

   ☐   ☐
   ☐   ☐
   ☐   ☐
   ☐   ☐

3. Bringen Sie die zehn Werte in die **Reihenfolge** ihrer Wichtigkeit (Werthierarchie)

   1.
   2.
   3.
   4.
   5.
   6.
   7.
   8.
   9.
   10.

4. **Prüfen** Sie diese Werte. Stellen Sie sich dazu folgende Fragen:
◆ Inwieweit stimmen diese Werte mit meiner Vision überein?

- Wo unterstützen sie diese?
- Wo behindern sie meine Vision?
- Welche Konsequenzen ziehe ich daraus?

5. **Fokussierung**

   Berücksichtigen Sie, dass Ihre Werte unbewusst in großem Maße festlegen, wohin Sie Ihre Aufmerksamkeit richten. Damit bestimmen sie unbewusst Ihr Denken und Handeln.

- Worauf möchte ich meine Aufmerksamkeit besonders richten?
- Wie werde ich mich daran erinnern, dies zu tun?

Ermitteln Sie Ihre Überzeugungen

> *Glauben schafft Tatsachen!*
> (William James)

Aus den „Verallgemeinerungen", die wir im Leben einsetzen, entstehen mehr oder weniger feste Überzeugungen. Diese bestimmen, ähnlich wie die Werte auf einer unbewussten Ebene den Wahrnehmungsfokus und damit auch die Art und Weise, wie Menschen ihre Realität konstruieren. Ebenfalls bestimmen sie das Denken und Handeln. Nutzen Sie die folgenden Schritte, sich Ihrer Überzeugungen bewusst zu werden und sie bei Bedarf zu ändern.

1. Notieren Sie mindestens **fünf globale Überzeugungen**, die Sie über sich selbst, die Welt und über andere Menschen bewusst und / oder unbewusst gebildet haben, z.B. das Leben ist......, Menschen sind ...., ich bin....... etc.

Überzeugungen	Bewertung

2. Notieren Sie mindestens fünf Überzeugungen, die Sie in Ihrem Leben **weitergebracht** haben.

Überzeugungen	Bewertung

3. Notieren Sie mindestens fünf Überzeugungen, die Sie in Ihrem Leben unnötig **eingeschränkt** haben bzw. noch einschränken.

Überzeugungen	Bewertung

4. **Bewerten** Sie diese Überzeugungen, indem Sie ein „+" für positive, hilfreiche und ein „-" für negative, einschränkende Überzeugungen in die 2. Spalte (siehe oben) eintragen.
5. **Wählen** Sie die Überzeugungen aus, die Sie im Folgenden verändern wollen.
6. Erstellen Sie für jede Überzeugung eine **Bilanz** nach dem folgenden Muster.

Überzeugung:	
Bilanz	
Nachteile	Vorteile
-	+
-	+
-	+
Neue Überzeugung:	

Verwenden Sie dazu die folgenden Anregungen:
- Schließen Sie Ihre Augen und denken Sie über die Konsequenzen dieser Überzeugung nach. Konsequenzen in Ihrer Vergangenheit und in Ihrer Gegenwart, die Sie aufgrund dieser Überzeugung erlebt haben.
- Bewegen Sie sich fünf Jahre in die Zukunft und „schleppen" Sie diese (einschränkende) Überzeugung mit sich. Was kostet Sie das?
  Wie ist es nach zehn Jahren? Und wie nach 20 Jahren?
- Kehren Sie in die Gegenwart zurück und stellen Sie fest, dass noch nichts von all dem geschehen ist. Sie haben die Möglichkeit, das alles zu ändern. Tragen Sie Ihre Ergebnisse in die Spalte „Nachteile" ein.
- Machen Sie sich aber auch bewusst, welche Vorteile diese Überzeugung für Sie hat. Hinter jeder Überzeugung stecken positive Absichten. Finden Sie diese heraus und tragen Sie sie unter „Vorteile" ein.

7. Verändern Sie Ihren **körperlichen Zustand** völlig. Stehen Sie auf, bewegen Sie sich. Atmen Sie mehrmals kräftig ein und aus.
8. Kreieren Sie nun eine **neue, positive, hilfreiche und starke Überzeugung**. Eine Überzeugung, die Sie in Zukunft unterstützt und fördert. Schreiben Sie diese präzise auf. Benutzen Sie eine positive Formulierung.

    Walter Staples hat in seinem Buch „Personal Coaching in Action" folgende **Kernglaubenssätze** identifiziert. Überprüfen Sie diese. Möglicherweise passt einer oder mehrere für Sie.
    - Gewinner werden gemacht, nicht geboren.
    - Die wichtigste Kraft in unserer Existenz sind die Gedanken, mit denen wir uns täglich beschäftigen.
    - Wir haben die Macht, uns unsere Wirklichkeit selbst zu erschaffen – wer wir sind und in welcher Welt wir leben.
    - Jede Notsituation hat auch ihr Gutes.
    - In Bezug auf unser persönliches Glaubenssystem haben wir vollkommene Wahlfreiheit.
    - Wir sind niemals besiegt, es sei denn, wir akzeptieren eine Niederlage als wirklich und geben auf.
    - Wir verfügen schon jetzt über herausragende Fähigkeiten, zumindest in einem Schlüsselbereich unseres Lebens.
    - Die einzigen wirklichen Beschränkungen unserer Leistungsfähigkeit sind die, die wir uns selbst auferlegen.
    - Großer Erfolg ist nicht möglich ohne großes Engagement.
    - Wir brauchen Unterstützung durch die Zusammenarbeit mit anderen Menschen, um ein lohnendes Ziel zu erreichen.
    - Wir denken in Bildern, die durch Worte aktiviert werden.
    - Wir agieren immer unseren gedanklichen Vorstellungen entsprechend.
    - Wir können unsere Vorstellungen nach Belieben verändern.
    - Der Geist kann zwischen Tatsache und Fiktion nicht unterscheiden.
    - Der Geist kann sich Dinge für uns vorstellen, die wir zu Beginn gar nicht in Betracht gezogen haben.

    Wie lautet nun Ihre neue Überzeugung?

9. **Integrieren** Sie diese Überzeugung, indem Sie sie innerlich mehrfach wiederholen und sich möglichst „real" vorstellen, wie sich diese neue Überzeugung positiv auf Ihr Leben auswirken wird.

- Wie wird sich Ihr Leben verändern?
  In fünf Jahren, in zehn und in zwanzig Jahren?
- Was wird besser sein?
- Gestalten Sie dieses Erlebnis angenehm, lustvoll und motivierend.
- Gibt es irgendwelche Einwände, die dieser Überzeugung widersprechen bzw. sie als nicht in jeder Beziehung hilfreich und unterstützend erscheinen lassen?
  Wenn ja: Verändern Sie Ihre Beschreibung so lange, bis es keine Einwände mehr gibt.
- Beachten Sie, dass Sie Ihre positive Vorstellung auch wirklich „erleben" und nicht nur daran denken. Verbinden Sie sinnesspezifische Eindrücke wie Bilder, Gefühle, gesprochene Worte, Gerüche und Geschmack mit Ihrer Vorstellung.
10. Wenn Sie weitere einschränkende Überzeugungen bearbeiten wollen, **wiederholen** Sie die Schritte 1. bis 9.

Ihre Überzeugungen können Sie ergänzend durch Affirmationen unterstützen.

Affirmationen

Die Qualität unseres Lebens und unserer vielfältigen Beziehungen wird von unseren Gedanken bestimmt. Unsere gedanklichen Einstellungen, unsere Denkschemata sind das Ergebnis lebenslanger Konditionierungen.

Die Affirmationstechnik ist eine Möglichkeit, unsere negativen Konditionierungen zu verändern. Sie hat zwei Funktionen: Zum einen will sie Ihnen Ihre negativen Gedankenmuster und Selbstverurteilungen bewusst machen; zum anderen will sie Ihre negativen Einstellungen neutralisieren und durch positive, lebensbejahende ersetzen helfen.

Formulierungshinweise:

- Affirmationen werden in der Gegenwartsform geschrieben, als wäre der neue Gedanke schon Realität.
- Schreiben Sie es einfach so, wie Sie es wirklich gerne hätten!
- Beachten Sie dabei, dass Sie das schreiben, was sie wollen, und nicht dass sie es wollen!
- Formulieren Sie Ihre Affirmationen einfach und kurz.
- Aufgabe: Wiederholen Sie innerlich mehrmals diese Selbstsuggestionen.

Hier eine Reihe von Beispielen. Bei Bedarf formulieren Sie weitere dazu.

Realistisch positiv Denken

– Ich bin von positiver Energie durchdrungen. Sie wirkt durch mich.
– Ich begrüße jeden neuen Tag dankbar mit einem fröhlichen Lächeln.
– Ich genieße das gegenwärtige Leben sehr.

Ruhe - Entspannung - Frieden
- Ich bin, der ich bin.
- Ich offenbare Ruhe und Frieden.
- Ich entspanne meinen ganzen Körper und genieße die tiefe Ruhe und Entspannung aus ganzem Herzen.
- Mir geht es von Tag zu Tag in jeder Hinsicht immer besser und besser.
- Alles kommt leicht und mühelos zu mir.
- Ich kann mich entspannen und loslassen, ich kann fließen.
- Ich liebe mich und nehme mich hundertprozentig so an, wie ich bin.
- Ich mache gerne Dinge, die mir gut tun.
- Ich genieße jetzt tiefe Ruhe und Harmonie und ruhe ganz in mir selbst.
- Während meiner Arbeit bin ich ganz konzentriert und in meiner geistigen Mitte.
- Mein ganzes Sein ist erfüllt von tiefer Ruhe und Harmonie.

Partnerschaft und Liebe
- Ich bin eine starke, positive Persönlichkeit mit einer wunderbaren Anziehungskraft und Ausstrahlung.
- Ich liebe meine(n) Partner(in) und akzeptiere ihn / sie wie er / sie ist.

Gesundheit und Stabilität
- Ich bin, der ich bin.
- Ich bin gesund.
- Ich liebe meinen Körper und nehme ihn voll und ganz an.
- Ich bin liebenswert und gebe anderen meine Liebe.
- Ich bin gut zu meinem Körper und mein Körper ist deswegen gesund.
- Ich liebe mich, ich liebe meinen Körper.
- Ich habe alle Liebe, die ich brauche, in meinem eigenen Herzen.
- Die Anwesenheit meines Bewusstseins im Körper bedeutet vollkommene Gesundheit.
- Ich bin elastisch im Körper und in der Seele.
- In jeder Hinsicht fühle ich mich besser und besser, von Moment zu Moment.
- Ich strahle Kraft und Frieden aus, wo immer ich bin.
- Die Anwesenheit meines Bewusstseins im Körper bedeutet Kraft und Gesundheit, Form und Schönheit.

Kreativität
- Jeder Augenblick meines Lebens ist schöpferisch und das Universum ist immer freigiebig.
- Ich bin begabt, intelligent und schöpferisch.
- Schöpferische Energie durchströmt mich jetzt vollkommen.
- Ich lasse nun meine ganze Vergangenheit los. Sie ist vorbei, und ich bin frei.

Erfolg
- Je erfolgreicher ich bin, desto mehr habe ich und kann andere daran teilhaben lassen.
- Ich bin bereit, Freude und Glück in meinem Leben voll und ganz zuzulassen und von Herzen zu genießen.
- Je mehr ich bekomme, desto mehr kann ich geben.

Stabilität, Widerstandskraft, Willenskraft, Angstfreiheit
- Ich bin stabil.
- Meine Anwesenheit bedeutet Stabilität im Körper und in meiner Seele.
- Ich bin frei von Angst, ich bin frei von Angst, ich bin frei von Angst.
- Ich bin die Ursache für Erfolg.
- Dafür bin ich sehr dankbar.

(nach Funke: Arbeitsmaterialien)

2.2.4 Rollen

Im **vierten** Schritt analysieren und klären Sie Ihre **Rollen**, die Sie täglich ausfüllen. Dies soll Ihnen Klarheit über Ihre Rollen geben. Weiterhin bieten sie eine gute Grundlage für den nächsten Schritt der Zielformulierung. Zunächst geht es um „äußere" Rollen.

1. Notieren Sie, welche Rollen Sie in Ihrem Leben haben. Denken Sie dabei sowohl an unterschiedliche berufliche, als auch an private Rollen. Ein weiterer Anhaltspunkt für Ihre Rollen kann sich auch aus den Gebieten ergeben, in denen Sie viel Zeit oder Energie investieren. Stellen Sie diese Rollen in einem Beziehungsnetzwerk dar. Verbinden Sie diese Rollen mit Pfeilen unterschiedlicher Stärke. Je stärker der verbindende Pfeil, desto bedeutender ist Ihnen die Rolle.

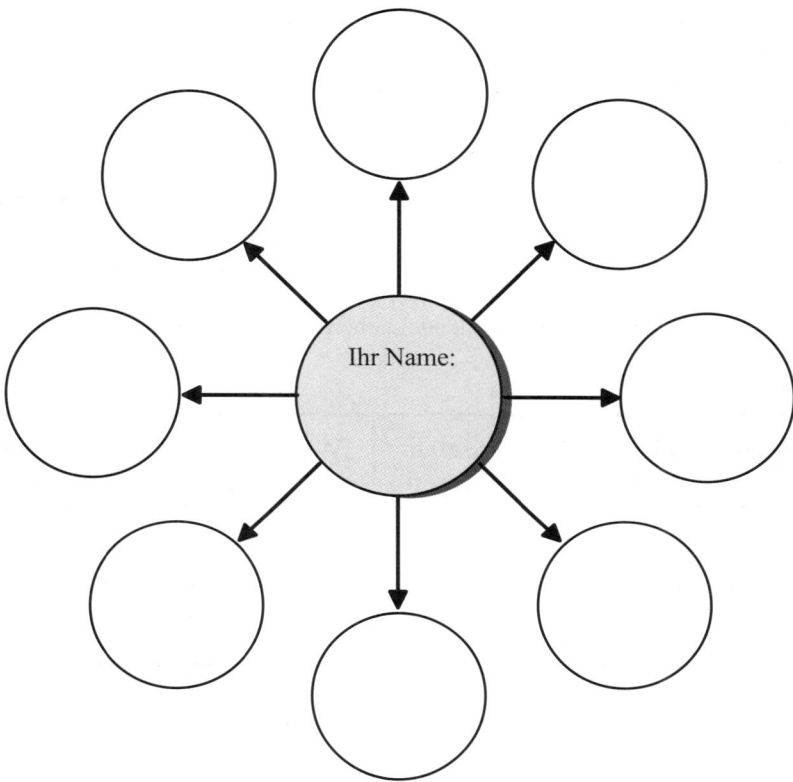

Abb. 2.6: Rollen im Leben

2. Beschreiben Sie kurz die einzelnen Rollen. Beziffern Sie ebenfalls für jede Rolle den Zeiteinsatz in Stunden und in Prozent pro Woche. Gehen Sie dabei von ca. 15 Stunden pro Tag aus, das entspricht einer wöchentlichen Gesamtzeit von 105 Stunden.

Rolle	Kurzbeschreibung	Zeiteinsatz	
		Stunden	**Prozent**
	Summen		

3. Formulieren Sie nun, bezogen auf die einzelnen Rollen, welche Erwartungen andere Beteiligte an Sie haben, was Sie dort geben (möchten) und welche Konfliktfelder sich daraus ergeben.

   Sollten sich Unklarheiten ergeben, gibt es 3 Wege, damit umzugehen.

   ◆ Sie können in Gesprächen mit den betreffenden Personen zusätzliche Informationen einholen bzw. ihre eigenen Vorstellungen äußern und bitten, diese gegebenenfalls zu korrigieren, zu ergänzen bzw. neu auszuhandeln.
   ◆ Sie können die relevanten Bezugspersonen beobachten und versuchen, ihre Erwartungen aus ihrem Verhalten zu erschließen bzw. Sie befragen Dritte.
   ◆ Sie entschließen sich, mit der Rollenunklarheit weiterzumachen, Sie akzeptieren sie.

Meine Rollen	Erwartungen der Anderen	Was ich gebe	Konfliktpotenzial

4. Überprüfen Sie nun, ob und wenn ja, welche Maßnahmen Sie bezüglich der Konfliktpotenziale ergreifen wollen.

   Einen Rollenkonflikt können Sie lösen, indem Sie mit den beteiligten Bezugspersonen die eigene Rolle und das Rollenverständnis neu verhandeln.

Maßnahmenplan

Nr.	was	mit wem	bis wann	✓

5. Verbinden Sie nun Ihre Rollen mit Ihren bereits erarbeiteten Missionen und Werten. Das folgende Bild soll das veranschaulichen. Prüfen Sie dabei, inwieweit durch die jeweiligen Rollen Ihre Werte und Ihre zugehörige Mission erfüllt sind.

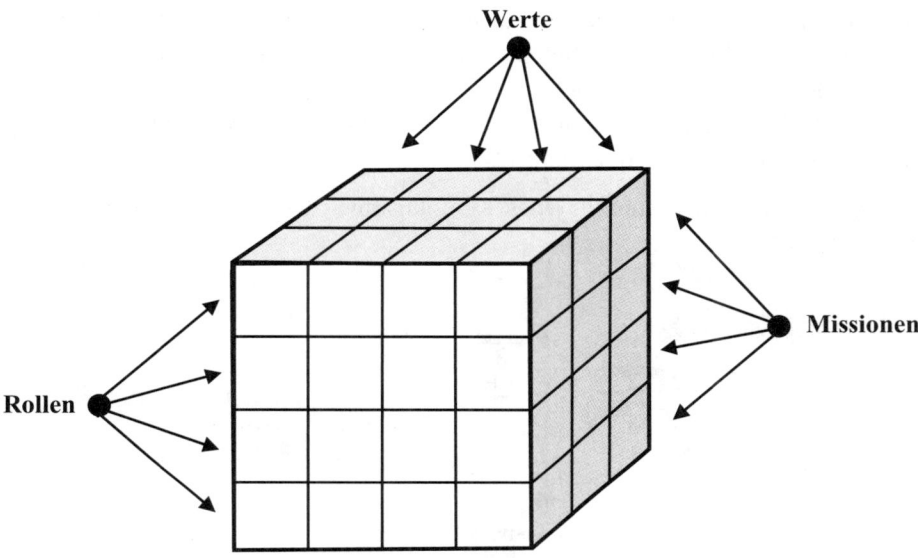

Abb. 2.7: Rollen – Missionen - Werte

Verwenden Sie dazu eine Tabelle nach folgendem Muster:

Rollen	Missionen	Werte							

Bestimmen Sie durch Kennzeichnung mittels „+" „0" bzw. „–" den aktuellen Stand. Wenn Sie Veränderungsbedarf erkennen, notieren Sie diesen ebenfalls in den obigen Maßnahmenplan.

2.2.4.1 Innere Rollen

Wie bereits im Kapitel 1.4 beschrieben, besitzt jeder Mensch auch vielfältige innere Rollen. Es ist wenig sinnvoll, diese analog der äußeren Rollen zu identifizieren, da deren Anzahl sehr hoch ist und sie immer situationsspezifisch auftreten. Bedeutsam sind sie, wenn es zu inneren Konflikten kommt.

Nachfolgend ein Modell von Schulz von Thun (Miteinander reden 3) .

Es beschreibt die fünf Phasen der inneren Konfliktbearbeitung. Damit können Sie bei jeder Gelegenheit den besseren Umgang mit Ihren inneren Rollen bearbeiten.

Fünf Phasen innerer Konfliktbearbeitung

1. *Identifikation der Kontrahenten.* Auch hier sind zunächst die einzelnen Teilnehmer (inneren Rollen) zu bestimmen. Hilfreich dabei sind folgende Fragen:
- Wer ist am Konflikt beteiligt?
- Welche Energieträger sind im Klumpatsch zusammengeschmolzen?
- Wie heißen sie (vorläufige Namen)?

Reservieren Sie einen Stuhl für jeden Konfliktpartner. Des Weiteren einen Stuhl für ein Oberhaupt.

2. *Monologische Selbstoffenbarung der Gegenspieler.* Damit die unterschiedlichen Interessen und Wünsche deutlich werden, geben Sie jedem Beteiligten die Möglichkeit sich zu äußern. Verwenden Sie dazu folgende Fragen:
- Was haben sie zu sagen, wofür stehen sie?
- Welche Gefühle kommen dabei hoch? (Jeder für sich, nacheinander, die „Gesamtperson" schlüpft dabei nacheinander in die „Haut" der drei Kontrahenten, jeweils auf dem vorgesehenen Stuhl.)
- Stimmt der vorläufige Name?
3. *Dialog: Sich „Auseinandersetzen" und „Aneinandergeraten".* Sie führen den Konfliktdialog, indem Sie die Stühle wechseln und das jeweilige Gegenüber ansprechen. Achten Sie dabei genau auf die gewählten Worte (wenn möglich, nehmen Sie den Dialog auf!).
4. *Versöhnung und teilweise Akzeptierung.* Nachdem sich die Beteiligten auseinandergesetzt haben, werden deren Absichten deutlich. Die vielleicht vorhandene gegenseitige Verachtung und Verbitterung ist überwunden. Die Beteiligten können sich einander als wichtige und wertvolle Ergänzungspartner anerkennen. Hilfreiche Fragen können sein:
- Wozu ist es gut, dass du (zuweilen) auch da bist?
- Was kann ich an dir schätzen?
- Wozu bedürfen wir einander, damit unsere „Gesamtperson" gut leben kann?
5. *Teambildung und konkrete Entscheidung durch das Oberhaupt.* Das Oberhaupt leitet eine innere Teamkonferenz nach dem Modell der inneren Verhandlung (sie-

he vorne) zu dem konkret anstehenden Konflikt. Es entscheidet von höchster Warte und bedient sich dabei folgender Fragen:
- Wer soll in welchen Situationen den Vorrang haben?
- Wie soll die gegenseitige Ergänzung aussehen?
- Wer soll künftig mehr Raum einnehmen, wer soll sich „gesundschrumpfen"?

2.2.5 Ziele

Im **fünften** Schritt geht es um die Formulierung von konkreten **Zielen**. Sie werden Ihre Ziele für unterschiedliche Rollen und Zeithorizonte formulieren. Abb. 2.8 stellt nochmals den Zusammenhang zwischen Rollen und Zielen sowie deren Planung und Umsetzung dar.

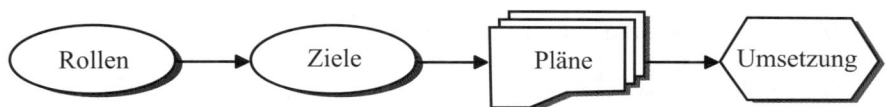

Abb. 2.8: Zusammenhang Rollen -Ziele

1. Sammeln Sie alle Ideen zu folgender Frage: **„Was möchte ich in meinem Leben alles erreichen?"**. Dabei kann es sich um spirituelle, intellektuelle, materielle, emotionale, mentale, körperliche, familiäre oder soziale Ziele handeln.
   Quellen für **Lebensziele** können sein:

   - Lebensweg analysieren
   - Lebensaufgaben suchen
   - Begabungen
   - Chancen und Gefahren
   - Wünsche
   - Sorgen, Nöte
   - Bedürfnisse (körperlich, seelisch, geistig)
   - innere Stimme
   - Meditation
   - etc.

   Gehen Sie wie folgt vor (dieses Vorgehen ist auch als Disney-Strategie bekannt):
   ◆ Sorgen Sie dafür, dass Sie einige Zeit ungestört sind.
   ◆ Richten Sie sich in einem Raum auf dem Boden vier unterschiedliche Plätze ein.

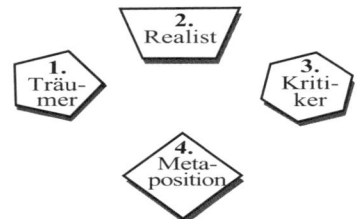

- Markieren Sie die Plätze mit einem Stuhl und besetzen Sie diese wie folgt:
    1. Der Träumer
    2. Der Realist
    3. Der Kritiker
    4. Meta-Position.
- Setzen Sie sich auf die einzelnen Stühle und „fühlen" Sie sich in die einzelnen Rollen ein.
  Träumer: Erinnern Sie sich an eine Zeit, in der Sie ganz einfach neue Ideen ausdenken konnten.
  Realist: Erinnern Sie sich an eine Zeit, in der Sie besonders gut realistisch denken und einen Plan in die Tat umsetzen konnten.
  Kritiker: Erinnern Sie sich an eine Zeit, in der Sie besonders gut konstruktiv kritisieren konnten. Sie konnten besonders gut auf Probleme hinweisen und dementsprechend nützliche Verbesserungsvorschläge machen.
  Meta-Position: Erinnern Sie sich an eine Zeit, in der Sie trotz vieler Aktivitäten sehr gut den Überblick behalten haben. Sie hatten jederzeit die Übersicht und es war Ihnen möglich, bei jeder Aktivität in die Details zu gehen, ohne den Überblick zu verlieren.
- Verbinden Sie die Plätze ebenfalls mit den in der folgenden Übersicht genannten Zuständen.

Platz	Aufmerksamkeit	Einstellung	Physiologie
Träumer	Was (Vision)	Alles ist möglich.	Kopf und Augen hoch. Haltung symmetrisch und entspannt.
Realist	Wie (Aktion)	Handeln „als ob" der Traum realisierbar wäre.	Kopf und Augen gerade oder leicht nach vorne. Haltung symmetrisch und leicht nach vorne.
Kritiker	Warum (Logik)	Bedenken „was ist, wenn" Probleme entstehen.	Augen nach unten. Kopf nach unten und seitlich nach links geneigt. Haltung „eckig".
Meta-Position	Was genau (Überblick)	Was ist der beste Weg.	Kopf hoch und Augen gerade. Haltung symmetrisch und entspannt.

◆ Nachdem Sie die einzelnen Plätze eingerichtet haben, beginnen Sie nach der Zielsuche auf der 1. Position Träumer. Ziel ist es, durch den Wechsel der Perspektive gute, realistische Ziele ausfindig zu machen. Die Entscheidung treffen Sie aus der 4. Position. Möglicherweise ist es notwendig, die Plätze mehrfach zu wechseln. Verlassen Sie sich bei der Durchführung auf Ihre Intuition. Sie wird Ihnen zeigen, wann genau Sie Ihre Ziele gefunden haben.
Das folgende Bild soll dies veranschaulichen.

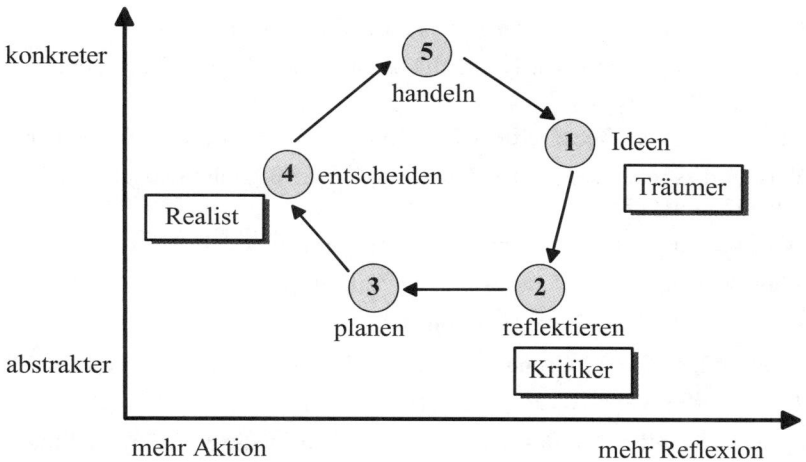

(vgl. Heinze, Rinck: Der Aufschwung beginnt bei mir)

Abb. 2.9: Zielsuche

2. Identifizieren Sie den **Zeitrahmen** für die Erreichung dieser Ziele. Stellen Sie alle Ziele auf der folgenden Zeitlinie dar und vermerken Sie ebenfalls, bis zu welchem Termin Sie diese Ziele erreichen wollen.
Sie können diese Zeitlinie ebenfalls auf dem Boden visualisieren.

   − Schreiten Sie die einzelnen Ziele ab.
   − Gehen Sie weit in die Zukunft und betrachten Sie aus dieser Perspektive den zurückgelegten Weg.
   − Nehmen Sie wahr, wie es sich anfühlt, diese Ziele alle erreicht zu haben.
   − Begeben Sie sich schrittweise in Ihre Gegenwart und sehen Sie, aus welchen (Einzel-) Zielen sich Ihre Zukunft zusammensetzt.
   − Genießen Sie diesen „Flug" über Ihre Zeitlinie. Verharren Sie dort, wo es angenehm ist, wo Sie noch Fragen haben, wo Sie genauer hinschauen wollen.

3. Überprüfen Sie die **Konsequenzen**, die diese Ziele für Ihr Leben haben. Nutzen Sie dazu die Positionen Realist und Kritiker.
   − Wenn ich diese Ziele erreicht habe, was kann ich dann tun?
   − Was gewinne ich dadurch?

- ...und was verliere ich dadurch / Worauf muss ich dann verzichten?
- Was möchte ich gerne behalten?
- Was wird aus meinem Leben verschwinden?
- Was würde passieren, wenn ich das Ziel erreiche / nicht erreiche?
- Was würde nicht passieren, wenn ich das Ziel erreiche / nicht erreiche?

4. Werden Sie sich Ihrer **Motivation zur Zielerreichung** bewusst. Nutzen Sie hier die Position Träumer.
   - Welche Freude wird es mir bereiten, diese Ziele zu erreichen?
   - Verlust-Analyse: Was wird es mich kosten, wenn ich diese Ziele nicht in dem Zeitrahmen erreiche?
   - Gewinn-Analyse: Was werde ich gewinnen, wenn ich diese Ziele erreiche?
   - Was wird es mich kosten, das Ziel zu erreichen? Bin ich bereit, diesen Preis zu zahlen?
   - Wie „bestrafe" ich mich, wenn ich die Ziele nicht erreiche?
   - Wie „belohne" ich mich, wenn ich die Ziele erreiche?
   - Lohnt es sich, diese Ziele zu verfolgen?

   Berücksichtigen Sie die Grundstrategien der Motivation (Hin-zu-etwas und Weg-von-etwas-Strategie).

5. Analysieren Sie mögliche **Barrieren**. Nutzen Sie dazu die 3. Position Kritiker.
   - Was hat mich bis jetzt davon abgehalten?
   - Was hindert mich daran, es jetzt zu tun?

6. **Wählen** Sie Ihre **Ziele** aus. Nutzen Sie dazu die 4. Position Meta. Treffen Sie eine definitive Entscheidung für diese Ziele. Ordnen Sie diese dann den unterschiedlichen Zeitkategorien (kurz-, mittel- und langfristig) zu.
   - Was will ich in meinem Leben erreichen?
   - Was will ich in den nächsten drei Jahren erreichen?
   - Was will ich im nächsten Jahr erreichen?
   - Was will ich im nächsten Halbjahr erreichen?
   - Was will ich im nächsten Monat erreichen?

7. Ordnen Sie die einzelnen Ziele bestimmten **Zielbereichen** zu. Mögliche Zielbereiche:
   - Ich
   - Ehe und Partnerschaft
   - Kinder und Eltern
   - Gesundheit und Lebensfähigkeit
   - Freizeit
   - Kontakte

- Hobbys
- Beruf
- Weiterbildung
- Werte.

Zielformulierung

Bearbeiten Sie jedes Ziel nach den folgenden Schritten:

1. **Formulieren** Sie das Ziel aus:
- Woran genau werde ich erkennen, dass ich das Ziel erreicht habe?
  - Wie genau sieht das Ziel aus?
  - Was höre ich dabei?
  - Wie fühlt es sich an?
  - Was kann ich dabei schmecken?
  - Was ist dabei zu riechen?
- Wann und in welchem Kontext möchte ich das Ziel erreichen?
- ...und wann nicht?

2. Analysieren Sie die **Voraussetzungen**
- Welche Fähigkeiten und Eigenschaften sind zur Zielerreichung notwendig und welche muss ich mir noch aneignen?
- Welche Überzeugungen und Werte brauche ich für eine erfolgreiche Umsetzung?
- Welche weiteren Ressourcen, Erfahrungen etc. sind notwendig?
- Wer kann mich bei der Zielerreichung unterstützen und wie?

3. Überprüfen Sie nochmals, ob Sie das Ziel **wirklich erreichen** wollen
- Welche Vorteile bietet mir dieses Ziel?
  - emotional
  - materiell
  - ideell
  - etc.

4. Befragen Sie dazu auch relevante **innere Anteile** (Rollen)
- Wer ist an der Erreichung dieses Ziels beteiligt?
- Welchen Beitrag hat wer zu leisten?
- Gibt es Bedenken gegen dieses Ziel?
- Wer benötigt was, um sich an der Zielerreichung zu beteiligen?

5. Legen Sie die **ersten Schritte** fest
- Was ist noch zu tun, um die Zielverfolgung zu beginnen (siehe Voraussetzungen)?
- Was genau werde ich

- sofort,
- morgen,
- bis spätestens in einer Woche tun?

Notieren Sie diese ersten Schritte in folgender Tabelle.

Nr.	Ziel	Schritte	Hilfsmittel

2.2.6 Planung

Im **sechsten** Schritt erstellen Sie schließlich eine konkrete **Planung** zur Umsetzung Ihrer Ziele. Sie gestalten u.a. eine Jahresplanung und eine konkrete Tagesplanung.

Basierend auf Ihren Rollen und Zielen entwickeln Sie nun konkrete Pläne. Die folgende Grafik soll den Zusammenhang veranschaulichen.

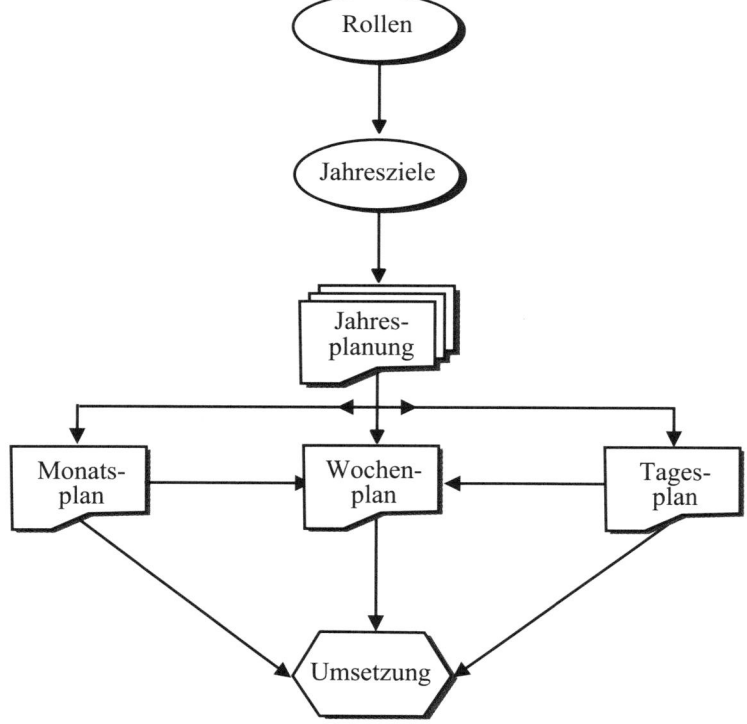

Abb. 2.10: Konkrete Planung zur Zielumsetzung

Verwenden Sie dazu einen elektronischen Organizer (Kapitel 3.7) oder ein Zeitplanbuch (Kapitel 3.23).

Erstellen Sie nun Ihre Pläne für das laufende Jahr. Für darüber hinausgehende Ziele und Zeiträume legen Sie bitte für jedes Jahr ein separates Blatt an und notieren dort Ihre Ziele und eventuell schon bekannte bzw. geplante Termine.

Gehen Sie wie folgt vor:

1. Erstellen Sie einen **Jahreszielplan**. Verwenden Sie dazu Ihre Dokumentation aus Schritt fünf und ergänzen Sie diese wie folgt:
   - Priorisieren Sie Ihre Jahresziele (siehe Priorisierung, Kapitel 3.17).
   - Stellen Sie konkrete Messkriterien dar, anhand derer Sie die Zielerreichung erkennen wollen.
   - Ergänzen Sie die Schritte zur Zielerreichung.
   - Schätzen Sie den Aufwand für jeden Schritt in Tagen oder Stunden.
   - Bestimmen Sie die Reihenfolge und legen Sie für jedes Ziel und jeden Schritt einen Endtermin fest.
   - Dokumentieren Sie das in folgender Übersicht.

Nr.	Ziel	Prio	Messkriterien	Schritte	Aufwand	Termin	✓

2. Erstellen Sie einen (groben) **Jahresplan**, indem Sie alle Informationen aus Schritt eins um weitere Projekte, Aufgaben, Termine, Ereignisse etc. ergänzen. Stellen Sie dies wie folgt dar:

Projekt, Ziele etc.	Prio	Aufw	Jan	Feb	Mrz	Apr	Mai	Jun	Jul	Aug	Sep	Okt	Nov	Dez
Summe:														

In den jeweiligen Monat tragen Sie bitte den zugehörigen zeitlichen Aufwand ein. Sie können daran schnell erkennen, ob Ihre Zeitplanung realistisch ist. **Verplanen Sie nie mehr als 60 % der verfügbaren Zeit.** In Berufszweigen, wo der Anteil fremdbestimmter Zeit groß ist wie z.B. in der Kundenberatung, verplanen Sie bitte deutlich weniger als die genannten 60 %.

3. Erstellen Sie für jeden Monat auf einem separaten Blatt einen **Monatsplan**. Tragen Sie dort nur Aufgaben, Verabredungen, Ereignisse etc. ein, die in diesem Monat stattfinden, aber noch nicht konkret terminiert sind. Bereits terminierte Aufgaben oder Verabredungen tragen Sie bitte sofort in den betreffenden Tagesplan ein (siehe unten).

4. Fertigen Sie nun einen **Wochenplan**. Füllen Sie diesen aus dem Jahreszielplan, dem Jahresplan sowie dem Monatsplan. Beachten Sie, dass hier eine Verknüpfung zwischen Ihren Zielen und der Planung besteht. Verwenden Sie dazu folgendes Formular:

Planung

Ziel der Woche			KW	
Bereiche	konkrete Tätigkeiten		Pr	⌛
Summe				

privat	Pr	⌛	Beruf	Pr	⌛
Summe			Summe		
☏			☏		
Akt.			Akt.		

	Mon	Die	Mit	Don	Fre	Sam	Son
O	8						8
	9						9
	10						10
	11						11
	12						12
	13						13
	14						14
	15						15
	16						16
	17						17
	18						18
	19						19
	20						20
O	21						21
	☏						☏
	Akt.						Akt.

So können Sie auf einen Blick alle wichtigen Informationen zur Zielerreichung und sonstigen Aufgabenbewältigung erkennen.

5. Als kleinste Planungseinheit dient der **Tagesplan**. Tragen Sie in diesen Ihre konkreten Termine und Verabredungen ein. Ebenso die aus den anderen Plänen (Jahres-, Monats-, Wochen-) sich ergebenden konkreten Aufgaben. Verwenden Sie dazu beispielsweise folgendes Formular:

🕐	∅	**Wochentag:**						**Datum:**	
		Termine:	Δ	✓	A	Be	☎	**Beruf**	✓
7									
8									
9									
10									
11									
12									
13									
14									
					A	Be	☎	**Privat**	✓
15									
16									
17									
18									
19									
20									
→ Termine			→ Beruf / → Privat:			Sonstiges:			

Damit sind Sie auf der Ebene angekommen, auf der Sie tatsächlich Ihre Ziele und Aufgaben umsetzen können. Nur im täglichen Handeln, im Hier und Jetzt ist das möglich.

Wenn Sie die Sorge haben, zu viele Pläne führen zu müssen, so können Sie beispielsweise die Inhalte des Monats- und Wochenplans zusammenführen. Oder keinen Tagesplan, stattdessen einen Wochenplan führen. Dies ist erfahrungsgemäß jedoch abhängig von dem gewünschten Planungshorizont. Es gibt Menschen, die kommen an dieser Stelle mit einem Jahres- und einem Tagesplan aus. Andere wünschen sich für jeden Zeithorizont eine separate Planung. Entscheiden Sie, was für Sie die beste Variante ist. Der Vollständigkeit halber sind alle möglichen Varianten dargestellt.

Betrachten Sie diese Planung als einen „Vertrag" mit sich selbst. Denn nur Sie haben ein Interesse daran, dass Ihre Ziele umgesetzt und alle dafür notwendigen Schritte getan werden.

> *Die tiefgreifendsten Vereinbarungen im Leben*
> *treffen Sie mit sich selbst.*
> (Ron Smothermon)

Bedenken Sie dabei ebenfalls, dass fehlende Zeit nie ein Argument für die Nichtdurchführung Ihrer Planung sein kann. Denn:

> *Zeit hat man nie,*
> *Zeit muss man sich nehmen!*
> (Martin Ochsner)

6. Beginnen Sie jetzt damit, Ihre Pläne in die Tat umzusetzen! Erstellen Sie dazu eine **Aktivitätenliste**, die Sie im folgenden Monat angehen werden, um Ihre Ziele zu erreichen.

Nr.	Was	Std	Prio	Wer	Start	Kon-trolle	Ende	✓

2.2.7 Fortschrittsüberprüfung

Im **siebten** Schritt finden Sie abschließende Hinweise, wie Sie während der **Umsetzung** Ihren Fortschritt **überprüfen** und ggf. Änderungen vornehmen können. Dazu ist es notwendig, regelmäßig Feedback über den Fortschritt und Stand der Zielerreichung zu erhalten. Feedback erhalten Sie auf unterschiedliche Weise. Die Abb. 2.11 zeigt das.

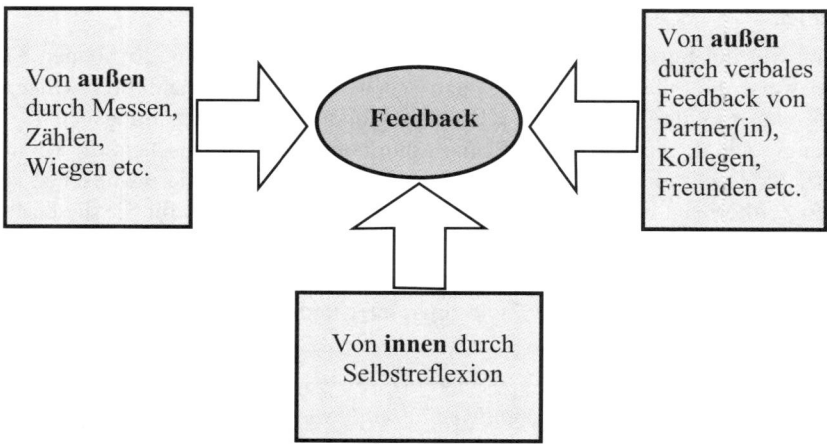

Abb. 2.11: Feedbackmöglichkeiten

Berücksichtigen Sie in Ihren Plänen ausreichend Zeit für die Einholung von Feedback durch Außenstehende. Nutzen Sie dazu insbesondere bei Verhaltensänderungen verbales Feedback. Denn das ist die beste und schnellste Form des sozialen Lernens.

Führen Sie regelmäßig, am besten sogar täglich, ein **Zieltagebuch**. Notieren Sie anhand der Fragen des LBM-Lebens-Balance-Modells ® alles, was Ihnen für den Tag wichtig ist festzuhalten. So können Sie Erfolge feststellen und auch die kleinen Schritte zum Ziel bewusster wahrnehmen.

Auf den folgenden Seiten finden Sie Musterblätter für Ihr Zieltagebuch.

Für Ihre Aufzeichnungen müssen Sie sich nicht auf die übliche Textform einschränken sondern erlauben Sie sich, Ihre gestalterischen Fähigkeiten auszuleben. Mind Maps, Geschichten, Wortbilder, Collagen usw. sind gleichfalls hilfreich für Ihre Aufzeichnungen.

Bedenken Sie auch, sich für erreichte (Zwischen-) Ziele angemessen zu belohnen. Die Belohnung kann beispielsweise in Zeit für sich selbst, einem guten Glas Wein, einem wohlriechenden Bad o.ä. bestehen. Ihrer Kreativität ist hier keine Grenze gesetzt.

2.2.7.1 Zieltagebuch

Tragen Sie in die folgenden Blätter Ihre „Fieberkurve" der Zielerreichung ein. Stellen Sie täglich den Zielerreichungsgrad fest und tragen ihn entsprechend ein. Nutzen Sie für die unterschiedlichen Ziele verschiedene Farben. Damit können Sie ebenfalls erkennen, in welchem Zeitraum Sie mehr für welche Ziele erreicht haben. Das hilft auch bei einer späteren Analyse.

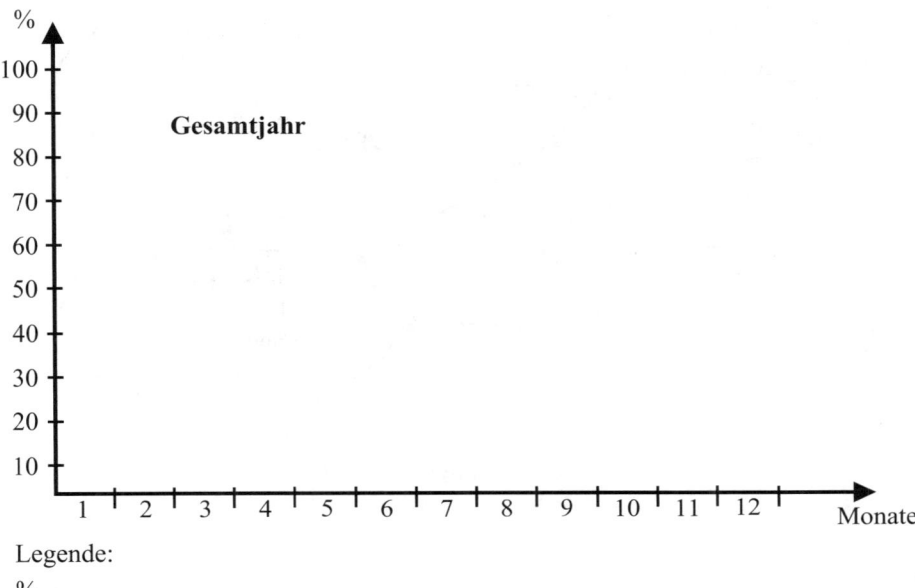

Legende:

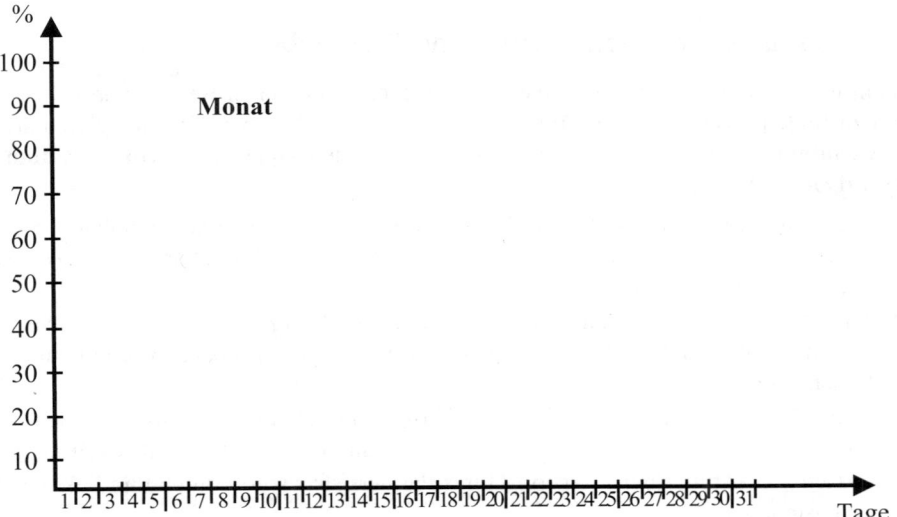

Legende:

Woche und Tag

Für die wöchentliche und tägliche Selbstreflexion sind Fragen besonders gut geeignet. Nutzen Sie hierfür das Balance-Modell (Abb. 2.12).

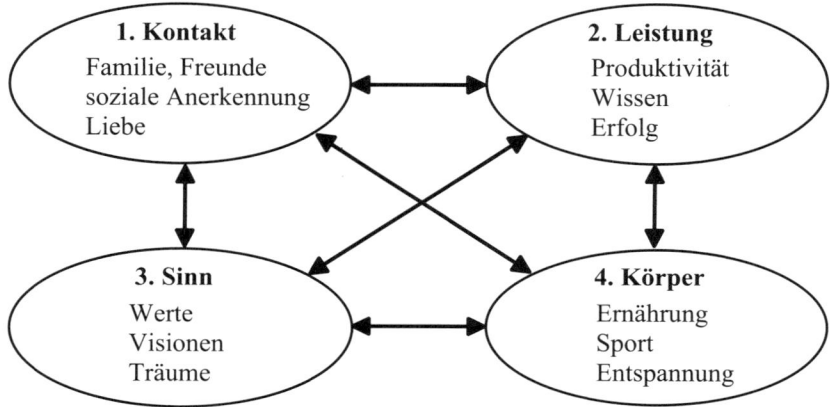

Abb. 2.12: Balance-Modell

2.3 Balance zwischen Berufs- und Privatleben

Nicht immer ist es einfach, die angemessene Balance zwischen Berufs- und Privatleben zu finden. Wenn Sie (oder Ihr Partner) den Eindruck haben, Sie engagieren sich zu wenig im privaten Bereich, nutzen Sie die folgenden Tipps zur **„Reorganisation"** des Privatlebens.

- Sagen Sie Ihrer Partnerin / Ihrem Partner, wann Sie wo sind, und vereinbaren Sie Familientermine. Sprechen Sie dies mit Ihrer Partnerin / Ihrem Partner mindestens einmal in der Woche ab.
- Tragen Sie diese Termine in Ihren Kalender ein und vergessen Sie nicht Ihre Sekretärin davon zu unterrichten. Nehmen Sie private Termine ebenso wichtig wie Geschäftstermine.
- Geben Sie auch Ihrer Partnerin / Ihrem Partner die Telefonnummern, unter denen Sie zu erreichen sind (auch Restaurant-Telefonnummern bei Geschäftsessen).
- Lassen Sie Anrufe Ihrer Partnerin / Ihres Partners stets sofort durch Ihre Sekretärin durchstellen.
- Ihre Privattelefonnummer gehört nicht auf Ihre Visitenkarte! Sie verhindern so viele unwichtige Anrufe zu Hause.
- Nehmen Sie keine Akten mit nach Hause.
- Wochenende und Urlaub sind dienstfrei zu halten.
- Lassen Sie Ihre Familie an Ihrer Arbeit teilnehmen. Ihr Arbeitsplatz ist für Ihre Kinder sicher sehr interessant.

- Sprechen Sie mit Ihrer Partnerin / Ihrem Partner über ihre berufliche Anspannung und machen Sie klar, dass Sie dennoch auch privat gefordert werden wollen.
- Nehmen Sie aktiv am Familienleben teil und fragen Sie nicht bloß beiläufig nach den Schulerlebnissen der Kinder und den Geschehnissen des Tages.
- Verwenden Sie statt „wir sollten ..., wir müssten ..." stets die aktive Form „wir machen ..., wir werden ..."
- Überprüfen Sie gemeinsam mit Ihrer Partnerin / Ihrem Partner, ob sich eine Änderung des eingespielten Rollenverhaltens innerhalb der Partnerschaft als nützlich erweist.
- Vermeiden Sie Tabuthemen.
- Überprüfen Sie, in welcher Relation Sie ihre täglich verfügbare Zeit bezüglich Beruf, eigener Freizeit und Partnerschaft aufgeteilt haben.
- Überprüfen Sie, ob und wie weit Sie von ihrer optimalen Zeitverteilung entfernt sind.
- Suchen Sie stets die Rückmeldung, ob und wie oft sich Ihre Familie vernachlässigt fühlt.
- Nehmen Sie sich regelmäßig Zeit für sich selbst und vermerken Sie diese auch in Ihrem Kalender.
- Demonstrieren Sie Ihrer Familie die Wichtigkeit Ihres Privatlebens und wie sehr Sie sich darauf freuen.
- Stimmen Sie mit Ihrer Familie auch im Privatleben konkrete Ziele ab. Ausflüge, neue Restaurants, Wohngestaltung, ein Wochenende allein mit Ihrer Partnerin / Ihrem Partner.
- Erfüllen Sie doch einmal spontan spezielle Wünsche Ihrer Partnerin / Ihres Partners, wenn sie besonders unter ihrer Belastung gelitten hat.
- Nehmen Sie Ihre Partnerin / Ihren Partner (falls diese es wünschen) mit auf Dienstreise und klären Sie mit Ihrem Unternehmen, ob teilweise Kosten dafür übernommen werden, so wie dies in amerikanischen Firmen längst üblich ist.

2.4 Fragen zur Reflexion

Wenn Sie sich an die letzten 4 Wochen zurückerinnern:
- Wie haben Sie sie verbracht?
- Wie haben Sie sich gefühlt?
- Wie haben Sie zu Ihrem Lebensgenuss beigetragen?
- Wie haben Sie Genuss verhindert?
- Was passiert, wenn Sie von Freunden oder Bekannten gefragt werden, wie es Ihnen geht? Antworten Sie gleich mit „Gut. Und Dir?"?
- Wie schwer fällt es Ihnen, sich mitzuteilen, wenn es Ihnen gut oder wenn es Ihnen schlecht geht?
- Nehmen Sie in einem solchen Moment wirklich wahr, wie es Ihnen gerade geht - auch wenn Sie es möglicherweise nicht äußern?
- Wie bemerken Sie das Bedürfnis, eine Pause einzulegen?
- Was machen Sie damit?
- Nehmen Sie heute einmal wahr, wieviel Zeit Sie darauf verwenden, an Vergangenes oder Zukünftiges zu denken. Beobachten Sie es nur, verändern Sie es nicht.
- Wie sinnlich erleben Sie den jetzigen Augenblick?
- Schließen Sie einen Moment die Augen.
- Was sehen Sie? Nur schwarze Fläche?
- Welche Geräusche hören Sie gerade? Nehmen Sie sich einen Moment Zeit auch für die leisesten Geräusche. Nehmen Sie die Geräusche in Ihrem Körper wahr?
- Riechen Sie etwas? Welchen Duft hat die Luft um Sie herum? Wie riechen Ihre Hände?
- Wie fühlt sich das Innere Ihres Mundes an? Haben Sie eine Geschmacksempfindung?
- Spüren Sie die Fläche, auf der Sie liegen oder sitzen? Wie fühlt sich diese Seite an? Was fühlen Ihre Fußsohlen gerade? Fühlen Sie an manchen Körperstellen Kälte oder Wärme?
- Wo spüren Sie die Bewegung Ihres Atems? Haben Sie irgendwelche Spannungen im Körper? Spüren Sie irgendwo einen Impuls zur Bewegung?
- Öffnen Sie nun die Augen. Was sehen Sie? Gibt es neue Eindrücke?
- Wie fühlen Sie sich gerade?

2.5 Umsetzungsvertrag

Schließen Sie nun einen Umsetzungsvertrag mit sich selbst ab:
- Ich verpflichte mich, konkret folgende **Aktivitäten** durchzuführen.

Nr.	Was	bis wann	✓

- Damit erreiche ich nachfolgende **Ziele**:
  —
  —
  —

- Diese unterstützen mich dabei, meine **Rollen** als
  —
  —
  —
  zu leben.

- Meine **Werte** von
  —
  —
  —
  unterstützen meine Handlungen.

- Meine **Überzeugungen**, dass
  —
  —
  —
  helfen mir bei jedem einzelnen Schritt.

- Meine **Vision**
  —
  —
  —
  rückt damit Schritt für Schritt näher.

- ◆ Damit leiste ich wesentliche Beiträge zu meiner **Mission**:
  - —
  - —
  - —

- ◆ Falls ich mein(e) Ziel(e) nicht erreiche, **verpflichte** ich mich ....
  - —
  - —
  - —

  bis zum .... zu tun!
  (Spende, Verzicht auf etc. Bedenken Sie die Hin-zu-etwas und Weg-von-etwas-Strategie aus Kapitel zwei!)
- ◆ **Termine** für die Überprüfung meines Aktionsplans:

Termin	Was	Wie	Abweichungen	Gründe	✓

Die Kontrollen sollten anfangs in kürzeren Abständen, z.B. wöchentlich terminiert sein.

Bitte beschreiben Sie konkret, **wie** Sie die Zielerreichung überprüfen wollen. Nutzen Sie dazu die definierten Messkriterien Ihrer Ziele.

Abweichungen sollten erkannt und begründet werden.

--------------   ------------------------

Ort, Datum   Unterschrift

Mit eventuellen Korrekturmaßnahmen beschäftigt sich der folgende Abschnitt.

2.6 Analyse und Anpassungen

Kommen Sie aufgrund Ihres Zieltagebuches zu der Erkenntnis, dass die erreichten Ergebnisse nicht Ihrem Ziel entsprechen oder Sie sich davon entfernen, sind Anpassungen notwendig.

Diese können an unterschiedlichen Punkten ansetzen. Das folgende Bild zeigt die Möglichkeiten.

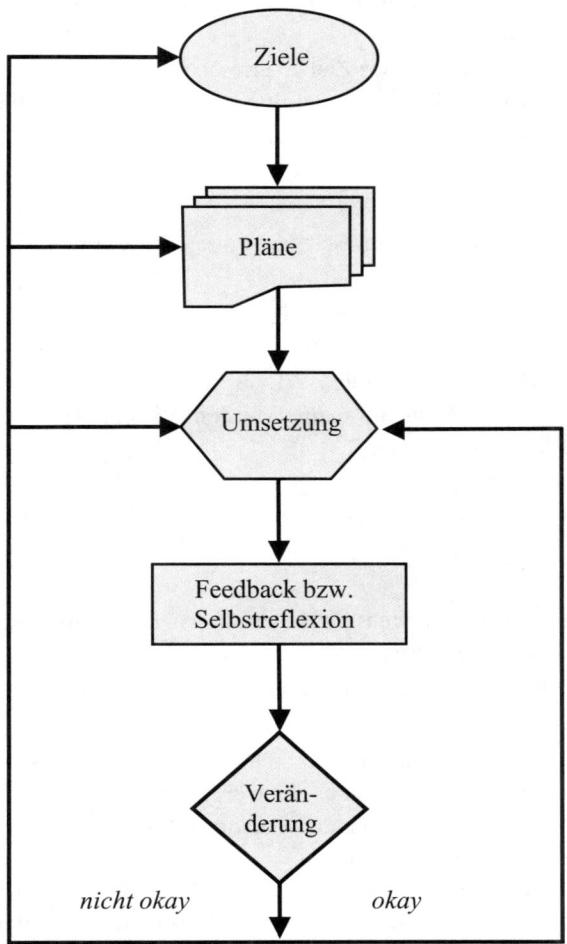

Abb. 2.13: Ansatzmöglichkeiten für Anpassungen

Die Möglichkeiten setzen an:

Bei der **Umsetzung**, d.h. der Art und Weise, wie Sie Ihre Ziele verfolgen. Basis sind Ihre konkreten Handlungsweisen. Überprüfen Sie diese u.a. anhand der folgenden Fragen:

- Tue ich genau das, was ich mir vornehme?
- Welche Reaktionen erhalte ich auf diese Handlungsweisen?
- Sind diese Handlungen geeignet, das Ziel zu erreichen?
- usw.

Bei der **Planung**, also der Vorgehensweise. Nutzen Sie u.a. die folgenden Fragen zur genaueren Analyse:

- Sind die Schritte geeignet, dieses Ziel zu erreichen?
- Was kann ich ändern (Reihenfolge, Schritte weglassen, weitere hinzufügen)?
- Welche alternativen Maßnahmen kann ich ergreifen?
- Was ist konkret dafür zu tun?
- usw.

Bei den **Zielen**. Überprüfen Sie Ihre Ziele u.a. mittels dieser Fragen:

- Will ich diese wirklich erreichen?
- Was genau hindert mich, diese zu verfolgen / zu erreichen?
- Was würde passieren, wenn ich das Ziel erreiche / nicht erreiche?
- Ist das Ziel SMART und erfüllt den ZWECK?
- Ist das Ziel stimmig in Bezug auf meine Mission, Vision, Werte, Überzeugungen und Rollen?
- Gibt es Zielkonflikte?
- Worin liegen die Vorteile, dieses Ziel nicht zu erreichen (positive Absicht suchen)?
- usw.

Ausgehend von der Analyse sollten Sie die entsprechenden **Anpassungen** Ihrer Umsetzung, Planung bzw. Ziele vornehmen.

Führen Sie regelmäßige **„Reviews"** durch. Beantworten Sie sich bitte – immer wieder – die folgenden Fragen:

- Welche sieben Merkmale finde ich gut an mir?
  „I may not be perfect, but some parts of me are excellent."
- Worauf bin ich stolz (stolz auf mich als Person, auf meinen privaten Bereich, auf meine Arbeit und mein Unternehmen) ?
- Wie sieht ein Stammbaum meiner Erfolge aus? (Zeichnen Sie ihn bitte mit möglichst vielen Verästelungen und „Früchten", ergänzen Sie ihn laufend!)
- Welche Herausforderungen bewältigte ich, die eine Anerkennung rechtfertigen?
- Wie genieße ich meine Erfolge?

Wenn Sie nun die Antworten auf die ersten fünf Punkte betrachten:
- Was ist meine Einmaligkeit / Unverwechselbarkeit?
- Manage ich meine (einmaligen) Möglichkeiten?
  Habe ich mir diese so klar gemacht, dass ich sie aufzählen kann?
  Kann ich die ideale Vorstellung von mir selbst beschreiben?
- Was fällt mir Positives zu meiner momentanen Lebenssituation ein?
  Sehe ich das Schöne?
- Sehe ich die Chancen in schwierigen Situationen?
- Auf welchen Gebieten will ich dazu lernen?
- Was sind zur Zeit die zwanzig größten „Spaßmacher" in meinem Leben?
  Von welchem habe ich genügend?
  Wie soll das in sechs Monaten aussehen?
- Habe ich heute schon gelacht?
- Wie wird ein glücklicher Tag in fünf Jahren in meinem Leben aussehen?
  (Drehen Sie sich einen farbigen Film dieses Tages!)
  Was will ich dafür mehr / häufiger / intensiver tun?
  Was lasse ich künftig sein?
- Was ist die umfassende Vision in meinem Leben?
  (Das, was meine Phantasie gefangen nimmt, mein Herz bewegt und mich zu schlüssigem Handeln führt.)
- Bin ich ein Mensch, der eine Mission zu erfüllen hat? Welche ist es?
- Welche einzelnen persönlichen Lebensziele resultieren daraus?
  Worauf verzichte ich keinesfalls?
- Was motiviert mich eigentlich heute?
  Welches Ziel verfolge ich heute? Welche konkreten Ergebnisse will ich heute erzielen?
- Zu wieviel Prozent engagiere ich mich heute?
  Was repräsentieren die fehlenden Prozente?
- Worauf möchte ich eines Tages zurückblicken?
  Was soll auf meinem Grabstein stehen?
- Wie realistisch bin ich?
- Wie aktiv bin ich?
- Betrachte ich mich selber, betrachten mich meine Mitmenschen als „konstruktiven Problemlöser"?

2.7 Checkliste zur Überprüfung Ihres Selbstmanagements

Fragen	Ja	Nein
Haben Sie eine schriftlich definierte **Vision** bzw. ein Bild oder Foto davon, wie Ihre Zukunft aussieht?	❏	❏
Sind Sie sich Ihrer unterschiedlichen **Rollen** bewusst und haben diesbezüglich auch Erwartungen und **Ziele** definiert?	❏	❏
Besitzen Sie schriftlich fixierte **Werte** und wissen so, was Sie zum Teil auch unbewusst steuert in Ihrem Leben?	❏	❏
Kennen Sie alle Ihre **Überzeugungen**, wie z.B. „nur wer hart arbeitet, wird Erfolg haben"?	❏	❏
Formulieren Sie regelmäßig schriftlich Ihre lang- und kurzfristigen **Ziele**?	❏	❏
Halten Sie die **Balance** zwischen den Bereichen Kontakt (mit anderen Menschen), Leistungsorientierung (im Beruf), Sinn (meines Lebens) und körperlicher Fitness?	❏	❏
Planen Sie regelmäßig Ihre **Zeit** und Ihre **Ziele**?	❏	❏
Nehmen Sie sich regelmäßig Zeit und Ruhe, um den Stand der **Ziel**erreichung und die Anpassung Ihrer **Planung** zu überdenken?	❏	❏
Kennen Sie Ihre **Strategien**, wie Sie für sich Veränderungen verhindern können?	❏	❏
Wissen Sie, wie Sie sich sofort in einen **guten Zustand** bringen können, und setzen Sie diese Techniken regelmäßig und bewusst ein?	❏	❏
Kennen Sie **Erfolgsmethoden** und setzen Sie diese regelmäßig ein?	❏	❏
Benutzen Sie **Hilfsmittel**, wie z.B. ein Zeitplanbuch, um damit eine konsequente Umsetzung sicherzustellen?	❏	❏
Sind Ihnen Ihre **Zeitfresser** bewusst? Wenn ja, haben Sie konkrete Maßnahmen vorgesehen, wie Sie mit diesen besser umgehen werden?	❏	❏
Priorisieren Sie täglich Ihre zu bewältigenden Aufgaben?	❏	❏
Setzen Sie bewusst **persönliche Arbeitstechniken** zur **Ziel**erreichung ein?	❏	❏

3 Methoden, Techniken, Verhaltensweisen und Hilfsmittel von A - Z

In diesem Kapitel finden Sie Methoden, Techniken, Anregungen und Hilfsmittel vor, die Sie bei der Erreichung Ihrer Ziele unterstützen. Dabei kann es hilfreich sein, dieses Kapitel nicht von vorne bis hinten durchzulesen, sondern bedarfsgerecht vorzugehen. Die weiter unten folgende Matrix, die thematische Gruppierung sowie das Stichwortverzeichnis können Ihnen dabei wertvolle Dienste leisten.

Dieses Kapitel hilft Ihnen, einen schnellen Überblick über die Methoden und Techniken zu bekommen und gibt Ihnen sofort einsetzbare Hilfen für die praktische Umsetzung.

Hinweis: Wichtige Querverweise innerhalb des Kapitels zu anderen Arbeitstechniken sind durch Kursivschrift gekennzeichnet!

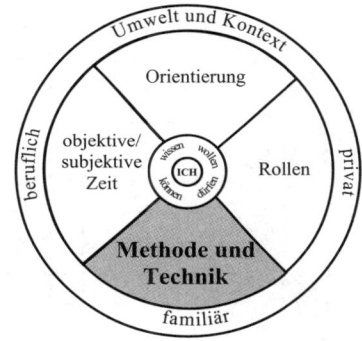

Allerdings sind bei der Beschreibung der einzelnen Techniken **nicht** alle Querverweise angegeben. Nutzen Sie deshalb die folgende Matrix, um so die Zusammenhänge zu erkennen. Diese Matrix ist Ihnen bei der konkreten Suche nach Tipps und Hilfsmitteln behilflich.

Zur Strukturierung der Tipps und Hilfsmittel wurden verschiedene Aufzählungszeichen mit folgender Aussage verwendet:

◆ ⇨ Arbeitsanweisung;   ❑ ⇨ Information;   — ⇨ Unterpunkt der Aufzählung

3.1 Techniken von A-Z

1. Arbeitsorganisation
2. Aufgabenklärung
3. Aufschieberitis
4. Besuchermanagement
5. Checklisten
6. Elektronischer Organizer
7. Gedächtnis
8. Gesprächsführung
9. Informationsmanagement und -ablage
10. Konzentration
11. Lesetechnik
12. Mind Mapping
13. Nein-Sagen
14. Planung
15. Positives Denken
16. Prioritäten setzen
17. Problemlösungs- und Entscheidungstechnik
18. Störungen
19. Stressmanagement und Entspannung
20. Tagesplanung
21. Telefonnutzung
22. Zeitplanbuch

Matrix der Methoden und Techniken:

	1	2	3	4	5	6	7	8	9	10	11	12	13	14	15	16	17	18	19	20	21	22
1 Arbeitsorganisation	■		x		x				x	x										x		x
2 Aufgabenklärung		■			x																	
3 Aufschieberitis	x		■						x										x			
4 Besuchermanagement				■				x									x	x			x	
5 Checklisten			x		■		x									x						x
6 Elektr. Organizer						■																x
7 Gedächtnis							■			x		x		x								
8 Gesprächsführung				x				■					x				x				x	
9 Informationsm./-ablage	x	x							■			x		x								
10 Konzentration	x						x			■	x	x		x				x	x			
11 Lesetechnik					x		x		x	x	■	x										
12 Mind Mapping							x	x	x		x	■					x					
13 Nein - Sagen				x				x					■	x		x			x			
14 Planung	x								x				x	■			x			x		x
15 Positives Denken										x					■				x			
16 Prioritäten setzen					x									x		■	x			x		x
17 Problemlös.-/Entscheidungst.	x	x						x				x	x	x		x	■					
18 Störungen				x						x								■	x			
19 Stressmanag./Entspannung			x							x			x		x			x	■			
20 Tagesplanung	x													x		x				■		x
21 Telefonnutzung				x				x													■	
22 Zeitplanbuch	x				x	x								x		x				x		■

3.2 Arbeitsorganisation

Situation	Problem	Ziel
Sie haben Unterlagen aller Art am Arbeitsplatz. Ihr Schreibtisch ist oft mit Akten gefüllt. Sie sind ein „Volltischler".	Sie brauchen unnötig Zeit, um Dinge zu finden. Zusammengehörende Unterlagen geraten auseinander. Ein unzweckmäßiges Ablagesystem kostet Sie Zeit und Nerven.	• Ordnung halten. • Unterlagen am Arbeitsplatz schnell ablegen und sicher wiederfinden. • Terminüberwachung ermöglichen. • Zugriff nach Termin und Name / Suchbegriff. • Zeit sparen. • Gedächtnis entlasten. • Werden Sie ein „Leertischler".

3.2.1 Lösungen

Führen Sie eine **Arbeitsplatzanalyse** durch. Bitte vergleichen Sie Ihre eigene Situation mit den folgenden Aussagen. Kreuzen Sie das Zutreffende an.

Merkmale meines Arbeitsplatzes / Abläufe / Ausrüstung	Oft / meistens	Zum Teil	Selten / nie
Um Hilfsmittel und Unterlagen zu holen, stehe ich auf ...			
Ich muss zurückrufen oder sonst „passen", wenn ich sofort Auskunft geben sollte (Zahlen, Daten und Fakten sind in meinen Unterlagen, aber nicht sofort greifbar) ...			
Wichtige Unterlagen muss ich an mehr als einem Ort ablegen ...			
Zahlen, Daten und Fakten, die ich brauche, sind nicht an meinem Arbeitsplatz verfügbar ...			
Ich muss Unterlagen suchen ...			
Ich habe viel Papier auf meinem Schreibtisch ...			
Ich werde an meinem Arbeitsplatz akustisch und optisch gestört ...			

Fortsetzung siehe nächste Seite

Mein Arbeitsplatz ist ausgerüstet mit	ja	nein	Kommentar
PC / Notebook			
Telefon (incl. Mithöreinrichtung)			
aktuellem Adressen-/ Telefonverzeichnis			
Diktiergerät			
Zeitplanbuch / Terminkalender			
Flipchart			
Wandtafel, Pinnwand			
Hängemappenauszügen			
Aktenschubladen			
Nachschlagewerken allgemeiner Art, Duden, Atlas			
Papier: • liniert und unliniert • Karteikarten • Vordrucke • Ringbucheinlagen • ...			
Schreibgeräten: • Bleistifte • Farb- und Filzstifte • Kugelschreiber • Füller • Ersatzminen und Patronen • ...			
Hilfsmitteln: • Aktenkörbe (Ein, Aus, Heute erledigen, Wiedervorlage etc.) • Schreibunterlage • Heftmaschine mit Ersatzklammern • Locher • Schere • Klebestreifen • Radiergummi • Bleistiftspitzer • Lineal • Büroklammern			

Ablagesystemen:			
• Ordner (schmale und breite Rücken) • Hängeordner (vertikal und lateral, mit Signalen) • Organisationsmappen • Schnellhefter • Ringbücher • Heftstreifen • Prospekthüllen • ...			

Zur Arbeitsorganisation gibt es vielfältige Hilfsmittel. Was genau für Sie das Beste ist, sollten Sie nach der Arbeitsplatzanalyse herausgefunden haben. Suchen Sie die für Sie notwendigen Arbeitsmittel aus und nutzen Sie diese konsequent. Im Bürofachhandel existiert dafür ein breites Angebot / Sortiment.

Abschließend einige Hinweise zur Verbesserung Ihrer **Arbeitsplatzorganisation**:

- ◆ Beginnen Sie als erstes mit der Reorganisation Ihres Schreibtisches. Sortieren Sie alle unerledigten Papiere auf drei Stapel.
    - – Erstens: Dinge, die in einer Minute zu erledigen sind, sofort erledigen! Mut zum Entscheid! Und dann ins Fach „Aus"
    - – Zweitens: Dinge, die in fünfzehn Minuten zu erledigen sind, ins Fach „Heute" legen und im Laufe des Tages erledigen (Zeit dafür einplanen)
    - – Drittens: Dinge, die zur Erledigung länger brauchen: Zu Themen / Projekten ablegen. Im *Zeitplanbuch* terminieren (Aktivitätenliste).
- ◆ Räumen Sie abends immer den Schreibtisch auf.
- ◆ Lassen Sie die Ablage durch Ihre Assistenz erledigen bzw. dort die Unterlagen ablegen (*Informationsmanagement und –ablage*).
- ◆ Nur so viel wie nötig behalten, Rest an interessierte Kollegen oder Mitarbeiter weiterleiten bzw. in den Papierkorb.
- ◆ Ihre Mitarbeiter oder Kollegen sollen in Ihrer Abwesenheit nichts auf dem Schreibtisch deponieren. Ihr Schreibtisch ist kein Mülleimer für Unbequemes und Unerledigtes anderer Menschen.
- ◆ Nach Sitzungen / Reisen: Papiere ordnen / in „Ein"-Korb / sofort ablegen.
- ◆ Mehr Zielerreichungs- statt Ausführungskontrollen. Das reduziert Papier (und spart Zeit).
- ◆ Vor längeren Abwesenheiten Stellvertretung regeln. Papier umleiten.
- ◆ Es muss nicht alles über Ihren Schreibtisch laufen... .
- ◆ Wenig gebrauchte Unterlagen weg vom Arbeitsplatz. Täglich Gebrauchtes in Griffnähe.
- ◆ Sorgen Sie dafür, dass die wichtigsten Dinge, die Sie häufig in Ihrem Beruf benötigen, immer einen festen Platz haben. Denn: „Jedes Ding an seinem Ort erspart viel Zeit und manch böses Wort!"

3.3 Aufgabenklärung

Situation	Problem	Ziel
Vielfältige Aufgaben stehen an.	Es ist unklar, ob die Aufgabe überhaupt notwendig ist. Wenn ja, wer sie in welcher Form durchzuführen hat.	• Nur notwendige Aufgaben werden durchgeführt. • Aufgaben werden priorisiert. • Delegierbare Aufgaben werden identifiziert und delegiert. • Die eigene Aufgabendurchführung wird optimiert.

3.3.1 Lösungen

◆ Legen Sie nicht sofort mit der Arbeit los. Überlegen Sie sich vorher einige Punkte. Nutzen Sie immer das folgende Ablaufschema.

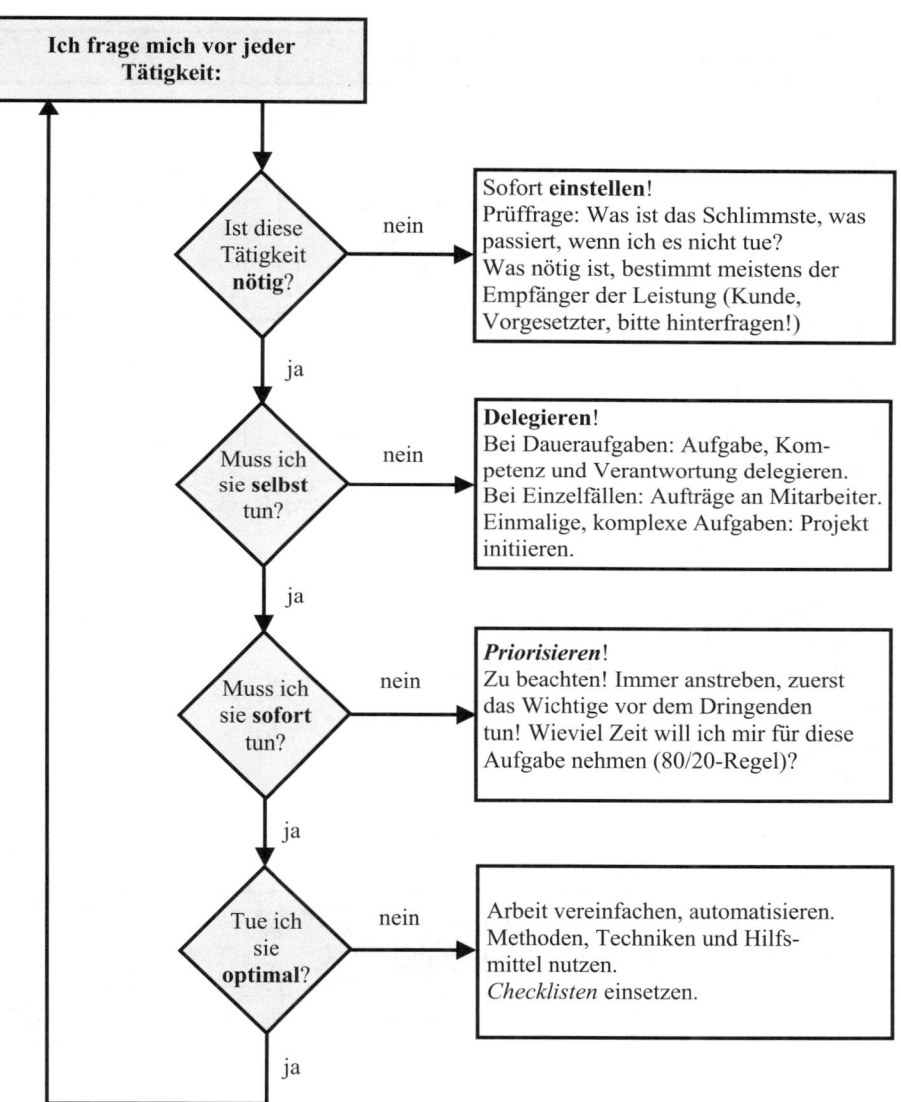

Abb. 3.1: Ablaufschema zur Aufgabenklärung

3.4 Aufschieberitis

Situation	Problem	Ziel
Unerledigte Papiere stapeln sich auf Ihrem Schreibtisch. Ihre Aktivitätenliste „quillt" über vor unerledigten Aufgaben.	Sie schaffen es nicht, die Aufgaben zu beginnen. Ihre Motivation ist nicht ausreichend. Der (Zeit-)Druck erhöht sich. Schuldgefühle nehmen zu.	• Jede Aufgabe, insbesondere aber diejenigen, die Sie schon einige Zeit vor sich herschieben, in irgendeiner Form zu „erledigen".

3.4.1 Lösungen

Aufgaben vor sich herzuschieben ist ein weitverbreitetes Phänomen. Ursachen dafür sind u.a.,

- ❑ dass die Aufgaben unattraktiv, schwierig oder einfach langweilig sind
- ❑ Aufgaben sind nicht priorisiert und terminiert
- ❑ häufige Unterbrechungen
- ❑ Angst vor Versagen bei der Durchführung
- ❑ zu geringer „Leidensdruck"
- ❑ Hinauszögern unangenehmer Entscheidungen
- ❑ mangelnde Delegation
- ❑ körperliche Ursachen wie z.B. Müdigkeit und Nervosität
- ❑ usw.

◆ Führen Sie täglich eine Liste, in der Sie sowohl die Aufgabe, als auch den Umgang damit protokollieren.

Tag / Datum	Aufgabe	Priorität	Gedanken u. Gefühle	Rechtfertigung	Lösungsversuch	Resultierende Gedanken u. Gefühle

(nach Neil Fiore: Wenn nicht jetzt, wann dann?)

◆ Überlegen Sie sich, welche Erkenntnisse Sie aus diesem Protokoll ableiten und zu welchen anderen Verhaltensweisen Sie das bringen könnte.
◆ Ein guter Weg ist es, einfach anzufangen. Erlauben Sie es sich ca. 15 Minuten, die bisher aufgeschobene Aufgabe durchzuführen. Überprüfen Sie anschließend, wie Sie mit dem Ergebnis weiter umgehen wollen.

Mindestens vier Möglichkeiten haben Sie.
- Die Aufgabe fertig bearbeiten und abschließen
- Die Aufgabe priorisieren und terminieren (*Prioritäten*). Überlegen Sie, wie Sie sicherstellen, diese zum gegebenen Termin tatsächlich zu erledigen
- Den Bearbeitungsstand akzeptieren (*Prioritäten*) und die Aufgabe als erledigt betrachten
- Die Aufgabe als nicht notwendig verwerfen.

Auch die folgenden Schritte können weiterhelfen:
- Erstellen Sie eine **Liste** der aufgeschobenen Aufgaben.
- *Priorisieren* Sie jede Aufgabe. Fragen Sie sich dabei:
  - „Will ich diese Aufgabe wirklich noch durchführen?"
  - „Welchen Nutzen hat diese Aufgabe für mich in Bezug auf meine Mission, Vision, Ziele usw."?
  Streichen Sie konsequent unnötige Aufgaben!
- Fällt Ihnen bei einigen Aufgaben die Entscheidung schwer, so erstellen Sie eine **Bilanz der Vor- und Nachteile**, die eine Durchführung dieser Aufgabe zur Folge hätten.
- Ermitteln Sie für diese Aufgaben auch die **Vorteile**, die Sie bisher hatten, weil Sie diese Aufgaben noch nicht durchgeführt haben.
- Ermitteln Sie ebenfalls die **Nachteile**, die Sie bisher hatten, weil Sie diese Aufgabe noch nicht durchgeführt haben.
- Stellen Sie die „**Kosten**" fest, die sich ergeben, wenn Sie diese Aufgaben weiter vor sich herschieben.
- Überprüfen Sie, welchen „**Schmerz**" und welche „**Freude**" Sie noch benötigen, um die unerledigten Aufgaben endlich anzugehen.
- Notieren Sie die Antwort auf die folgende Frage:
  - „Was ist der **erste Schritt,** den ich unternehmen werde, um diesen Zustand zu verändern und wann tue ich ihn"?
- Für die nun noch verbliebenen Aufgaben erstellen Sie eine konkrete Aktivitätenliste.
- Wenn es sich um größere Aufgaben handelt, zergliedern Sie diese in **kleinere Teilaufgaben** und notieren Sie diese ebenfalls in der Aktivitätenliste.
- Legen Sie schon zu Beginn fest, wie Sie sich dafür **belohnen** wollen, diese aufgeschobenen Aufgaben nun endlich erledigt zu haben. Bei größeren Aufgaben sollten auch kleine Teiletappen belohnt werden!
- Insbesondere für **gewöhnliche oder ungeliebte Aufgaben** empfiehlt es sich, neue Zugangsmöglichkeiten zu erschließen (siehe folgende Übersicht).

Was mich an dieser Aufgabe reizen könnte:	Beispiel: Saubermachen
• die Art der Bewältigung	⇒ der unmittelbare, manuelle Bezug zur Arbeit (Spaß, mit Putzinstrumenten umzugehen)
• der zusätzliche Nutzen	⇒ Zeit zum Nachdenken oder zur Kommunikation während der Arbeit
• Abwechslungsmöglichkeiten	⇒ interdisziplinäre und branchenübergreifende Funktion
• Routine	⇒ bessere Ergebnisse durch ständige Wiederholung der Abläufe
• verschiedene Aspekte des Themas	⇒ Reinigung als Saubermachen, Reinigung als hygienische Maßnahme, Reinigung als religiöses und philosophisches Thema usw.
• Freude am Ergebnis	⇒ unmittelbares Feedback, Zufriedenheit über erzielten Glanz, sichtbare Qualität, Selbstwerterhöhung usw.
• eigene Aufgabeneinteilung	⇒ Selbstbestimmung des Putzvorgangs

(Massow: Gute Arbeit braucht Ihre Zeit)

3.5 Besuchermanagement

Situation	Problem	Ziel
Jemand besucht Sie in Ihrem Büro, um etwas zu besprechen.	Er bleibt länger, als sachlich und menschlich nötig bzw. stört Sie durch diesen Besuch bei der Durchführung wichtiger Aufgaben.	• Besuchszeit so lange wie nötig, so kurz wie möglich! • Gesprächsende herbeiführen, ohne den Gesprächspartner zu verletzen.

3.5.1 Lösungen

◆ Das Prinzip der offenen Tür nicht den ganzen Tag pflegen. Bauen Sie *Störungen* ab, indem Sie sich zeitweise **abschirmen** (lassen). Berücksichtigen Sie dabei folgende Hinweise:
  - Nehmen Sie nur Termine wahr, die für Sie wichtig sind
  - Richten Sie insbesondere für interne Mitarbeiter feste Sprechzeiten ein
  - Wenn möglich, sollten Sie externe Besucher nur nach vorheriger Terminabsprache empfangen
  - Als Hilfsmittel zur Erfassung wichtiger Informationen durch die Sekretärin oder Kollegen verwenden Sie ein Formular Telefon- / Gesprächsnotiz (*Telefonnutzung*).
◆ Unterscheiden Sie zwischen angemeldeten und unangemeldeten Besuchern.
◆ Sorgen Sie dafür, dass wenig unangemeldete Besuche stattfinden.
◆ Versuchen Sie prinzipiell immer Termine mit Ihren Besuchern zu vereinbaren.
◆ Bündeln Sie Gesprächstermine.
◆ Umgang mit **unangemeldeten** Besuchern:
  - Fragen Sie nach dem Grund für den Besuch und entscheiden Sie sich dann für eine der folgenden Varianten:
    Wenn es sich durch ein kurzes Gespräch erledigen lässt, tun Sie es sofort. Verabschieden Sie dann den Besucher umgehend mit dem Hinweis, dass vorab vereinbarte Termine besser sind.
    Vereinbaren Sie einen späteren Termin und verabschieden Sie den Besucher.
    Insbesondere, wenn Sie nicht zuständig sind: Leiten Sie den Besucher an die geeignete Stelle weiter
  - Hartnäckige Störer müssen Sie gelegentlich wegschicken, um sie von der Notwendigkeit einer Terminvereinbarung zu „überzeugen"
  - Bleiben Sie stehen, wenn Sie von vornherein wissen, dass der Besucher ein „Langredner" ist
  - Nennen Sie dem Besucher eine Zeitbegrenzung für das Gespräch
  - Artikulieren Sie deutlich, dass Sie sich gestört fühlen und andere Aufgaben im Moment eine höhere Priorität haben. Bieten Sie einen Termin an!
◆ Umgang mit **angemeldeten** Besuchern:
  - Bereiten Sie das Gespräch gut vor und führen Sie es innerhalb der vereinbarten Zeit durch. Nutzen Sie dabei die Hinweise zur *Gesprächsführung*.
◆ Beenden Sie das Gespräch rechtzeitig. Machen Sie das deutlich, indem Sie es direkt und höflich sagen und schon zu Beginn des Gespräches ankündigen.
◆ Kommen Sie langatmigen Besuchern zuvor: Gehen Sie in das Büro des Anderen. Als „Gast" können Sie eher das Gespräch beenden.
◆ Senden Sie generell eine „Ich-Botschaft". Sagen Sie dem Besucher, dass Sie unter Druck stehen und für sich arbeiten müssen / wollen. Versichern Sie ihm, dass Sie ihm gerne zuhören, dass es aber ein Problem für Sie ist, wenn er zu lange bleibt.

◆ Wenn bereits ein Termin vereinbart ist, verweisen Sie auf diesen Termin.
Bei allen gutgemeinten Hinweisen bitte nicht vergessen:

> *Pflegen Sie zwischenmenschliche Beziehungen!*

3.6 Checklisten

Situation	Problem	Ziel
Es gibt Aufgaben, die in gleicher oder ähnlicher Weise immer wiederkehren.	Sie überlegen immer wieder aufs Neue, wie Sie diese Aufgaben durchführen können. Damit erfinden Sie das Rad immer wieder neu. Sie sind unsicher, ob Sie nicht etwas bei der Durchführung vergessen haben.	• Zeit gewinnen durch das Rationalisieren wiederkehrender Aufgaben. • Sicherheit besitzen, nichts Wichtiges vergessen zu haben. • Gedächtnis entlasten.

3.6.1 Lösungen

◆ Verwenden Sie zur Dokumentation die folgende Tabelle.

Thema	
Phasen	
1.	
2.	
3.	
grobe Arbeitsschritte je Phase	
1.1	
1.2	
1.3 usw.	
2.1	
2.2	
2.3 usw.	
3.1 usw.	

Aufgaben je Arbeitsschritt			
Reihenfolge	**Was**	**Wer**	**Womit (Hilfsmittel)**
1.1.1			
1.1.2			
1.1.3			
1.2.1 usw.			

- ◆ Legen Sie Aufgaben und Themen fest, für die Sie eine Checkliste entwickeln wollen. Es sollte sich um Aufgaben handeln, die sich wiederholen und immer in gleicher oder ähnlicher Weise erledigen lassen. Beispiele dafür sind:
  - Urlaubsplanung und -vorbereitung
  - Reisen
  - Informationsgewinnung durch Lesen (siehe *Lesetechnik*)
  - Projektbearbeitung
  - Planung (siehe *Planung*)
  - Produktentwicklung und –einführung
  - Organisation von Besprechungen.
- ◆ Notieren Sie nun Ihre eigenen **Aufgaben und Themen**:
  -
  -
- ◆ Gliedern Sie den Gesamtablauf in **Arbeitsphasen** wie z.B. Vorbereitung, Durchführung und Nachbereitung.
- ◆ Legen Sie für die einzelnen Phasen die **groben Arbeitsschritte** fest. Am Beispiel Besprechung: Ziele, Termin, Tagesordnung, Ablauf usw.
- ◆ Detaillieren Sie die groben Arbeitsschritte in einzelne **Aufgaben**. Beispielsweise Ziele der Besprechung: Ergebnisse präsentieren, Information weiterleiten, Entscheidungen treffen usw.
- ◆ Überprüfen Sie kritisch den logischen Zusammenhang und **Ablauf**.
- ◆ Legen Sie fest, **wer** welche Aufgaben zu erledigen hat.
- ◆ Bestimmen Sie, mit welchen **Hilfsmitteln** die einzelnen Aufgaben durchzuführen sind.
- ◆ Dokumentieren Sie die Ergebnisse in einer ersten **vorläufigen Checkliste**.
- ◆ **Überprüfen** Sie diese vorläufige Checkliste auf
  - Fehler
  - kritische Phasen und
  - Schnittstellen zu anderen Aufgaben und Checklisten.
- ◆ Machen Sie einen **Probelauf** in Gedanken.
- ◆ Setzen Sie die Checkliste das erste Mal ein und halten Sie die gemachten **Erfahrungen** schriftlich fest.

- Setzen Sie sie noch zweimal ein.
- **Überarbeiten** Sie die Checkliste aufgrund der gemachten Erfahrungen aus den ersten Einsätzen, Ergebnis ist eine „endgültige" Checkliste. Anmerkung: Möglicherweise ist eine Checkliste nie fertig. Es gibt immer etwas zu verbessern. Bedenken Sie aber auch hier das Pareto-Prinzip und die 80 / 20-Regel (*Prioritäten setzen*) und verabschieden Sie sich von Ihrem Perfektionismus.
- Entwickeln Sie für Ihre Checklisten bei Bedarf eigene **Formulare**.

3.7 Elektronische Organizer

(von Martin Bialas)

Situation	Problem	Ziel
Sie haben viele Termine, die Sie koordinieren müssen. Sie ärgern sich darüber, dass Sie für das Nachschauen eines Termins jedesmal Ihr Notebook hochfahren müssen. An verschiedenen Stellen machen Sie sich Notizen über die zu erledigenden Aufgaben. Adressen finden Sie nur schwer wieder. Sie blättern lange in Ihren Notizen.	Ihre Arbeitsqualität leidet, da Sie nicht alles erledigt haben, was Sie eigentlich machen wollten. Termine, Adressen und wichtige Notizen sind an verschiedenen Stellen in Ihrem papiergestützten Planer eingetragen, diese Daten sind nur mit erheblichem Zeitaufwand wiederauffindbar. Mitmenschen bzw. Kunden sind über Ihre eigene mangelhafte Organisation enttäuscht. Sie ärgern sich selbst über die handschriftliche Mehrfacherfassung von Informationen.	• Sie wollen einen schnellen, effektiven Zugriff auf alle Termine, Aufgaben und Adressen bei geringem technischen Aufwand und ohne redundante Datenpflege.

3.7.1 Lösungen

Eine technische Revolution findet zur Zeit im Bereich der elektronischen Organizer statt. Kleine, unflexible, elektronische Datenbanken werden durch schnelle, mit flexiblen Schnittstellen ausgestattete Organizer ersetzt. Informationsabfragen wie z.B. Emails aus dem Internet, sind jederzeit möglich.

Folgende Gruppen von elektronischen Organizern werden unterschieden:
- Elektronische Datenbanken
- Organizer ohne Tastatur
- Tastaturgestützte Organizer
- Mini Notebooks
- Mobiltelefone mit Organizerfunktionalität.

In der folgenden Tabelle finden Sie eine Reihe von Kriterien, die es Ihnen ermöglichen, eine Auswahl zu treffen:

Auswahlkriterium	Varianten			
Hardware Schnittstellen	Infrarot	Kabel	Dockingstation	
Software Schnittstellen	Lotus Notes	MS Outlook	Office App.	
Betriebssystem	Windows CE	OS		
Softwareangebot	Business	Spiele	Datenbanken	Grafik
Erweiterungen	Speicher	Modem	Sound	Mikrophon
Display	Kontrast	Schwarz / Weiß	Farbe	
Eingabemedium	Stift	Tastatur	Touchscreen	Sprache
Design	Abmessungen	Gewicht	Optik	
Verbreitungsgrad	Branche	Firma	Bekanntenkreis	
Technischer Support	Hotline	Email	Internet	
Preis				

Den größten Verbreitungsgrad an elektronischen Organizern haben derzeit Geräte, die über einen Stift bedient werden. Die Eingabe erfolgt mittels Texterkennung der Handschrift. Hierbei müssen Sie sich allerdings eine besondere Schreibweise angewöhnen.

Die Preisunterschiede dieser Geräte ergeben sich aufgrund von verschiedenen Speichergrößen, unterschiedlichen Displays (Farbe oder schwarz / weiß) sowie den Abmessungen und dem Gewicht. Selbst das Design spiegelt sich in den Anschaffungskosten wieder. Bei der Software sollten Sie darauf achten, dass Sie entsprechende Schnittstellen zu Ihrer weiterhin genutzten Software (PC) haben. Das Abgleichen von Daten mit dem PC (Synchronisation) kann über eine Dockingstation (einfach zu bedienen), einem Kabel (u.U. etwas umständlich in der Handhabung) oder einer Infrarotschnittstelle erfolgen.

Bei Geräten mit einer eingebauten Tastatur ist der Eingabekomfort deutlich höher, allerdings können Sie dies noch nicht mit großen PC-Tastaturen vergleichen. Der Nutzen dieser einfacheren Eingabe geht allerdings zu Lasten der Abmessungen und des Gewichtes. Bei der Softwareausstattung, der Synchronisationsmöglichkeit, den Schnittstellen gelten die o.g. Erläuterungen. Elektronische Organizer können mit einem Betriebssystem von Microsoft ausgestattet sein. Dies führt zu geringsten Konvertierungsproblemen bei der Synchronisation mit einem Windows PC. Allerdings stellen diese Geräte höhere Anforderungen an die Hardware (Speicher, Geschwindigkeit, Display, ...).

Die nächste Steigerung sind besonders kleine Notebooks. Diese stehen bezüglich der Leistungsfähigkeit den „Großen" in keiner Weise nach. Trotz der enormen Verkleinerung sind sie meist zu groß, um sie im Sakko mitführen zu können. Das Starten dieser Geräte kann ähnlich lange wie bei einem „richtigen" Notebook dauern. Somit stellen sie keine echte Alternative zu den o.g. Organizern dar.

Eine weitere Möglichkeit Termine, Adressen, Aufgaben usw. zu verwalten, bieten einige Handys mit Organizerfunktionalität (oder umgekehrt). In diesen Geräten liegt wohl die Zukunft. Wenn sie vom Gewicht und den Abmessungen her sich den heute üblichen Handys angleichen, sind künftig keine zwei Geräte mehr notwendig, damit Sie zum einen mobil telefonieren können und zum anderen einen detaillierten Überblick über Ihre persönlichen Informationen haben.

Die folgende Checkliste stellt eine Entscheidungshilfe für die Auswahl dar.

Fragen	Elektronsiche Datenbank	Stiftbasierter Organizer	Tastaturbasierter Organizer	Mini Notebook	Handy mit Organizer
Tragen Sie ihren Organizer häufig mit sich ?	X	X			X
Synchronisieren Sie Ihren Organizer mit dem PC ?		X	X	X	X
Erfassen Sie viele Daten (Texte) mit dem Organizer ?			X	X	
Benötigen Sie eine Spracheingabe ?					X
Spielt geringes Gewicht eine Rolle ?		X			X
Brauchen Sie häufiger einen Onlinezugang für Ihren Organizer?					X
Legen Sie Wert auf ein „Trendgerät" ?					X
Verwalten Sie große Datenmengen ?		X	X	X	
Legen Sie Wert auf ein gutes Display ?				X	
Benötigen Sie eine gute Farbdarstellung ?		X	X	X	
Wollen Sie die zur Verfügung stehende Software erweitern ?		X	X	X	
Wollen Sie eine günstige Variante ?	X	X			
Sie haben bereits ein Handy und wollen dennoch mit dem Organizer Online gehen?		X	X	X	
Sie tauschen gerne Software mit anderen aus ?		X	X	X	

3.8 Gedächtnis

Situation	Problem	Ziel
Es gibt Daten, Dinge oder Personen, die Sie sich merken wollen.	Sie können oder wollen nicht alles aufschreiben. Sie vergessen einiges.	• Sie wollen sich Personen, wichtige Dinge leichter, sicherer merken.

3.8.1 Lösungen

Ein gutes Gedächtnis ist der Schlüssel zum **Erfolg**. Zu unterscheiden ist einerseits zwischen dem **Weg** ins Gedächtnis, also der Informationsspeicherung und andererseits dem **Abruf**, also der Verwendung gespeicherter Informationen.

❑ Die **Quellen** für (neue) Informationen können
  − extern durch Sinneswahrnehmungen oder
  − intern durch Gedanken und Gefühle sein.
❑ Zu unterscheiden sind drei **Gedächtnisspeicher**:
  − Das Ultrakurzzeitgedächtnis (**UZG**)
  − Das Kurzzeitgedächtnis (**KZG**)
  − Das Langzeitgedächtnis (**LZG**).
❑ Die **Informationsspeicherung** verläuft in mehreren Schritten durch die drei Gedächtnisspeicher:

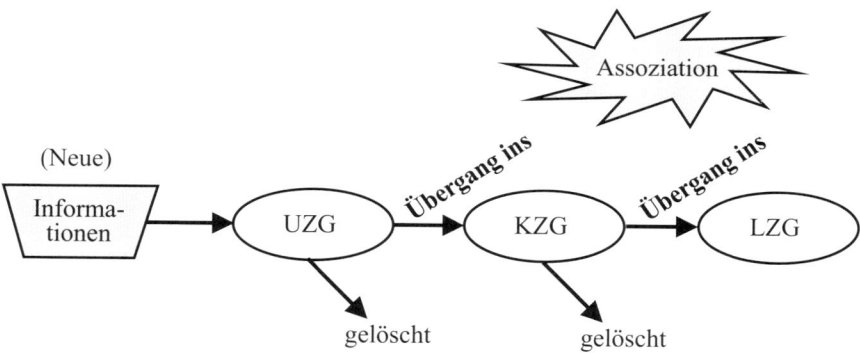

Abb. 3.2: Informationsspeicherung

Die drei Gedächtnisspeicher unterscheiden sich in drei wesentlichen Punkten:
− In der **Zeitspanne**, über die hinweg sie eine Information speichern
− in den **Prozessen**, die beim Speichervorgang im Gehirn ablaufen
− im **Zeitpunkt**, zu dem sie eine Information aufnehmen.

- Alle neu ankommenden Informationen werden über das **UZG** aufgenommen, wo sie für eine Zeitspanne von ca. 20 Sekunden verweilen. Dann werden sie entweder gelöscht oder an das KZG weitergegeben.
- Im **KZG** werden Informationen also erst nach 20 Sekunden verankert, die sie im UZG verweilen. Nach einer Zeit von ca. 20 Minuten werden die Informationen im KZG entweder gelöscht oder an das LZG weitergegeben.
- Im **LZG** sind die neuesten Informationen bereits 20 Minuten alt! Sie werden hier dauerhaft gespeichert; vieles sinkt jedoch – nach Tagen oder auch Jahren – ins Unterbewusstsein ab und ist damit für die bewusste Erinnerung nicht mehr zugänglich, anderes bleibt ein Leben lang erhalten.
- **Assoziation**, d.h. die Verknüpfung neuer Informationen mit bereits vorhandenen Informationen, unterstützt bei der Informationsspeicherung.
- Die **Aufnahmekapazität** unseres Gehirns ist begrenzt. Die gleichzeitige Informationserfassung liegt zwischen 7 – 9 Einheiten.
- Aus den unterschiedlichen Eigenarten von UZG, KZG und LZG erklärt sich auch, dass es unterschiedliche Formen des **Vergessen** gibt:
    - Schnelles unwiderrufliches Vergessen im UZG
    - langsames Verblassen und Verklingen im KZG
    - Vergessen im Sinne von „Nicht-wieder-finden" von dauerhaft gespeicherten, aber zugeschütteten Informationen im LZG
    - ins Langzeitgedächtnis übernommene Informationen bleiben immer gespeichert und können nur „scheinbar" **vergessen** werden. Die Information ist deshalb in Vergessenheit geraten, weil Informationsschalter blockieren oder alte Informationen von neuen überlagert werden. Sie sind zwar vorhanden, aber nicht verfügbar. Diese Informationen werden auch als passives Wissen bezeichnet. Der größte Teil der Gedächtnisinhalte ist passives Wissen.

Die **Informationsspeicherung und -löschung** ist in der folgenden Tabelle zusammengefasst:

Speicher	Dauer	Erlischt
UZG	Sekunden	durch Überlagerung mit neuen Informationen
KZG	Minuten	wenn Wiederholung und Sinnverbindung ausbleiben oder durch schweren Schock
LZG	Stunden / Jahre	eigentlich nie, wird jedoch überdeckt, wenn Wiederholung und Anwendung ausbleiben.

♦ Die Speicherung ist abhängig von der Intensität und der Art einer **Lernerfahrung**:
  – Manchmal reicht einmaliges Erleben, wie z.B. eine heiße Herdplatte anfassen
  – Wiederholung, z.B. beim Lernen
  – Lernen mit allen Sinnen, d.h. Nutzung aller Wahrnehmungskanäle
  – Verknüpfung mit (möglichst positiven) Emotionen.

Der **Informationsabruf** ist abhängig von der Intensität der bei Speicherung erreichten Assoziation mit früheren Informationen (s.o.).

♦ Für die Verbesserung Ihrer Fähigkeit, **Zahlen zu speichern**, nutzen Sie folgende Schritte:
  – Überlegen Sie sich kurz, welche Nummer Sie sich merken wollen
  – Visualisieren Sie die Nummer und verknüpfen Sie diese mit anderen Erinnerungen wie z.B. Raum, Ort und Person
  – Wenn es sich um längere Nummern handelt, wie z.B. Telefonnummern oder Kontonummern, zerlegen Sie die Nummer in Einheiten, die für Sie angenehm und überschaubar sind (i.d.R. sind das Zahlenblöcke mit zwei bis drei Zahlen)
  – Sprechen Sie die einzelnen Zahlenblöcke laut oder innerlich aus
  – Visualisieren Sie die Zahlenblöcke und verbinden Sie diese ebenfalls mit anderen Erinnerungen wie z.B. Raum, Ort und Person.

♦ Um **Zahlen zu merken**, können Sie die Zahlen von 0 - 9 wie folgt mit entsprechenden Bildern oder Symbolen verknüpfen:

0 Ballon		5 Schaukelstuhl	
1 Baseballschläger		6 Golfschläger	
2 Herz		7 Angel	
3 Gabel		8 Ampel	
4 Bier		9 Blume	

– Beachten Sie beim Verknüpfen jedoch unbedingt die Reihenfolge! Verbinden Sie nun die einzelnen Bilder zu einer kleinen Geschichte.

- Damit Sie sich **Namen besser merken** können, nutzen Sie die folgenden Anregungen:
  - Merken Sie sich ein auffälliges Gesichtsmerkmal, übersteigern Sie dieses in Ihrer visuellen Phantasie
  - Nehmen Sie den Namen dazu, assoziieren Sie den Namen zum Gesicht, zu bekannten Personen oder Begriffen
  - Wiederholen Sie den Namen, schauen Sie die Person an – immer wieder – und murmeln / denken Sie den Namen dazu
  - Fragen Sie nach der Schreibweise des Namens
  - Schreiben Sie sich den Namen (mehrfach) auf
  - Stellen Sie Fragen zur Person und verknüpfen Sie diese zusätzlichen Informationen mit dem Namen
  - Wiederholen Sie immer wieder den Namen Ihres Gesprächspartners im Verlauf des Gespräches
  - Versuchen Sie, aus dem Namen ein Bild zu entwickeln, z.B. Jäger: Stellen Sie sich einen Jäger oder Förster vor.
- Für ein weiterführendes **Gedächtnistraining** können Sie auch folgende Techniken einsetzen:
  - **So-tun-als-ob**: Stellen Sie sich deutlich in Ihrer Phantasie vor, wie es z.B. ist, wenn Sie die zu merkenden Tätigkeiten oder Besorgungen ausführen. Verknüpfen Sie das mit entsprechenden anderen Sinneseindrücken wie Bildern, Aussagen, Empfindungen, Gerüchen oder Geschmäckern. Je lebhafter solche Vorstellungen sind, desto besser werden sie gespeichert
  - **Loci-Methode**: Hier werden Worte oder Sachverhalte bestimmten vertrauten Orten oder Plätzen zugeordnet, z.B. den Zimmern Ihrer Wohnung. Anschließend schreiten Sie im Geiste die einzelnen Zimmer ab und stoßen so auf die dazugehörigen Namen oder Sachverhalte
  - **Reime**: Gereimtes lässt sich besser merken. Beispiel: „Trenne nie das **s** vom **t** – denn es tut den beiden weh" (alte Rechtschreibung). Machen Sie sich einen Reim auf die Dinge, die Sie sich merken wollen
  - **Kettenworttechnik**: Verknüpfen Sie die einzelnen Begriffe in Ihrer Reihenfolge miteinander und verketten Sie diese zu einer Geschichte
  - **Chunking**-Technik: Neue Informationen werden in Bezug zu bereits vorhandenen Informationen eingeordnet. Dabei können Sie nach oben (chunking up) verdichten, also in einen größeren Zusammenhang gebracht werden, oder auch weiter detaillieren (chunking down). Siehe auch *Mind Mapping*. Ein Beispiel soll das veranschaulichen:

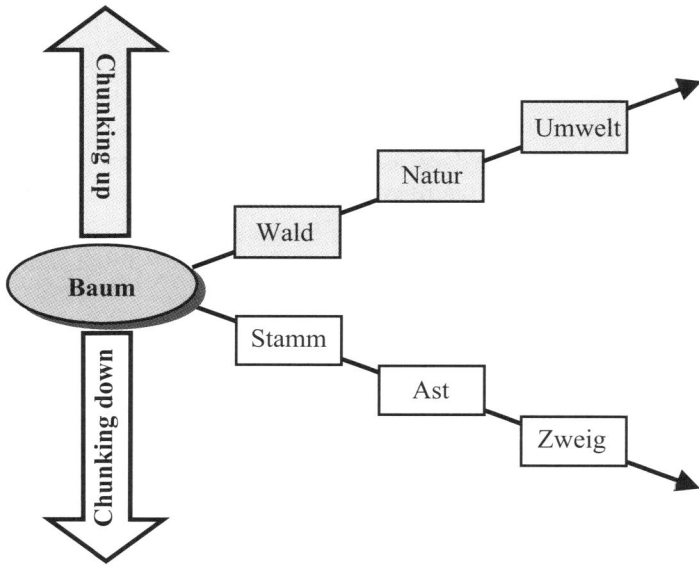

Abb. 3.3: Chunking- Technik

Probieren Sie die einzelnen Techniken aus. Anschließend verbinden Sie die zu Ihnen passenden Techniken zu Ihrer individuellen Merktechnik.

3.9 Gesprächsführung

Situation	Problem	Ziel
Ein Gespräch.	Sie sind unvorbereitet. Sie selbst oder Ihr Gesprächspartner redet länger als sachlich und menschlich nötig. Sie verlieren Zeit.	• Gespräche kürzen. • Ziele erreichen und konkrete Ergebnisse erzielen. • Randbedingungen: Sachziele sollen erreicht werden, Gesprächspartner nicht verärgert werden (Sach- und Beziehungsebene pflegen).

3.9.1 Lösungen

Gute Gespräche sind gekennzeichnet durch eine gute Vorbereitung, Disziplin bei der Durchführung, einen konsequenten Abschluss und eine angemessene Nachbereitung.

1. Gesprächsvorbereitung

- **Vereinbaren** Sie einen Termin und die Dauer des Gesprächs und halten Sie sich daran.
- Sorgen Sie für eine angenehme **Atmosphäre** (Getränke, Kekse oder Obst).
- Stellen Sie sicher, dass Sie **nicht gestört** werden.
- Stellen Sie sich zur **Vorbereitung** folgende Fragen:
  - Was ist mein **Ziel** für dieses Gespräch?
  - Welche **Ergebnisse** will ich erreichen?
  - Welche **Themen** müssen angesprochen werden?
  - Welche **Entscheidungen** sind zu treffen?
  - Welche **Unterlagen** werden benötigt?
  - Welche sollte ich vorher meinem Gesprächspartner **zur Verfügung** stellen?
  - Was will ich unbedingt **vermeiden**?
  - Welche **Einwände** habe ich zu erwarten und wie will ich damit umgehen?
  - Wie will ich **vorgehen** (Reihenfolge, Zeit)?
  - Womit konkret werde ich das Gespräch **eröffnen** (Atmosphäre schaffen, Kontakt herstellen)?
- Eine gute Gesprächsvorbereitung bietet folgende **Vorteile**:
  - Sie haben klare Ziele und können so auch konkrete Ergebnisse erzielen
  - Sie sind inhaltlich gut vorbereitet und zeigen so Kompetenz und sind für alle Eventualitäten gut gewappnet
  - Sie konzentrieren sich auf das Wesentliche und sparen dadurch Zeit
  - Ihr Gesprächspartner fühlt sich ernst genommen, denn Sie haben sich gut auf ihn vorbereitet.

2. Gesprächsdurchführung

- Kurze Begrüßung. Schaffen Sie eine angenehme Gesprächsatmosphäre. Dazu gehören sowohl allgemeine und persönliche Themen als auch die Bereitstellung von Getränken und evtl. Gebäck oder Obst.
- Nennen Sie bei Gesprächsbeginn die Gesprächsdauer. Begrenzen Sie nach Möglichkeit die Zeit auf maximal 60 Minuten.
- Kommen Sie dann zügig zu den Zielen und Themen des Gespräches.
- Hören Sie aktiv zu.
- Verwenden Sie Ich-Botschaften.
- Geben Sie regelmäßig Feedback.

- Sprechen Sie Konflikte offen an und suchen Sie gemeinsam nach einer guten Lösung.
- Fassen Sie regelmäßig die Inhalte und den Stand des Gespräches zusammen.
- Gehen Sie nicht auf neue Gesprächsthemen ein und bringen Sie selbst auch keine zusätzlichen ein.

3. Gesprächsabschluss
- Fassen Sie die Ergebnisse zusammen.
- Treffen Sie eine konkrete Vereinbarung.
- Legen Sie die weitere Vorgehensweise fest.
- Wenn das Gespräch nicht zum Ende kommt:
  - Stellen Sie Fragen zur nächsten Aktivität (z.B.: „Herr X, wie fahre ich am besten nach ...? Ich sollte um ... Uhr da sein")
  - Verwenden Sie bewusst die Körpersprache: Aufstehstützgriff; Unterlagen ordnen, zusammenklappen; Schreibzeug in Jacke, Klappe zu; auf die Uhr schauen (nur in „Notfällen).
- Danken Sie für das Gespräch.

4. Gesprächsnachbereitung
- Erstellen Sie bei Bedarf ein schriftliches **Protokoll**. Dazu können Sie bereits während des Gespräches ein *Mind Map* erstellen. Nur wenn die Informationen auch für andere wichtig sind, sollten Sie ein kurzes schriftliches Gedächtnisprotokoll mit dem PC erstellen.
- Verwenden Sie dazu folgende Gliederung. Beachten Sie, dass die ersten Informationen eine kurze Zusammenstellung der wichtigsten Gesprächsinhalte darstellen. Eine weitere Detaillierung ist an der genannten Stelle selbstverständlich möglich.

Gesprächsprotokoll	
Gespräch am	Datum
von	Ihr Name
mit	Firma
Ort und Zeit	Ort bzw. Raum sowie Uhrzeit und Dauer
gesprochen mit	Name(n) der Gesprächspartner
Themen	• Thema • Thema
Ziele	• Ziel • Ziel

Ergebnisse	• kurz festhalten •
Weitere Vorgehensweise	• kurz festhalten •

....
Hier kann eine weitere Detaillierung erfolgen. Die Gliederung richtet sich nach den Themen bzw. dem Gesprächsverlauf. ...
Ort, Datum (der Protokollerstellung)   **Verteiler** Unterschrift (Vor- und Zuname)

3.10 Informationsmanagement und -ablage

Situation	Problem	Ziel
Viele Informationen „stürmen" auf Sie ein. Dabei sind die Medien unterschiedlich. Von der Notiz, Email und Internet über Zeitungen und Bücher bis zu Rundfunk und TV.	Die Informationsflut ist nicht zu bewältigen. Die für Sie wichtigen Informationen sind schwer zu identifizieren. Die Ordnung der gewonnenen Informationen ist unsystematisch bzw. unzweckmäßig. Gewonnene Informationen können nicht optimal genutzt werden, da der Zugriff erschwert oder unmöglich ist.	• Informationen zielgerichtet gewinnen, systematisch ordnen, ablegen, schnell wiederfinden und nutzen.

3.10.1 Lösungen

1. Informationen gewinnen

❑ Die Suche nach und das Finden von Informationen wird von folgenden **Faktoren** beeinflusst:
- Ihre **Mission und Vision**. Daraus abgeleitet Ihren
  Zielen
  Rollen

- Persönliche Voraussetzungen:
  Fähigkeiten
  Wissensstand
  Erfahrungen
  Lerntyp
- Art, Umfang und Schwierigkeitsgrad der **Aufgabenstellung**:
  Schriftliche Arbeit oder Vortrag?
  Kurze oder lange Bearbeitungszeit?
  Sind viele Unterlagen vorhanden oder
  muss gänzlich Neues geschaffen werden?
  Vorbereitung auf etwas Wichtiges (Prüfung, Gespräch etc.) oder zum Spaß / als Hobby?
- Weitere Kriterien sind:
  Fristigkeit (Wann benötigen Sie die Informationen?)
  Haltbarkeit / Halbwertzeit (Wie lange werden Sie die Informationen voraussichtlich benötigen?)
  Quelle der Information (Woher bekomme ich die Information?).

❑ Je nach **Informationsbedürfnis** können Sie unterschiedliche **Quellen** nutzen. Die folgende Übersicht demonstriert das:

Informations-bedürfnisse	gedruckte Unterlagen	andere Quellen
Erarbeiten von Grundlagen und systematische Einführung	• Standardwerke • Bücher • Fernkurse	• Schulungskurse • Lehrgänge • Ausbildungen
Möglichst vollständiger Überblick über Spezialgebiete	• Bibliographien • Kataloge • Fachbücher • Datenbank-Recherchen über Vermittler	• Dokumentationsstellen • On-Line-Datenbankabfragen • Informationsdienste
Erarbeiten neuer Kenntnisse	• Bücher • CD-Rom	• Betriebliche und allgemeine Weiterbildungskurse und Seminare

Auf dem Laufenden bleiben	• Fachzeitschriften • Zeitungen • Zeitungsausschnittdienst	• Tagungen • Messen • Fortbildungsveranstaltungen • Videotext • Internet • Massenmedien (Rundfunk / TV)
Einzelfragen	• Nachschlagewerke • Lexika • Broschüren	• Beratungsstellen • Fachleute

(nach Schräder-Naef: Lerntraining für Erwachsene)

◆ Zur Gewinnung von Informationen sollten Sie folgendermaßen **vorgehen**:
  − **Zielsetzung** (Was will ich mit diesen Informationen erreichen?)
  − **Grobgliederung** (Was sind die Hauptgedanken bzw. -themen?)
  − **Untergliederung** (Welche Detailinformationen gibt es?)
  − **Stichworte** zum Suchen (Nach welchen Stichworten sollte ich suchen?).
◆ Erstellen Sie eine **Liste der Informationen**, nach denen Sie **ständig** suchen wollen, und eine Liste der Informationen, die Sie nur aufgrund **aktueller** Aufgaben suchen. Aktualisieren Sie die Listen regelmäßig, die zweite Liste in sehr kurzen Abständen.
◆ Als **Techniken** eignen sich:
  − *Lesetechnik*
  − *Mind Mapping*
  − *Problemlösungs- und Entscheidungstechnik.*
◆ Zur Kanalisierung Ihrer Informationen nutzen Sie den folgenden Ablaufplan: (siehe auch *Aufgabenklärung*)

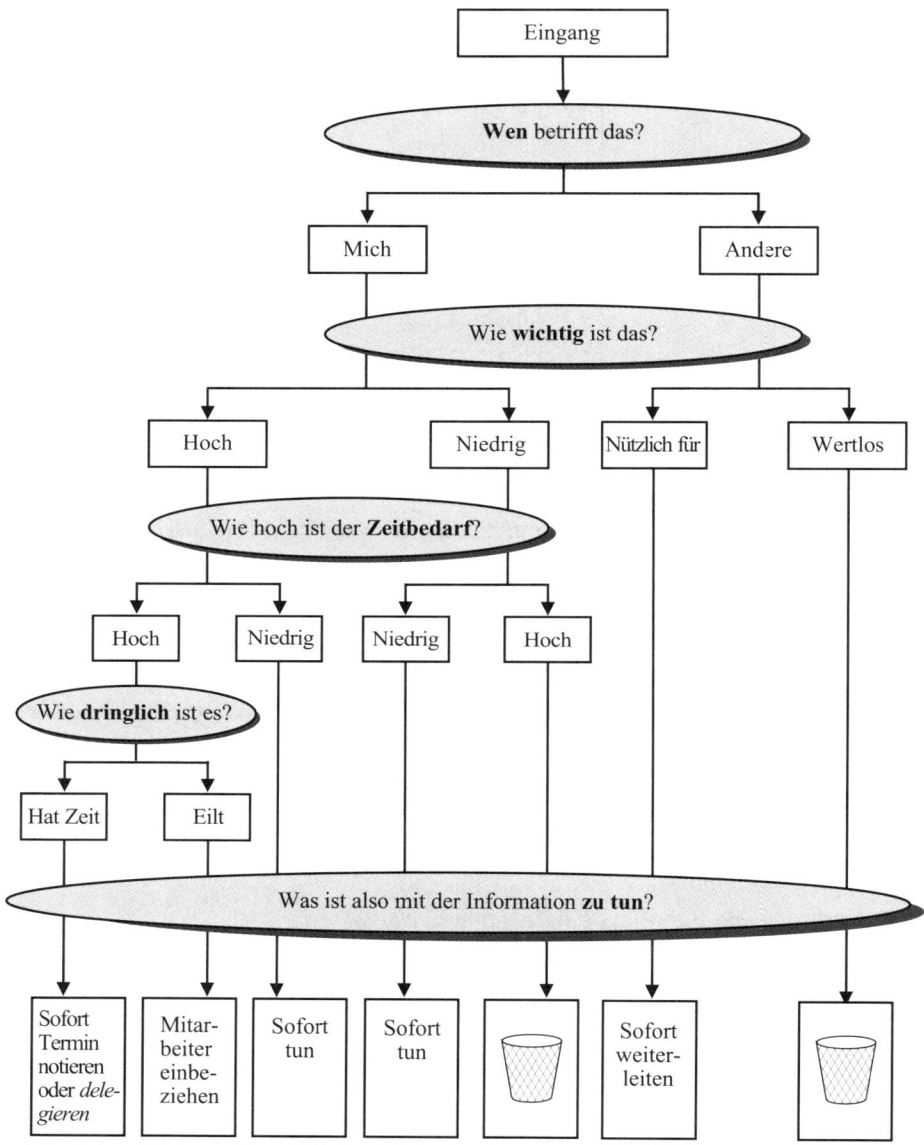

(nach Graichen / Seiwert: Das ABC der Arbeitsfreude)

Abb. 3.4: Ablaufplan

2. Informationen ordnen, ablegen und finden

◆ Richten Sie entsprechend der Informationsbearbeitung **Aktenkörbe** ein (*Arbeitsplatzorganisation*), z.B.
   - Eingangskorb
   - Ausgangskorb
   - Heute erledigen
   - Wiedervorlage.
◆ Ordnen Sie bereits beim Sammeln jeder Information eine Wertstufe zu:

Was (Beispiele)	Wert	Verwendung
Prospekte, Werbebriefe	Nullwert	➔ Papierkorb
Tageszeitung, Einladungen, Mahnungen, Rechnungen	Tageswert	➔ Schriftverkehr
Fahrpläne, Preislisten, Stadtpläne	Jahreswert	➔ Ablage
Informationen zu Hobbys (es kommt darauf an)	Eigenwert	➔ Ablage
Steuersachen, Geschäftsbücher	Fristwert	➔ (Termin) Ablage
Zeitschriftenartikel	Archivwert	➔ Ablage

◆ Bestimmen Sie ebenfalls während der Bearbeitung von Informationen, wie Sie diese später verwenden wollen. Weisen Sie ihnen durch entsprechende Markierungen, Vermerke bzw. Kürzel einer **zukünftigen Verwendung** zu.
◆ Wenn Sie mit Kollegen ein **einheitliches Kürzel- und Ablagesystem** verwenden, spart das Zeit und gibt Möglichkeiten zur Delegation.
◆ Legen Sie Informationen **sofort und konsequent ab**. Das ermöglicht sofortiges Wiederauffinden, spart Zeit und vermindert „Ablagefrust", wenn „Berge" von Papier abzulegen sind.
◆ Verwenden Sie ein **Grundsystem** für Ihre Ablage (*Arbeitsplatzorganisation*). Die folgende Tabelle zeigt eine Übersicht.

Form	Was	Bemerkungen
„Liegende"	• Schnellhefter • Aktendeckel • Mappen • Schachteln	Preisgünstigste Behältnisse

Fortsetzung siehe nächste Seite

„Stehende"	• Ringhefter • Ordner • Karteien	zweckmäßig klare Ordnung gute Übersicht akzeptabler Preis
„Hängende"	• Hängeordner • Pendelordner	kostenaufwendig großer Raumbedarf

- ◆ Beschränken Sie sich dabei auf ein Format, am gängigsten ist DIN A 4. Nur in Ausnahmefällen sollten Sie DIN A 5 verwenden.
- ◆ Legen Sie die **Ordnungsform** fest. Möglich ist die Ablage:
  - − Alphabetisch
  - − nummerisch
  - − chronologisch
  - − nach Stichworten.

  Selbstverständlich ist es möglich und teilweise auch sinnvoll, die allgemeinen Ordnungsformen zu kombinieren.
- ◆ Verwenden Sie **Farben und Kürzel** für Ihr Ablagesystem. Das erhöht den Wiedererkennungswert und hilft bei der schriftlichen Planung für den Umgang mit Ihren Informationen (*Zeitplanbuch*).
- ◆ Sorgen Sie für ein gut durchdachtes Ablagesystem. Erstellen Sie dazu einen **Ablageplan**. Detaillieren Sie diesen entsprechend Ihren Bedürfnissen. Ergänzen und überarbeiten Sie ihn regelmäßig. Am besten verwenden Sie eine einheitliche Struktur sowohl für die Papier- als auch die elektronische Ablage. Auszug aus einem Ablageplan für Privates:
  1. Wohnung / Haus
  2. Finanzen
  2.1. Vermögen / Schulden
  2.2. Finanzamt / Steuererklärungen
  2.3. Testament
  2.4. usw.
  3. Schriftverkehr (chronologisch)
  4. Informationen (von A-Z)
  5. Hobby
  6. usw.
- ◆ Legen Sie Ihre **elektronischen Informationen** auf Ihrem PC ebenfalls nach derselben Struktur wie Ihren Ablageplan ab.
- ◆ Es ist äußerst wirkungsvoll, wenn Sie Ihre Unterlagen im Halbjahresrhythmus auf ihren Sammelwert hin „**durchforsten**".
- ◆ Sofern Sie sich für die **Ablage in Ringheftern und Ordnern** entschieden haben, beachten Sie bitte noch folgende Hinweise:
  - − Sammelakten oder -ordner: Schriftstücke verschiedener „Untergruppen" werden in einem Ordner zu einem „Fachgebiet" zusammengefasst

– Einzelakten oder -ordner: Unterlagen, die einen zusammenhängenden „Vorgang" bilden, können zu „Einzelakten" zusammengestellt werden (z.B. Vorträge, Berichte, schriftliche Arbeiten usw.). Diese Art ist aber nur dann zweckmäßig, wenn zur Bearbeitung immer der ganze Vorgang benötigt wird.

◆ **Beschränken Sie sich** aber auch bei der Aufbewahrung von Informationen. Bedenken Sie, dass nur die wenigsten (ca. 5%) der abgelegten Informationen tatsächlich wiederverwendet werden. Außerdem kostet das Ablegen von Informationen natürlich Zeit.

3. Informationen nutzen

Wenn Sie die vorausgegangenen Hinweise umgesetzt haben, besitzen Sie eine gute Grundlage, Informationen systematisch abzulegen und sie mit geringem Aufwand auch wiederzufinden.

◆ Immer wenn Sie an der Ausarbeitung von neuen Ideen, Projekten oder der Durchführung von wichtigen Aufgaben sind, greifen Sie auf Ihr „Archiv" an Informationen zurück.

◆ Verwenden Sie **Stichwortkarteien und Inhaltsverzeichnisse** für Ihr gesamtes Informationsmaterial. So finden Sie die wichtigen Informationen am schnellsten.

◆ Im Laufe der Zeit entsteht so ein wichtiges Archiv, Ihr persönliches **Wissensmanagement**.

◆ **Räumen Sie regelmäßig auf**. Prüfen Sie, welche Unterlagen Sie wie lange nicht mehr benutzt haben. Schätzen Sie den zukünftigen Bedarf und trennen Sie sich im Zweifelsfall lieber von dem Ballast!

3.11 Konzentration

Situation	Problem	Ziel
Sie müssen sich mit einer wichtigen und dringenden Aufgabe beschäftigen. Die Arbeit daran erfordert Ihre ganze Aufmerksamkeit.	Sie finden nicht die notwendige Konzentration. Ideen fließen nicht mit der erforderlichen Leichtigkeit. Sie müssen sich anstrengen, um beim Thema zu bleiben.	• Sie arbeiten konzentriert an einem Thema.

3.11.1 Lösungen

Wichtige Voraussetzung für die Verbesserung der Konzentration ist **Sensibilität** und die Fähigkeit zum **bewussten Wahrnehmen**.

◆ Machen Sie eine **Bestandsaufnahme** ihrer Defizite und Fähigkeiten:

- Wo gibt es in meinem Leben bzw. konkret im Moment Situationen, Tätigkeiten oder Aufgaben, die ich konzentrierter durchführen sollte?
- Wo kann ich es bereits?
- Wie mache ich das? (siehe Autopilot)

◆ Führen Sie ein **Konzentrations-Tagebuch**. Stellen Sie sich dazu folgende Fragen:
- Was habe ich erlebt und wahrgenommen?
- Wie weit konnte ich abschalten?
- Wie weit war ich ganz in der momentanen Gegenwart / im Augenblick konzentriert?
- Wie weit bin ich bei mir selbst, und inwieweit bei anderen Dingen, Themen, Menschen?
- Welche Gedanken gingen mir gerade durch den Kopf?
- Was hindert mich daran, ganz hier / konzentriert zu sein? (Einstellungen, Vorstellungen, Gedanken, Vorhaben, Bilder, Informationen, Angst etwas zu verpassen oder nicht fertig zu werden etc.)
- Was ist jetzt dran? Will ich das wirklich, was ich tue?
- Was will ich jetzt, und was will ich jetzt nicht?
- Was bringt mich dazu, es trotzdem zu tun und nicht das, was ich eigentlich will?
- Was will ich jetzt?
- Was muss ich jetzt ändern? Hier und Jetzt? Sofort?

◆ Üben Sie **bewusstes Wahrnehmen**. Stilles Sitzen ist dafür ein guter Einstieg. Setzen Sie sich bequem hin und tun Sie für drei Minuten nichts. Beobachten Sie einfach, was passiert. Beachten Sie dazu die folgenden Hinweise:
- Dazu ist jede Sitzposition und jeder Untergrund geeignet
- Sitzen Sie gelassen und aufrecht
- Seien Sie aufmerksam und nehmen Sie wahr, was gerade da ist. Prüfen Sie, was Ihnen gerade durch den Kopf geht. Gehen Sie auch die einzelnen Körperteile durch
- Beobachten Sie Ihren Atem. Spüren Sie nach, wie er einfach kommt und geht.

◆ **Sagen Sie ja zu dem, was Sie tun**. Das ist eine wichtige Voraussetzung, um die anstehende Aufgabe motiviert und konzentriert angehen zu können.

◆ Werden Sie gelassen! **Gelassenheit** ist nicht zu erzwingen. Sie kommt, wenn Sie sich ganz einlassen auf das Aktuelle, das Hier - und – Jetzt, und die Aufgabe mit allen Sinnen wahrnehmen und durchführen.

◆ Konzentration unter Zeitdruck erreichen Sie, indem Sie
- zunächst mit den leichteren Aufgaben anfangen, um so erste Erfolgserlebnisse zu erzielen. Das sorgt für Steigerung der Motivation und Konzentration
- *Prioritäten setzen* und die wichtigsten Aufgaben bewusst langsam und ordentlich abarbeiten (80 / 20 Regel).

- Trainieren Sie Ihr *Gedächtnis*, z.B. indem Sie Ihre Merkfähigkeit für Namen, Adressen, Gesichter usw. verbessern. Oder spielen Sie Schach- oder andere Brettspiele.
- Nutzen Sie **Autogenes Training** oder **Tai chi**, um die Konzentrationsfähigkeit für Ihren Körper und besondere Empfindungen zu erhöhen.
- Schotten Sie sich von der **Informationsflut** ab.
- Machen Sie sich bewusst, dass gute Arbeit Ihre Zeit und damit Ihre Konzentration benötigt. **Nehmen Sie sich Zeit**, damit die Konzentration und die Qualität stimmen (*Tagesplanung*).
- Seien Sie gelassen. Wenn es einmal nicht klappt, versuchen Sie nicht krampfhaft, eine konzentrierte Einstellung zu erlangen. **Lassen Sie los**.
- Machen Sie eine kurze oder evtl. eine längere **Pause** und gehen Sie dann mit neuer Energie an die Aufgabe.
- Machen Sie nicht mehrere Sachen auf einmal. Arbeiten Sie immer nur an **einer Aufgabe**. Setzen Sie dazu *Prioritäten* und konzentrieren Sie sich auf die wichtigste Arbeit.
- „Erledigen" Sie eine Arbeit nicht, damit sie erledigt ist, sondern **genießen Sie mit allen Sinnen**, wie Sie diese gerade durchführen.
- Denken Sie auch daran, dass häufig der Weg das Ziel ist.
- Entspannen Sie durch Meditation oder Progressive Muskelrelaxation (*Stressmanagement und Entspannung*).
- **Unterbinden Sie Ihre Gedankenjagd**. Immer, wenn Sie merken, dass der Druck zu groß wird und Ihre Konzentration nachlässt, nehmen Sie eine kleine „Auszeit". Ziehen Sie sich für einen Moment vom Geschehen zurück und denken Sie über Ihren Druck nach. Machen Sie sich dazu Notizen, beispielsweise als *Mind Map*. Sie werden erleben: Nach kurzer Zeit ist der Druck vorbei.
- Konzentrieren Sie sich auf das, was Sie gerade tun. Seien Sie also **achtsam** in Ihrem gegenwärtigen Tun. Und bleiben Sie im Hier – und - Jetzt.
- Wie können Sie im Alltag achtsamer werden?
  - Nehmen Sie das scheinbar Selbstverständliche mit allen Sinnen wahr. Probieren Sie das aus. Beispielsweise beim Putzen, Aufräumen, Abstauben, Blumen gießen usw.
  - Sorgen Sie dafür, Ihren Körper wieder bewusster zu spüren und wahrzunehmen. Bewegen Sie sich und empfinden Sie Ihre Bewegungen nach. Wie genau schaffen Sie es, zu gehen oder zu springen? Wie ist es, wenn Sie laufen, schwimmen, Ball spielen?
  - Nehmen Sie öfter Ihren Atem wahr
  - Genießen Sie vor dem Essen bewusst den Geruch der Mahlzeit. Schauen Sie sie sich genau an. Spüren Sie, wie sie schmecken wird
  - Reservieren Sie sich (täglich) eine stille Stunde in Ihr Zeitplanbuch. Nutzen Sie diese für Meditation (*Stressmanagement und Entspannung*) oder einfach dazu, Gedanken kommen und gehen zu lassen. Bei Bedarf machen Sie sich Notizen.

- ◆ **Meditieren** Sie im Alltag: **Tun Sie, was Sie tun!** Überall im Tagesgeschehen, bei jeder Aufgabe ganzheitlich mit allen Sinnen agieren und in jedem Vorgang total einsteigen.
- ◆ Seien Sie einfach **Sie selbst**. Mit allen Sinnen.
- ◆ Vermeiden Sie alle Art von **Ablenkungen und Störungen**. Nutzen Sie die Hinweise beim Umgang mit *Störungen*.
- ◆ Berücksichtigen Sie ebenfalls die Hinweise zum *Stressmanagement und Entspannung.*
- ◆ Fragen Sie sich in Zukunft öfter: **Was will ich jetzt?**
- ◆ Verwenden Sie die folgenden Strategien, um zum Rhythmus des Lebens hinunterzuschalten:
  - Konzentrieren Sie sich mehr auf die Gegenwart
  - Lernen Sie, jeden Augenblick zu erleben
  - Halten Sie Ihre Gedankenlawinen in Schach
  - Üben Sie frühzeitige Gedankenerkennung
  - Begegnen Sie Stimmungen mit Mitgefühl
  - Stets eins nach dem anderen erledigen. Auf eine positive Denkweise umschalten (*Positives Denken*)

  (vgl. Carlson / Bailey: Reg dich nicht auf).
- ◆ Tun Sie den ersten Schritt. Beginnen Sie jetzt. **Tun Sie, was Sie tun!**

3.12 Lesetechnik

Situation	Problem	Ziel
Sie verbringen viel Zeit mit der Aufnahme von Informationen durch Lesen von Büchern, Artikeln, Notizen, Memos usw.	Sie verlieren Zeit durch schlechte Lesegewohnheiten bzw. können Gelesenes schlecht behalten.	• Schneller lesen bei gleicher Behaltensleistung.

3.12.1 Lösungen

- ◆ Vermeiden Sie folgende **Fehler** beim Lesen:
  - Verwendung von „Lesekrücken" wie Finger, Bleistift etc., die die Lesegeschwindigkeit verringern
  - Buchstabe für Buchstabe, Wort für Wort lesen, stört die Konzentration durch Mehrfachwahrnehmung gleicher Inhalte

- Das Vokalisieren (mit Lippenbewegungen lesen, laut lesen, innerliches mitsprechen, subvokalisieren).
◆ Stellen Sie Ihre **Ausgangslage** fest. Überprüfen Sie dazu Ihre **Lesegeschwindigkeit** und den **Behaltensgrad**. Dazu können Sie vorbereitete Texte verwenden (siehe Zielke: Schneller lesen selbst trainiert) oder in folgenden Schritten vorgehen:
- Wählen Sie einen beliebigen Text aus
- Lesen Sie den Text, wie Sie es bisher gewohnt sind, und stoppen Sie die dafür verwendete Zeit in Sekunden
- Machen Sie eine kurze Pause von zwei Minuten
- Schreiben Sie nun, ohne nochmals auf den Text zu sehen, die Inhalte nieder, die Ihnen noch in Erinnerung sind
- Ermitteln Sie Ihre **Lesegeschwindigkeit**. Zählen Sie die Wörter des Textes und errechnen Sie die Anzahl der WpM (Wörter pro Minute). Verwenden Sie dazu folgende Formel:

$$\frac{\text{Anzahl der Wörter} \times 60}{\text{Sekunden Lesezeit}}$$

(Gute Leser erzielen eine Geschwindigkeit von 400-500 WpM)

- Zur Ermittlung des **Behaltensgrades** überprüfen Sie Ihre Aufzeichnungen mit dem Text. Identifizieren Sie dazu im Text die markanten Aussagen und Informationen und zählen diese. Errechnen Sie, wieviele dieser Informationen Sie in Ihrer Selbstaufschreibung benannt haben und ermitteln Sie mit der folgenden Formel den Behaltensgrad:
(Gute Leser haben einen Behaltensgrad von über 75 %.).

$$\frac{\text{Anzahl der notierten Informationen} \times 100}{\text{Anzahl der gesamten Informationen}}$$

Schritte des Lesens

1. **Auswahl** des Lesestoffes.
◆ Die beste Lesetechnik ist es, die richtigen Bücher auszuwählen und damit, auf das Lesen bestimmter Informationen zu verzichten. Das spart ungeheuer Zeit!
◆ Die Auswahl des Lesestoffes ist abhängig von Ihrem Informationsbedürfnis (*Informationsmanagement und -ablage*). Bestimmen Sie daher zu Beginn konkret das Ziel Ihrer Lesebemühungen. Wichtige Kriterien sind: Ziele, verfügbare Zeit, Aktualität, Absender, Thema, Seitenanzahl.

2. Schaffen Sie gute **Voraussetzungen** für das Lesen.
- Konzentrieren Sie sich auf das Lesen.
- Sorgen Sie für eine bequeme Leseposition.
- Vermeiden Sie Körperbewegungen.
- Reduzieren Sie störende Einflüsse der Umwelt (*Störungen*).
- Sorgen Sie für einen guten Blickwinkel auf den Text und für ausreichende Beleuchtung, damit die Augen nicht so schnell ermüden.
- Lesen Sie nicht zuviel auf einmal und machen Sie regelmäßig Pausen.
- Lesen Sie nur, wozu Sie auch motiviert sind. Stellen Sie bei „Pflichtlektüren" Ihre Motivation durch geeignete Maßnahmen sicher.
- Um eine sehr hohe Lesegeschwindigkeit unter Beibehaltung eines hohen Behaltensgrads zu erreichen, sind auch mentale Voraussetzungen zu schaffen. Dazu gehört die Überzeugung, dass Sie schnell lesen können.
- Ebenso das Vertrauen in die Fähigkeit Ihres Gehirns, mehr aufnehmen zu können, als Sie rational glauben und auch fixieren können.

3. **Einstimmung** auf das Lesen. Beantworten Sie sich dazu folgende Fragen:
  - Wie will ich dieses Material anwenden?
  - Wie wichtig ist dieser Stoff für mich?
  - Wieviel Details möchte ich wissen?
  - Wieviel Zeit bin ich bereit aufzuwenden, um mein Ziel zu erreichen?

4. Formulieren Sie Ihre **Erwartungen / Ziele** an den Text (insbesondere bei Büchern und wo immer sich der Zeitaufwand lohnt).
- Erstellen Sie ein Erwartungs-Mind Map (*Mind Mapping*).
- Alternativ notieren Sie konkrete Fragen, zu deren Beantwortung Sie den Text lesen wollen.

5. Verschaffen Sie sich einen **Überblick**. Fokussieren Sie sich zunächst nur auf folgende Inhalte:
  - Titel und Untertitel
  - Inhaltsverzeichnis
  - Datum der Veröffentlichung
  - Stichwortverzeichnis
  - **Fett** oder *kursiv* Gedrucktes sowie Kapitelüberschriften
  - Text auf der ersten und letzten Umschlagseite
  - Erste und letzte Seite des Buches, bzw. in anderen Texten, den ersten und letzten Absatz jedes Abschnittes
  - Kästen, Abbildungen oder Schaubilder
  - Zusammenfassungen, Übersichten oder Verständnisfragen am Ende der Kapitel
  - Fragen Sie sich dabei auch, was die wichtigsten Wörter (**Triggerwörter**) sind und notieren Sie diese (ca. 20 Wörter!).

6. Erstellen Sie nun ein **Überblicksbild** oder *Mind Map*.
   ◆ Ergänzen Sie dazu entweder Ihre bereits formulierten Erwartungen (siehe Schritt 4) oder erstellen Sie etwas Neues.
7. Treffen Sie eine **Entscheidung**: Weiterlesen oder nicht?
   ◆ Überprüfen Sie dazu anhand Ihrer Erwartungen / Ziele, ob Ihre Erwartungen erfüllt werden und ob der erste Überblick ausreicht.

In einigen Fällen ist das Lesen hier abgeschlossen. Verwenden Sie für die Schritte 3. bis 7. **maximal 10 Minuten**.

Sofern Sie sich für Weiterlesen entscheiden, folgen Sie den nächsten Schritten.

8. **Konkretisieren** Sie Ihre **Erwartungen / Ziele**. Nutzen Sie die folgenden Fragen:
   – Was will ich wirklich?
   – Warum will ich das?
   – Wieviel Details benötige ich noch?
   – Wie genau lauten meine konkreten Ziele?
9. Gehen Sie in einen geeigneten **Lesezustand**. Nutzen Sie dazu die 3-2-1-Methode (siehe Scheele: Photo Reading)
   ◆ Machen Sie es sich bequem.
   ◆ Atmen Sie tief ein und schließen die Augen.
   ◆ Spüren Sie die vollkommene körperliche Entspannung, Atem kurz anhalten, an 3 denken und sagen: „Lass los".
   ◆ Entspannen Sie alle größeren Muskelgruppen.
   ◆ Beruhigen Sie Ihren Geist. Atem kurz anhalten, an 2 denken und sagen: „Lass los".
   ◆ Lösen Sie sich von allen Gedanken an die Vergangenheit oder Zukunft.
   ◆ Atem kurz anhalten, an 1 und eine schöne Blume denken.
   ◆ Aufmerksamkeit ist konzentriert und die Ressourcenebene erreicht.
10. Nutzen Sie ebenso **Affirmationen** zur Unterstützung. Beispiele:
    – Während ich schnell lese, ist meine Konzentration vollkommen
    – Alles, was ich schnell lese, macht einen bleibenden Eindruck auf mein Bewusstsein und steht mir zur Verfügung
    – Ich möchte die Informationen aus diesem Buch (Titel nennen) lesen, um meine Absicht (benennen) zu erreichen.
11. **Blättern** Sie nun den Text zügig durch. Insbesondere bei Büchern bieten sich folgende Techniken an (vgl. Scheele: Photo Reading)
    ◆ **Blipseite**: Einen Punkt etwas oberhalb des Buches betrachten, Aufmerksamkeit auf die vier Ecken des Buches und die weißen Flächen zwischen den Zeilen richten, während Sie über das Buch hinaus auf diesen Punkt an der Wand schauen. Ergebnis: Verdopplung der Falte zwischen der linken und rechten Seite des Buches.

- ◆ **Alternativ**: Schauen Sie auf die Mittelfalte des Buches, machen Sie den Blick weicher, achten auf die Seitenränder und den Raum zwischen den Absätzen. Stellen Sie sich ein „X" vor, das die vier Ecken des Buches verbindet.
- ◆ **Alternativ**: Die Hand beim Blättern rhythmisch von links oben nach rechts unten diagonal über jede Doppelseite führen.

12. **Bewahren** Sie während dieses Lesens einen stabilen und entspannten **Zustand**. Dazu eignen sich folgende Techniken:
- ◆ Atmen Sie tief und gleichmäßig.
- ◆ Während des Umblätterns: „Lass los...lass gehen, 4-3-2-1, bleib im Fluss...sieh den Text" aufsagen.
- ◆ Gleichmäßiger Rhythmus während des Blätterns beachten.
- ◆ Lösen Sie sich von ablenkenden Gedanken.

13. Erstellen Sie nun eine **Gesamtübersicht** (z.B. als *Mind Map*).
14. Legen Sie nun den Text beiseite und erlauben Sie sich eine **Pause**, die idealerweise zwischen 20 Minuten und 24 Stunden liegt.
15. Nach dieser Pause können Sie sich **eigene Fragen** über den Text stellen oder die Inhalte mit anderen besprechen. Beispielsfragen:
   - Was ist in diesem Buch, Artikel oder Bericht für mich wichtig?
   - Was sind die wichtigsten Punkte?
   - Was von dem, das hier steht, kann mir von Nutzen sein?
   - Was muss ich wissen, um mich an der nächsten Besprechung zu beteiligen?
16. **Überfliegen** Sie nun nochmals den Text und suchen Sie Antworten auf folgende Fragen:
   - Was genau will ich noch wissen?
   - Wo in dem Text kann ich das finden?
   - Wo fühle ich mich intuitiv angezogen?
17. Erstellen Sie eine **abschließende Gesamtübersicht** (*Mind Map*).
- ◆ Nutzen Sie die vorherigen Aufzeichnungen, ergänzen Sie diese oder schreiben Sie diese bei Bedarf neu.
- ◆ Diese Gesamtübersicht dient Ihnen auch später zur Orientierung.

Abschließend eine kurze Zusammenfassung der Schritte:
1. **Auswahl** des Lesestoffes
2. Gute **Voraussetzungen** schaffen
3. **Einstimmen** auf das Lesen
4. **Erwartungen / Ziele** formulieren
5. **Überblick** verschaffen
6. **Überblicksbild** erstellen
7. **Entscheidung** treffen: Weiterlesen oder nicht?
8. **Erwartungen / Ziele** konkretisieren

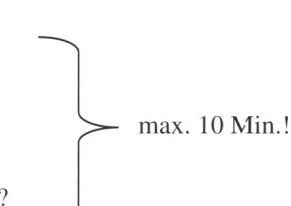
max. 10 Min.!

9. In einen geeigneten **Lesezustand** gehen
10. **Affirmationen** zur Unterstützung nutzen
11. Text zügig durch**blättern**
12. Stabilen und entspannten **Zustand bewahren**
13. **Gesamtübersicht** erstellen
14. **Pause** einlegen
15. **Eigene Fragen** über den Text stellen oder die Inhalte mit anderen besprechen
16. Text nochmals **überfliegen**
17. **Abschließende Gesamtübersicht** erstellen.

◆ Beachten Sie bei **jedem Lesevorgang** die folgenden Hinweise:
   − Vermeiden Sie **Subvokalisation,** indem Sie Zahlen murmeln oder auf Ihre Fingerknöchel „beißen". Ausnahme: Bei schwierigen Texten oder Wörtern. Hier kann lautes Lesen besseres Verstehen unterstützen.
   − Passen Sie die **Lesegeschwindigkeit** dem Leseziel, der Bedeutung und dem Schwierigkeitsgrad des Lesestoffes an.

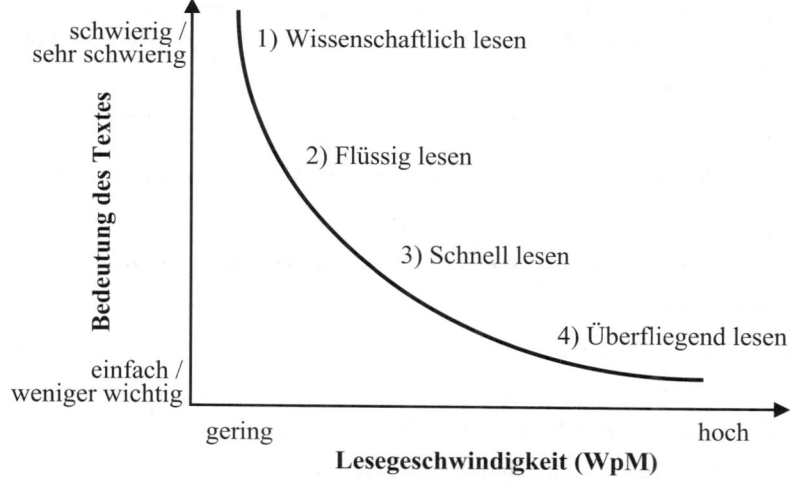

Abb. 3.5: Lesegeschwindigkeit

   − Abhängig von der Art des Lesens, sollten Sie dosiert und nur beim wissenschaftlichen und flüssigen Lesen **Markierungen** vornehmen. Verwenden Sie dazu fluoreszierende Farbstifte (Textmarker) oder einen Bleistift zum Unterstreichen

- Legen Sie sich eine eigene **Markierungssymbolik** zu
  Beispiele:

!	Wichtig	**Kop**	= Kopieren
?	Fraglich	**Not**	= Notieren
∅	Falsch	**L**	= (nochmals) Lesen
→	Querverweis / Anmerkung	**Be**	= Besprechen

- Das Lesetempo entspricht dem Sehtempo. Je mehr **Haltepunkte** Sie machen, desto langsamer lesen Sie. Reduzieren Sie zum Schnelllesen deshalb die Anzahl der Haltepunkte je Zeile auf 3 - 4 (DIN A 4)
- Erweitern Sie dazu Ihre **Blickspanne** (vom Auge erfasster Ausschnitt je Zeile). Üben Sie das konsequent (siehe Zielke: Schneller lesen selbst trainiert)
- Vermeiden Sie Überlappungen, d.h. doppeltes Lesen von Worten
- Schulen Sie Ihr **peripheres Lesen**. Beispielsweise indem Sie „künstlich" (durch Abdecken oder mit dem Bleistift markieren) die Ränder des Textes um ca. 1 cm verkürzen
- Beachten Sie auch, dass Sie Worte und Sätze erfassen können, auch wenn Sie **nicht das ganze Wort sehen**. Voraussetzung: Sie schauen auf den oberen Teil der Worte
  Beispiel:

> Diesen Satz können Sie mit der Hälfte der Information lesen
>
> Probieren Sie es mit dieser Variante:
>
> Diesen Satz können Sie mit der Hälfte der Information lesen

Erkennen Sie einen Unterschied?

◆ Faktoren, die den **Erfolg** des Lesens beeinflussen:
  - *Konzentration* / Ruhe: „Ich tue, was ich tue!"
  - Positive Einstellung zum Lesestoff
  - Wissen / Wortschatz im Bereich des Lesestoffs
  - Assoziationsfähigkeit
  - Kurze Sätze
  - Kurze Zeilen / Spalten
  - Eher konkrete als abstrakte Wörter
  - Wenig Fach- und Fremdwörter
  - Aufgelockerter Text (Untertitel, Abschnitte)

- Gute typographische Gestaltung (Schrift, Schriftgröße, Abstände)
- Bilder zur Aktivierung der rechten Gehirnhälfte. „Ein Bild sagt mehr als tausend Worte."
- Denkpausen / Zusammenfassen / Text markieren.

Nicht alle diese Faktoren können Sie direkt bestimmen. Sie können jedoch bereits bei der Text- bzw. Buchauswahl darauf achten!

◆ Zur **Weiterbearbeitung** des Textes hat sich das nachfolgende Formular bewährt

Zeitraum:		Titel:				Autor:	
Seite:	Stichwort:	Warum:	Kop.	Not.	Lesen	Bespr.	✓

3.13 Mind Mapping

Situation	Problem	Ziel
Sie haben viele Informationen strukturiert aufzuzeichnen.	Die Notizen sind wegen vieler Querverweise „unleserlich". Mehrfaches Aufschreiben kostet zuviel Zeit.	• Effizient und zeitsparend schriftliche Aufzeichnungen verfassen.

3.13.1 Lösungen

Verwenden Sie Mind Mapping (deutsch: Gehirnkarten). Es ist eine **universell einsetzbare Denk-, Lern- und Arbeitstechnik**. Sie basiert auf der Hirnforschung und hilft insbesondere, das Potenzial der rechten Gehirnhälfte zu nutzen.

Das Besondere daran ist die **Art** der schriftlichen Darstellung. Sie erinnert an den Blick auf einen **Baum** aus der Vogelperspektive.

In der Analogie zum Baum geht die **Erstellung** eines Mind Map in folgenden **Schritten**:

1. Setzen Sie das zentrale Thema wie einen Baumstamm als Wolke o.ä. in die Mitte des Blattes.
2. Ausgehend von diesem zentralen Thema lassen Sie die wichtigen Hauptgedanken wie Äste abgehen.
3. Halten Sie weitere Gedanken als Zweige fest. Diese Zweige lassen sich ebenfalls im Sinne von „Zweiglein" weiter untergliedern.
4. Ideen, die Sie zunächst nicht zuordnen können, notieren Sie entweder am Rand oder an einem separaten Ideen-Ast.
5. Verwenden Sie anschließend Nummern, Pfeile, Farben und Symbole, um eine Reihenfolge festzulegen, Verbindungen zwischen den Ästen herzustellen bzw. Wichtiges hervorzuheben.
6. Bei Bedarf können Sie dann Ihre Aufzeichnungen auch in eine lineare Struktur überführen.

❏ Mind Maps basieren auf der Chunking-Technik (*Gedächtnis*).
❏ Mind Maps können sowohl in der **Einzel**arbeit, als auch in **Team**arbeit effektiv eingesetzt werden.
❏ Mind Mapping findet insbesondere bei der Ideenfindung und –aufzeichnung Anwendung.
❏ Die **Einsatzmöglichkeiten** sind vielfältig:
  − Informationen rasch darstellen bzw. erfassen
  − Probleme zügig analysieren
  − Maßnahmen schneller planen und besser umsetzen
  − Besprechungen vorbereiten
  − Informationen auswerten
  − Pläne jeglicher Art entwickeln
  − Präsentationen oder Vorträge entwerfen
  − Sitzungen protokollieren.

Beachten Sie die folgenden **Regeln zur Erstellung**:

◆ Orientieren Sie sich immer an der „Baumstruktur".
◆ Gehen Sie im Uhrzeigersinn vor. Beginnen Sie um Ein-Uhr.

- Benutzen Sie wenn möglich nur „Schlüsselwörter", also jeweils nur ein Wort je Ast bzw. Zweig. Dies fördert die Konzentration und sorgt später für einen optimalen Abruf der gewünschten Informationen im Gehirn.
- Verwenden Sie Druckschrift. Diese ist zumeist lesefreundlicher, insbesondere wenn „schräg" bzw. quer geschrieben wird.
- Beachten Sie auch hier die typischen Phasen des Brainstormings. Zuerst nur sammeln, erst im Anschluss daran strukturieren und bewerten.

Die **Vorteile** dieser Technik:
- Das Zentrum oder die Hauptidee ist klar definiert
- Die relative Wichtigkeit jeder einzelnen Idee wird klar angezeigt. Die wichtigeren Ideen sind näher am Zentrum angeordnet als weniger wichtige Ideen, die näher am Rand liegen
- Die Beziehungen zwischen den Schlüsselideen sind aufgrund ihrer Nähe und Verbindung unmittelbar erkennbar
- Als Resultat hieraus sind sowohl das Erinnern / Abrufen als auch der Überblick effektiver und schneller
- Die Art der Struktur erlaubt ein problemloses Einfügen neuer Informationen ohne hässliches Ausstreichen oder Reinpressen etc.
- Jedes gemachte Mind Map ist individuell und von jedem anderen Mind Map zu unterscheiden. Dies fördert das Erinnern / Abrufen
- In den kreativen Bereichen des Notizenmachens wie der Vorbereitung einer Notiz etc. ermöglicht die offene Struktur der Mind Map dem Gehirn, neue Verbindungen schneller vorzunehmen
- Mehrfachbezüge (angezeigt durch Linien, Farben etc.) zwischen einzelnen Ideen sind möglich. Was nicht nur der Realität mehr entspricht, sondern auch der Kreativität und dem Behalten zugute kommt
- Mind Maps sind viel übersichtlicher als übliche Gliederungen
- Die Strukturen von Mind Maps sind viel interessanter und anschaulicher als Gliederungen, was zusätzlich das Behalten fördert.

Eine geeignete **Software** zur elektronischen Erstellung und Verarbeitung von Mind Maps ist „Mind Manager™". Damit lassen sich auch Daten in andere Anwendungen importieren bzw. aus diesen in Mind Manager™ exportieren. Nachfolgend ein Beispiel für ein damit erstelltes Mind Map.

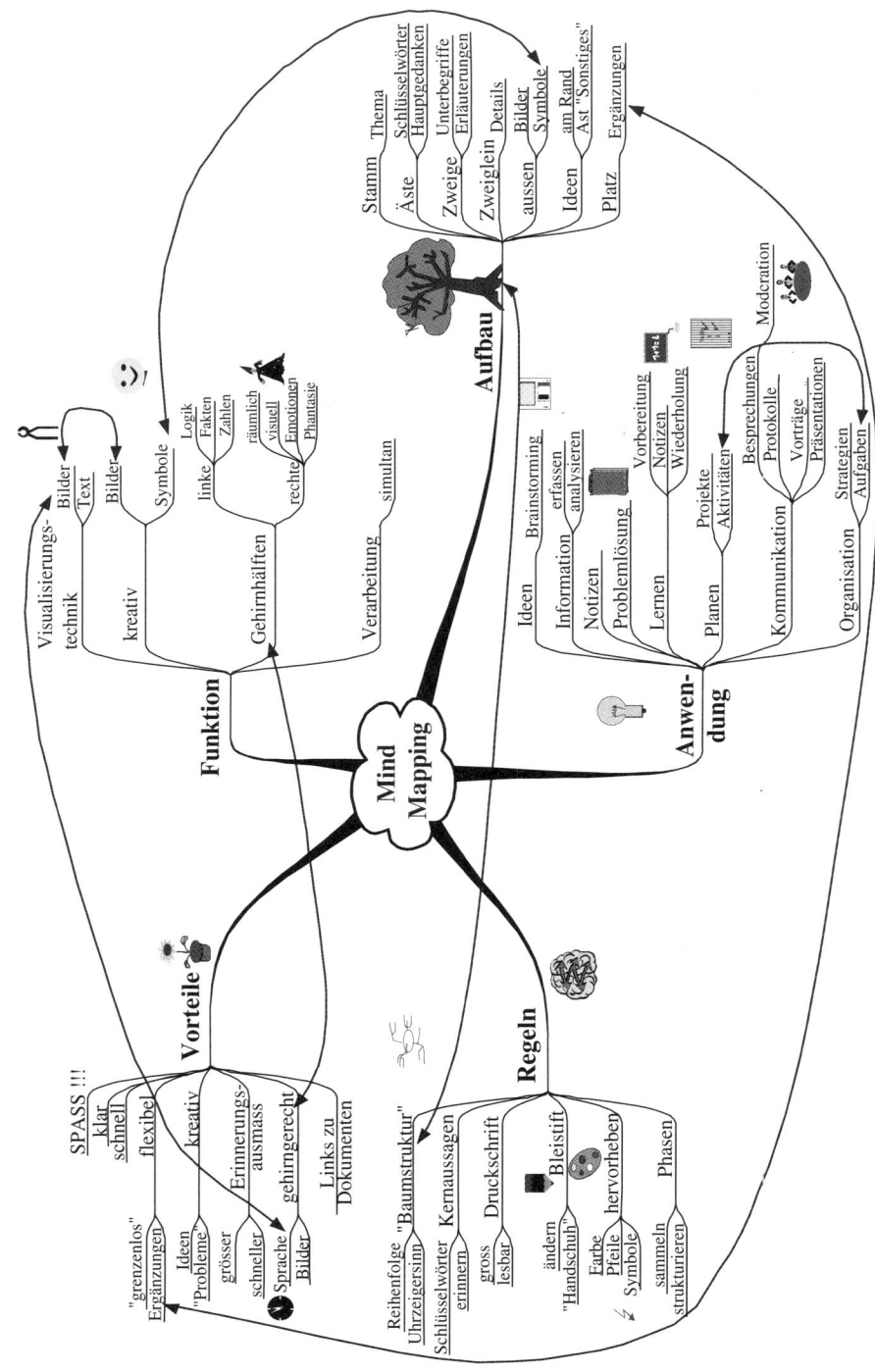

Abb. 3.6: Mind Map

3.14 Nein-Sagen

Situation	Problem	Ziel
Sie können nicht oder zu selten „Nein" sagen, wenn jemand etwas von Ihnen will.	Es besteht die Wahrscheinlichkeit, dass Ihnen fremde Probleme „angehängt" und Aufgaben zurückdelegiert werden. Sie laufen Gefahr, keine Zeit mehr für das Erreichen Ihrer eigenen Ziele zu haben.	• Nein sagen wollen und können.

3.14.1 Lösungen

Voraussetzungen für rechtzeitiges und angemessenes „Nein"-Sagen.
- Sie haben Ziele.
- Sie sind sich über Ihre eigenen Aufgaben, Termine und Prioritäten im Klaren.
- Sie kennen Ihre „Schwachstellen". Also die Art und Weise, wie man Sie ansprechen muss, um Ihnen ein schlechtes Gewissen zu machen oder Ihre Helferrolle zur Geltung zu bringen.

Schritte zum „Nein"-Sagen:

1. Bevor Sie „ja" sagen, überprüfen Sie, ob Sie diese Vereinbarung **eingehen können.**
   - Überprüfen Sie das anhand harter Fakten wie Ihrer Tages- und Wochenplanung, Ihrer Aktivitätenliste und der festen Termine, die Sie bereits vereinbart haben
   - Fragen Sie sich: Welche emotionalen Vor- und Nachteile könnte meine Zusage bzw. Absage für wen haben? Bin ich bereit, den „Preis" dafür zu bezahlen? Was sagt mir meine Intuition?
2. Überprüfen Sie die **Auswirkungen.**
   - Welche Konsequenzen hat ein „nein", welche ein „ja"?
3. Treffen Sie eine **Entscheidung** und setzen Sie diese auch konsequent um.
   - Sagen Sie höflich aber bestimmt „nein" und begründen Sie diese Entscheidung. Verwenden Sie dazu eine Ich-Botschaft
   - Sagen Sie offen, dass Sie keine Zeit haben. Fragen Sie Ihren Chef, welche anderen Aufgaben zurückgestellt werden sollen, wenn die neue Arbeit eine so hohe Priorität hat (*Prioritäten setzen*)
   - Sagen Sie „ja", tragen Sie die Aufgabe in Ihrer Aktivitätenliste ein und tun Sie alles dafür, diese vereinbarungsgemäß zu erledigen

− Schreiben Sie auf, wie Sie sich entschieden haben und mit welchem Ausgang Sie rechnen. Feedbackanalyse.
3. **Überprüfen Sie**, nachdem Sie die Aufgabe erledigt haben, wie das Ergebnis ist.
  − Benutzen Sie dazu Ihre Aufzeichnungen und die Schritte der Feedbackanalyse.
4. Ziehen Sie Bilanz und **Konsequenzen** aus diesen Erfahrungen für die nächste Gelegenheit zum „Nein"-Sagen!

Weitere **Hinweise**:
- ◆ Nehmen Sie nur Aufgaben an, die Ihnen helfen, Ihre Ziele und Aufgaben zu erreichen.
- ◆ Akzeptieren Sie es nicht, dass Mitarbeiter oder Kollegen Probleme (für deren Lösung sie bezahlt werden!) zu Ihnen bringen und von Ihnen eine Lösung erwarten.
- ◆ Wiederstehen und ignorieren Sie alle Argumente, die Sie umstimmen sollen.
- ◆ Belohnen Sie sich, wenn Sie es geschafft haben „Nein" zu sagen.
- ◆ Üben Sie regelmäßig, insbesondere in Alltagssituationen „Nein" zu sagen. Lehnen Sie freundlich das zweite Stück Torte auf der Geburtstagsfeier ab. Sagen Sie „Nein", wenn Sie auf der Straße zu Befragungen oder ähnlichem angesprochen werden usw.
- ◆ Überlegen Sie, warum Sie „ja" sagen, obwohl Sie „nein" sagen möchten oder müssen. Oft sind es unbewusste innere Gründe, denn häufig sind Menschen in der Zwickmühle. Jede Entscheidung hat Konsequenzen (siehe innere Rollen und -konflikte).
  − Gefühl, unentbehrlich zu sein
  − Überzeugung: Täglich eine gute Tat hat eine Bedeutung für Sie.
- ◆ Es ist angenehm, Gefälligkeiten zu erweisen. Bedenken Sie aber, dass zu spät oder unsorgfältig erledigte Gefälligkeiten Ihrem Ansehen mehr schaden als nützen. Schützen Sie sich vor dem Helfersyndrom. Nehmen Sie nur Aufgaben an, für die Sie sich Zeit nehmen wollen.

3.15 Planung

Situation	Problem	Ziel
Sie haben irgendeine Maßnahme vor, die nicht sofort und in einem Bearbeitungsgang vorbereitet und durchgeführt werden kann. Beispielsweise Ihre Jahresplanung, die Planung einer Veranstaltung, eines Projektes etc.	Wichtige Aufgaben werden vergessen bzw. die Aufgaben sind nicht hinreichend strukturiert. Sie haben keinen Überblick über Aufwand, Ablauf / Reihenfolge, Termine, Kosten und Ressourcen der Maßnahme.	• Effizient zukünftige Maßnahmen vorbereiten, planen und zielgerichtet umsetzen.

3.15.1 Lösungen

Die wichtigsten **Gründe** für Planung sind:
- Planung bedeutet geistige Vorwegnahme der Zukunft
- Effizienter Umgang mit knappen Ressourcen wie Zeit, Personal und Sachmittel
- Planung regelt wer, was, wann, wie, mit wem, bis wann, womit zu tun hat
- Von der Qualität der Planung hängt die erfolgreiche Durchführung entscheidend ab. Damit ist die Planung eine wesentliche Voraussetzung zur Zielerreichung
- Eine Planung gibt Orientierung und den roten Faden für die Zukunft
- Nur durch eine detaillierte Planung ist deren Controlling (Kontrolle des Fortschrittes und Ergreifung von Steuerungsmaßnahmen) möglich
- Planung unterstützt sowohl Ihre Effektivität (= Leistung, d.h. die richtigen Dinge tun) als auch Ihre Effizienz (= Wirksamkeit, d.h. die Dinge richtig tun).

Eine Planung zu machen, bietet folgende **Vorteile**:
- Konzentration auf definierte Ziele und Aufgaben
- Hoher Zielerreichungsgrad
- Zeitersparnis
- Gute Ergebnisqualität
- Jederzeitiger Überblick aller Aufgaben, Termine und Projekte
- Gelassenheit bei unvorhergesehenen Ereignissen
- Steigerung von Effektivität und Effizienz.

Für **langfristige und strategische Planungen** hat sich die folgende, beide Gehirnhälften nutzende Vorgehensweise bewährt:
- ◆ Definieren Sie Ihren Ausgangspunkt: „Heute ist der ... ".
- ◆ Gehen Sie in der Zeit nach vorne. Zu dem Zeitpunkt, wenn alle zu planenden Maßnahmen durchgeführt und das fertige Ergebnis erreicht sind.
    Beispiel: „Ich bin jetzt im Jahr 2004 und ich habe ...". Fragen Sie sich: „Was habe ich alles getan, um hierhin zu kommen?"

- Gehen Sie dann weiter zurück und stellen Sie sich wieder die Frage:
  Beispiel: *„Ich bin jetzt im Jahr 2003. Was habe ich getan, um hierhin zu kommen?"*.
- So gehen Sie Schritt für Schritt zurück bis zum Ausgangspunkt der Planung, dem heutigen Tag. Das **Prinzip** lautet: **Denken Sie sich voraus und arbeiten Sie sich zurück.**
- Sie können diesen Prozess räumlich unterstützen, indem Sie die unterschiedlichen Ereignisse auf einer **Zeitlinie** darstellen. Nutzen Sie den Fußboden, markieren Sie darauf Ihre individuelle Zeitlinie und schreiten Sie diese in den vorgenannten Schritten ab. Ergänzend können Sie zu den einzelnen Zeitpunkten auch Notizblätter mit den bis dahin erreichten Ergebnissen etc. hinterlegen.

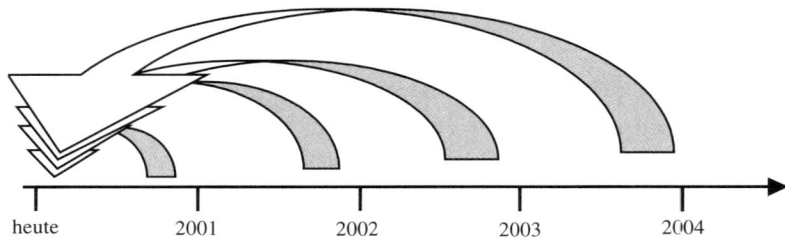

Abb. 3.7: Vorgehensweise für langfristige Planungen

Diese muss keineswegs so geradlinig verlaufen wie dargestellt. Die Gerade dient lediglich der einfacheren Darstellung. In der Praxis sind solche Linien durchaus gebogen und mit unterschiedlichen räumlichen Abständen zwischen den einzelnen Ereignissen vorzufinden.

Die Planung hat vielfältige **Voraussetzungen und Rahmenbedingungen**. Die folgende Grafik zeigt diesen Zusammenhang. Für die Planung selbst sind die ergänzend genannten Elemente zu unterscheiden:

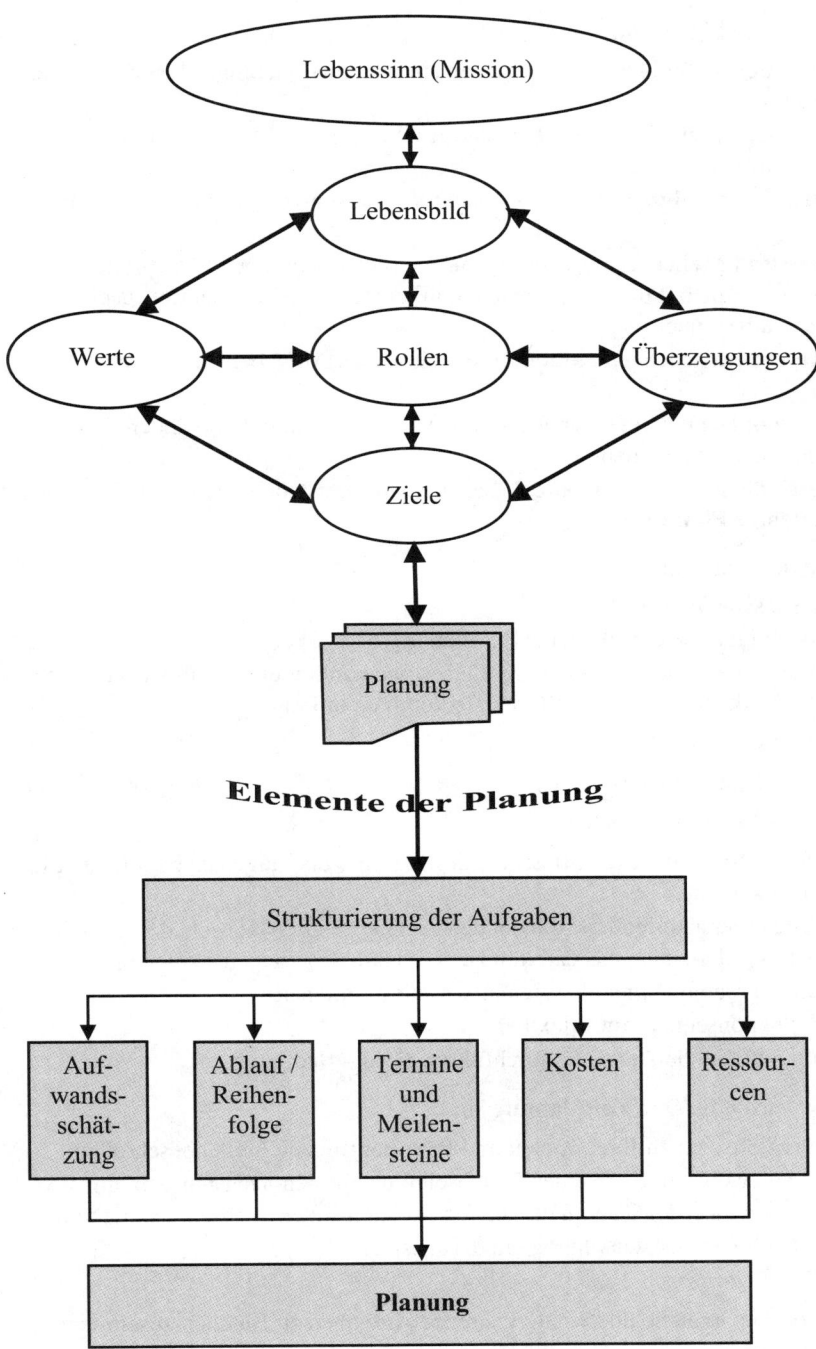

Abb. 3.8: Elemente der Planung

Die **Elemente** im Einzelnen:
- **Struktur der Aufgaben**: Alle Aufgaben sind in einen sachlogischen Zusammenhang zu bringen.
- **Aufwandsschätzung**: Für jede einzelne Aufgabe ist der zur Durchführung notwendige Aufwand zu schätzen.
- **Ablauf / Reihenfolge**: Die Aufgaben sind in eine sinnvolle Reihenfolge zu bringen.
- **Termine und Meilensteine**: Jede Aufgabe ist mit einem klaren Start- und Endtermin zu versehen. Für Zwischenziele und -ergebnisse sind ebenfalls geeignete Termine zu benennen.
- **Kosten**: Die entstehenden Kosten für die einzelnen Aufgaben sind festzustellen und zu planen.
- **Ressourcen**: Die notwendigen Ressourcen (Zeit, Sachmittel und andere Personen) sind ebenfalls einzuplanen.
- Erst durch die Zusammenfügung dieser Elemente entsteht eine vollständige und aussagefähige **Planung**.

Prinzipien der Planung:
- Planen Sie schriftlich.
- Berücksichtigen Sie die Elemente der Planung.
- Führen Sie eine rollierende Planung. Planen Sie konkret und detailliert nur den nächsten Zeithorizont. Als Zeithorizonte kommen in Frage:
  - Langfristig (Jahre)
  - Mittelfristig (Monate)
  - Kurzfristig (Tage, Wochen)
  - Je weiter Sie in die Zukunft gehen, desto gröber und ungenauer sollte die Planung ausfallen.
- Planen Sie ergebnisorientiert (d.h. an den Zielen orientiert). Das bedeutet nicht nur Aufgaben, sondern auch das dadurch zu erzielende Ergebnis festzulegen.
- Arbeiten Sie regelmäßig und systematisch mit Zeitplänen.
- Bleiben Sie konsequent **und** flexibel.
- Kontrollieren Sie die Aufgabendurchführung und -erledigung.

Die Konsequenzen für Ihre **Zeitplanung** sind:
- Orientieren Sie sich an Ihren Zielen und Ihrer beruflichen Stellenbeschreibung.
- Planen Sie jeweils am Ende eines Zeitabschnittes für den nächsten, z.B. am Vorabend für den nächsten Tag, in der letzten Woche für den nächsten Monat usw.
- Verwenden Sie mindestens Jahres- und Tagespläne.
- Setzen Sie *Prioritäten*
  - Fassen Sie ähnliche und wiederkehrende Aufgaben zu Blöcken zusammen
  - Planen Sie stille Stunden ein (*Tagesplan*).

- Verplanen Sie maximal 60 % Ihrer verfügbaren Zeit. Die verbleibende Zeit werden Sie für *Störungen*, Unvorhergesehenes und wiederkehrende Aufgaben benötigen.
- Machen Sie rechtzeitig Pausen und planen Sie diese ein.
- Führen Sie nur notwendige und zielerreichende Aufgaben durch. Alle anderen Aufgaben sollten Sie eliminieren (*Prioritäten*, *Nein-Sagen*).
- Nutzen Sie eine Aktivitätenliste zur Erfassung aller Aufgaben, die nicht an bestimmte Projekte oder Vorhaben gebunden sind.
- Kontrollieren Sie regelmäßig den Fortschritt Ihrer Ergebnisse und genießen Sie die erzielten Erfolge.
- So führt konsequente Zeitplanung zu Zeitgewinn, mehr Freizeit und weniger Stress.

Die genannten Hinweise zur Planung lassen sich bei folgenden Methoden und Techniken **einsetzen**:

- *Gesprächsführung*
- *Informationsmanagement und -ablage*
- *Lesetechnik*
- *Mind Mapping*
- *Problemlösungs- und Entscheidungstechnik*
- *Tagesplanung*
- *Zeitplanbuch.*

3.16 Positives Denken

Situation	Problem	Ziel
Sie haben vielfältige (Lebens-) Erfahrungen gemacht.	Aufgrund dieser gemachten Erfahrungen bewerten Sie Vergangenes aber auch Zukünftiges häufig negativ. Dies geschieht durchaus unbewusst, ist aber dennoch in Ihrem Verhalten und den damit erzielten Ergebnissen wirksam.	• Differenzieren können zwischen bisherigen Erfahrungen und zukünftigen Erlebnissen. • Gemachte Erfahrungen positiv nutzbar zu machen.

3.16.1 Lösungen

- In Ihren Erfahrungen liegen viele Chancen und Möglichkeiten. Es kommt lediglich auf den **Blickwinkel** an, den Sie dazu einnehmen.
- Es ist der berühmte Blick auf das **halbgefüllte Glas**. Ist es nun halbleer oder halbvoll? An dem objektiv messbaren „Füllstand" des Glases ändert die Bewertung nichts. An Ihrer **Wahrnehmung**, deren **Bedeutungsgebung** und den sich daraus ergebenden Konsequenzen für Ihren emotionalen Zustand jedoch sehr viel.
- Unser Gehirn kennt keine Verneinungen. Alle Bewertungen werden negiert und das **Gedachte** wird versucht zu **erreichen**. Alle unsere Gedanken, Vorstellungen und Wünsche drängen zur Verwirklichung.
- So schaffen / **konstruieren** Sie sich Ihre Welt (**Realität**) durch die Art der Wahrnehmung und Bewertung derselben.
- Sie geben sich mit Ihren inneren Einstellungen täglich Aufträge, die Sie im Alltagsleben ausführen – positiv wie negativ. Dieser Mechanismus ist auch als **sich selbst erfüllende Prophezeiung** bekannt.
- Sie **entscheiden** häufig jedoch unbewusst in jeder Sekunde Ihres Lebens, wohin Sie Ihre **Aufmerksamkeit** fokussieren. Machen Sie sich das immer wieder bewusst. Und entscheiden Sie sich, die Aufmerksamkeit auf das Positive zu lenken.

Statt ...		Besser ...
Negatives	➡	Positives
Probleme	➡	Chancen
Schwierigkeiten	➡	Herausforderungen
Schwächen	➡	Stärken

- Die Aufmerksamkeit auf Positives zu legen bedeutet ebenfalls, Ihre **Bewertungen** von bisherigen Erlebnissen zu überprüfen. Diese Bewertungen basieren auf Ihren Werten und Überzeugungen. Häufig drücken sich diese in **inneren Dialogen** („Selbstgesprächen") aus. Beobachten Sie, was und wie genau Sie mit sich selbst sprechen. Ist das eher wertschätzend und unterstützend, oder werten Sie sich selbst innerlich immer wieder ab?
- Insbesondere, wenn Sie in einem **schlechten emotionalen Zustand** sind, stellen Sie sich immer wieder die folgenden Fragen:
  - Was ist das Schlimmste, was passiert?
  - Wofür ist es gut, die Sache so (negativ) zu bewerten?
  - Welche Vorteile hat es für mich?
  - Welche (negativen) Konsequenzen ergeben sich daraus?
  - Was kann ich mit einer solchen Interpretation und Bewertung für ein (positives) Ergebnis erwarten?
  - Wie könnte ich das Ereignis noch bewerten?

- Wenn ich es neutral bewerte, was verändert sich dadurch an meinem Zustand?
- Wenn ich gar das Gute, Positive darin entdecke, welche Folgen hat das für meinen Zustand?
- Wie müsste ich dazu mit mir selbst sprechen, dass ich auf Positives fokussiere?

Gedanken erzeugen also immer Ergebnisse. Damit Sie in Zukunft erwünschte und **positive Ergebnisse erzeugen**, können Sie denselben Prozess nutzen. Er funktioniert in beide Richtungen und lässt sich auch positiv nutzen:

◆ Trennen Sie eine gemachte Erfahrung und deren Bewertung von aktuellen Erlebnissen. Stellen Sie sich vor, wie es ist, im Kino zu sitzen und auf der Leinwand die alte Erfahrung als Film zu sehen, in dem Sie die Hauptrolle spielen. Bewerten Sie aus dieser kritischen Distanz den Film.
◆ Erkennen Sie die Unterschiede zur aktuellen Situation?
◆ Laden Sie sich selbst ein, bewusst irgendeinen anderen Blickwinkel auszuwählen. Tun Sie das forschend wie ein Archäologe, der gerade einen Gegenstand ausgegraben hat und ihn neugierig von allen Seiten betrachtet.
◆ Nehmen Sie bewusst wahr, welche unterschiedlichen Blickwinkel es geben kann und welchen Unterschied diese auf Ihren emotionalen Zustand machen.
◆ Entscheiden Sie sich in Zukunft bewusst für andere, angenehme Blickwinkel.
◆ Und bedenken Sie, Sie können alles machen, denn: „**Geht nicht, gibt's nicht!**"
◆ Machen Sie in Situationen, in denen Sie sich in einem schlechten Zustand befinden, von der Soforthilfemaßnahme (Kapitel 2.2) Gebrauch. Sie hilft Ihnen, bewusst Ihre Aufmerksamkeit umzufokussieren.
◆ Arbeiten Sie an Ihren Überzeugungen. Unterstützen Sie diese Arbeit mit Hilfe von Affirmationen (siehe Kapitel 2.2.3).

3.17 Prioritäten setzen

Situation	Problem	Ziel
Eine Flut von Reizen stürmt täglich auf Sie ein. Alle wollen etwas von Ihnen. Viele Aufgaben stehen an.	Sie sind sich nicht im Klaren darüber, in welcher Reihenfolge Sie die Aufgaben erledigen wollen.	• Klarheit über die Wichtigkeit und Dringlichkeit der Aufgaben besitzen und die Reihenfolge ihrer Bearbeitung festlegen. • Nicht alles selbst tun.

3.17.1 Lösungen

◆ Legen Sie für jede Aufgabe eine Priorität fest. Nutzen Sie dafür das **Eisenhower-Prinzip**. Der frühere US-General und Präsident Dwight D. Eisenhower hat ein einfaches Prinzip entwickelt, nach dem er seine Aufgaben priorisiert hat, das im Folgenden beschrieben wird.:

- Unterscheiden Sie zwischen Wichtigkeit (Ziel) und Dringlichkeit (Zeit). Das Wichtige ist selten dringend, und das Dringende ist selten wichtig!
- Auch wenn es emotional nicht direkt spürbar ist: Wichtigkeit (Ziel) geht vor Dringlichkeit (Zeit)
- Die Aufgaben werden nach folgendem Schema in A-, B- bzw. C-Aufgaben eingeordnet und entsprechend bearbeitet
- Arbeiten Sie jeden Tag mindestens an einer A-Aufgabe!

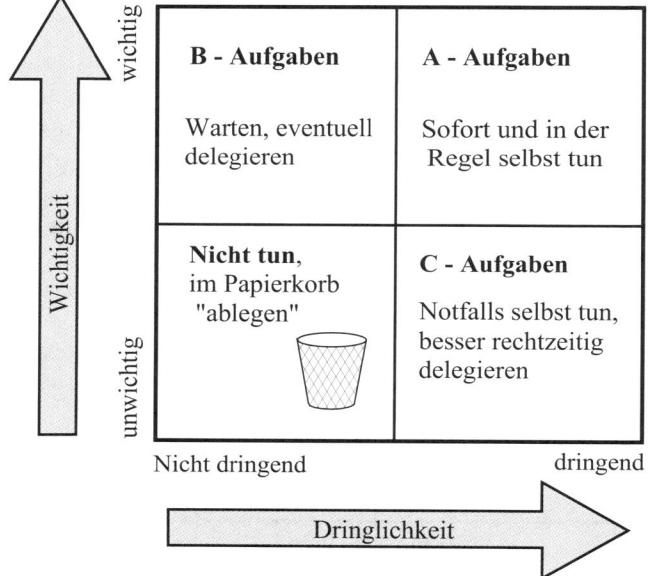

Abb. 3.9: Schema nach Eisenhower-Prinzip

Wichtig ist in diesem Zusammenhang eine Erkenntnis des italienischen Volkswirtschafters Vilfrede Pareto. Er untersuchte die Verteilung des Volkseinkommens und kam zu folgendem Ergebnis: 80 % des Volkseinkommens verteilt sich auf 20 % der Bevölkerung. Diese Erkenntnis ist als das **Pareto-Prinzip** oder die **80 / 20-Regel** bekannt geworden. Mittlerweile gibt es viele Beispiele, die belegen, dass dieses Prinzip der Verteilung häufig anzutreffen ist. So machen Unternehmen mit ca. 20 % ihrer Kunden ca. 80 % ihres Umsatzes bzw. ihrer Erträge usw. (siehe Richard Koch: Das 80 / 20 Prinzip).

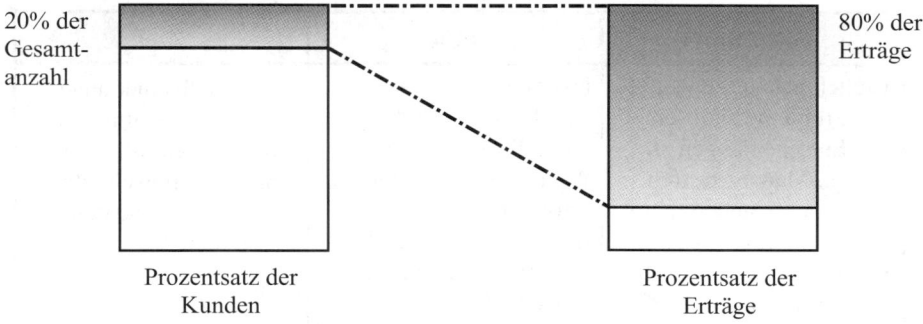

Abb. 3.10: Pareto-Prinzip

Prüfen Sie selbst, ob es in Ihrem beruflichen Umfeld ähnliche Verteilungen gibt. Dafür eignen sich Zahlen über aktiv betreute Kunden, Zeitverteilung und Abschlussquote im Verkauf usw.

Schritte zur Priorisierung

1. Erstellen Sie eine **Aktivitätenliste**.

Nr.	Was	Std	Prio	Wer	Start	Kontrolle	Ende	✓

2. Notieren Sie alle Aufgaben.
3. Legen Sie den zeitlichen Aufwand fest.
4. Bestimmen Sie mit Hilfe des Eisenhower-Prinzips die Priorität jeder Aufgabe. Berücksichtigen Sie dabei das Pareto-Prinzip und führen Sie nur die Aufgaben selbst und sofort durch, die eine große (Ziel-) Wirkung haben.
5. Legen Sie fest, wer die Aufgabe durchzuführen hat. Bedenken Sie dabei, nur A- bzw. B-Aufgaben selbst zu tun. Delegieren Sie C-Aufgaben und unterlassen Sie jede Aufgabe, die weder wichtig noch dringlich ist.
Beachten Sie den Unterschied zwischen
Effektivität = Leistung, die richtigen Dinge zu tun und
Effizienz = Wirksamkeit, die Dinge richtig zu tun.
6. Legen Sie Start-, Kontroll- und Endtermin fest.

3.18 Problemlösungs- und Entscheidungstechnik

Situation	Problem	Ziel
Täglich haben Sie vielfältige Probleme zu lösen und Entscheidungen zu treffen. Manche treffen Sie bewusst, andere jedoch auch unbewusst, wie z.B. mit welchem Fuß Sie zuerst aus dem Bett aufstehen.	Insbesondere die bewussten Entscheidungen fallen Ihnen schwer. Wurden alle notwendigen Informationen berücksichtigt? Wurde an alle Lösungsmöglichkeiten gedacht? Usw.	• Innerhalb einer angemessenen Zeit mit ausreichenden Informationen gute Entscheidungen treffen und damit Probleme lösen.

3.18.1 Lösungen

❑ **Kriterien**, von denen Entscheidungen abhängig sind:
  − Informationsstand zur Problemlage und zu möglichen Lösungen
  − Neutrale Problembeschreibung
  − Bisher gemachte Erfahrungen mit diesem oder ähnlichen Problemen
  − Klarheit über die Ziele und Motive
  − Loslösung von bisherigen Erfahrungen und Entscheidungsmustern
  − Flexibilität im Denken und der Einnahme unterschiedlicher Blickwinkel (*Positives Denken*)
  − Bereitschaft, auch ungewöhnliche Lösungen zuzulassen
  − Bereitschaft, das Problem zu lösen
  − Bewusstsein für die Grenzen der rationalen Entscheidungsfindung
  − Risikobereitschaft
  − Fähigkeit, sich zu entscheiden (Nicht-Entscheidung ist übrigens auch eine Entscheidung! Für den aktuellen Zustand).
❑ Folgende Fallen sind bei Entscheidungen häufig anzutreffen:
  Verfestigungsfalle: Beim Durchdenken von Entscheidungen gewichtet das Gehirn die anfänglichen Informationen überproportional.
  Status-quo-Falle: Die Entscheidungen sorgen nicht wirklich für etwas Neues, sondern halten den Status quo aufrecht.
  Kostengrab-Falle: Mangelnde Bereitschaft - ob bewusst oder unbewusst -, eigene Fehler zuzugeben, und so wird „gutes Geld schlechtem hinterhergeworfen".
  Selbstbestätigungs-Falle: Diese Grundeinstellung veranlasst, nach Informationen zu suchen, die dem eigenen Instinkt oder die Meinung bestätigen, statt ihr zu widersprechen.
  Formulierungs-Falle: Die Art, wie ein Problem beschrieben wird, kann auch die Wahl der richtigen Vorgehensweise maßgeblich beeinflussen.

Fallen beim Schätzen und Prognostizieren: Übertriebenes Selbstbewusstsein ob der Richtigkeit der Schätzung, übervorsichtiges Sicherheitsdenken bei der Prognose und schlechte Erinnerungen an vergangene Entscheidungen.
(vgl. Harvard Business Manager 2 / 99)

Damit Sie diese Fallen verhindern, gehen Sie systematisch die **Schritte** der Problemlösung durch:
- Situationsanalyse
- Problemdefinition
- Ursachenanalyse
- Zieldefinition
- Lösungsalternativen
- Lösungsauswahl
- Lösungsrealisierung
- Ergebniskontrolle und -bewertung

◆ Schritte und zugehörige **Techniken** aus diesem Buch:

Schritte	Aufschieberitis	Checklisten	Gedächtnis	Informations-management	Lesetechnik	Mind Mapping	Planung	Prioritäten setzen
1. Situationsanalyse		x		x	x	x	x	
2. Problemdefinition		x		x	x	x		
3. Ursachenanalyse		x		x	x	x		
4. Zieldefinition						x		x
5. Lösungsalternativen			x	x	x	x		
6. Lösungsauswahl	x							x
7. Lösungsrealisierung		x				x	x	x
8. Ergebniskontrolle u. -bewertung		x						

◆ Schritte und hilfreiche **Fragen**:

Schritte	Fragen
1. Situationsanalyse	• Ist überhaupt eine Problemlösung bzw. Entscheidung notwendig? • Hat das Problem eine hohe Priorität, dass ich jetzt und sofort daran arbeiten muss? • Wie genau will ich vorgehen?
2. Problemdefinition	• Was genau ist das Problem? • Wer definiert was als Problem? • Welche Abweichung besteht zu welchem Soll? • Wann tritt das Problem auf und wann nicht? • Welche Vorgeschichte hat das Problem? • Wann hat es begonnen? • Was passiert davor, was danach? • Wann ist das Problem nicht da? • Mit welchen beobachtbaren Tatbeständen kann ich das Problem beschreiben? • Wie wird mit dem Problem umgegangen? • Wer ist alles davon betroffen? • Wozu dient das Problem? • Welche Konsequenzen hat das Problem? • Wer hat daraus welche Vorteile? • Was würde passieren, wenn das Problem gelöst wäre? • Was passiert, wenn nichts passiert? Kurz: Was, wo, wie, wann, wieviel, warum, wo?
3. Ursachenanalyse	• Warum existiert das Problem? • Welche Zusammenhänge und Abhängigkeiten gibt es? • Was sind die möglichen Ursachen? • Was ist die wahrscheinlichste Ursache? • Wie erkläre ich mir das Zustandekommen des Problems? • Wie erkläre ich mir mein Verhalten und das Verhalten der anderen am Problem Beteiligten? • Wie sind meine Hypothesen über das Zustandekommen der Situation?

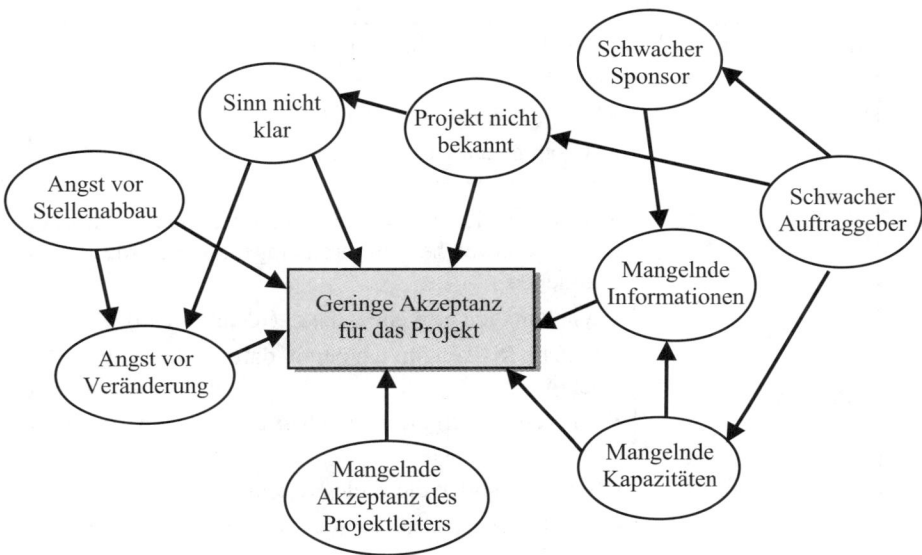

Abb. 3.11: Problem-Bubble-Chart

- Verwenden Sie bei der Ursachenanalyse die **„Fünf -Warum - Technik"**. Gehen Sie von einem Symptom aus und fragen Sie erstmals, warum es auftritt. Hinterfragen Sie dann, warum das so ist. Stellen Sie die Warum-Frage noch mindestens dreimal. So kommen Sie den zentralen Ursachen auf die Spur.
  (vgl. Senge u.a.: Das Fieldbook zur Fünften Disziplin)
- Ebenso können Sie Problemdefinition und Ursachenanalyse in einem Schritt als ein Netzwerk von Problemen und Ursachen darstellen (Problem-Bubble-Chart). Sie werden schnell erkennen, dass es für jede Ursache eine weitere, tiefere Ursache gibt. Beispiel: „Geringe Akzeptanz eines Projektes".

Schritte	Fragen
4. Zieldefinition	• Was möchte ich in Bezug auf das Problem erreichen? • Was genau sind die Ziele? • Woran genau werde ich erkennen, dass ich das Ziel erreicht habe? • Wenn ich alles neu gestalten könnte, ohne Rücksicht auf irgendwelche Einschränkungen, wie würde es aussehen? • Wie kann ich erreichen, dass...(Idealzustand)? • Welche Risiken bin ich bereit, dafür in Kauf zu nehmen? • Wie schätze ich die wirklichen Chancen ein, um das Ziel zu erreichen? • Bis wann sollen die Ziele erreicht werden? • Welche Hindernisse kann es bei der Zielerreichung geben? • Welche Konsequenzen ergeben sich, wenn die Ziele erreicht werden, und welche bei Nichterreichung?
5. Lösungsalternativen	• Wie kann ich das Problem lösen? • Welche Lösungsmöglichkeiten kann es für das Problem geben? • Was genau kann alles zur Lösung beitragen? • Woran würde ich erkennen, dass das Problem gelöst ist? • Was wurde bisher getan, das Problem zu lösen? • Wer hat wann und in welcher Form bereits Vorschläge zur Lösung gemacht? Wie wurde damit umgegangen? • Wie könnte ich es schaffen, das Problem nicht zu lösen? Was tue ich bereits jetzt dafür? • Welche Risiken können auftreten? Wie gehe ich damit um? • Welche Lösungsalternativen gibt es? • Welche Nutzen bieten die einzelnen Lösungsvarianten?

Schritte	Fragen
6. Lösungsauswahl	• Welche Variante sagt mir intuitiv am besten zu? Warum? • Wie kann die rational beste Lösungsvariante begründet werden? • Wie beurteile ich die Chance der Realisierbarkeit der Lösungsansätze? • Was ist bezogen auf die formulierten Ziele die beste Lösungsvariante?
7. Lösungsrealisierung	• Welche Maßnahmen habe ich bisher zur Bearbeitung des Problems eingesetzt? • Welche Maßnahmen habe ich bisher als zur Bearbeitung des Problems ungeeignet verworfen? • Welche weiteren Maßnahmen kommen überhaupt in Betracht? • Welche Maßnahmen stehen mit den Zielen in Einklang? • Welche Maßnahmen kann und will ich realisieren? • Wer muss was tun, damit die Lösung erfolgreich umgesetzt werden kann? • Wie wird mit den möglichen Risiken umgegangen? • Welche Ergebniskontrollen sind notwendig? • Welche konkreten Maßnahmen sind im Einzelnen durchzuführen? Kurz: Wer muss was, wie, wo, bis wann tun?
8. Ergebniskontrolle und -bewertung	• Wie ist der Fortschritt in der Realisierung der Lösung? • Welche Abweichungen gibt es? Welche Bedeutung haben Sie für den Erfolg? • Welche Schwierigkeiten treten auf? Wie gehe ich damit um? • Wer müsste welchen Beitrag dafür leisten? • Welche Korrekturmaßnahmen sind erforderlich? • Was fehlt noch zur Lösung? • Ist das Problem beseitigt? • Sind die Ziele erreicht? Wenn nein, was fehlt noch dazu? • Wie zufrieden bin ich mit der Lösung und Zielerreichung?

- ◆ Bringen Sie sich in einen **guten Zustand**, um Entscheidungen zu treffen:
  - Erledigen Sie alles, was Sie von der bevorstehenden Entscheidung ablenken könnte
  - Legen Sie alle notwendigen Informationen bereit und sorgen Sie dafür, dass Ihnen diese präsent sind
  - Konzentrieren Sie sich auf die zu fällende Entscheidung
  - Wechseln Sie den Arbeitsort
  - Wählen Sie eine Körperhaltung, die Sie mit einem kraftvollen, allen mentalen Ressourcen zugänglichen Zustand verbinden
  - Achten Sie bewusst auf Ihren Atem
  - Geben Sie sich den Auftrag, innerhalb der nächsten 5 Minuten (bei Bedarf länger!) eine ausgezeichnete Entscheidung zu treffen
  - Vertrauen Sie auf Ihre Intuition bzw. Ihr Unterbewusstsein, das Sie zur besten Entscheidung führen wird
  - Treffen Sie Ihre Entscheidung nach Ablauf der vorgegebenen Zeit.

Insbesondere bei individuellen, persönlichen Entscheidungen können Sie die **Auswahl** zwischen mehreren Lösungsalternativen **durch räumliche Zuordnung und sinnesspezifische Erfahrbarkeit** unterstützen. Gehen Sie wie folgt vor:

1. Suchen Sie sich für jede Lösungsvariante einen geeigneten Platz im Raum. Markieren Sie diesen Platz (Tesakrepp, Blatt mit Notizen zur Lösung o.ä.).
2. Gehen Sie die einzelnen Varianten durch. Machen Sie sich die Lösung sinnesspezifisch so erfahrbar wie möglich.
   - Was genau sehen Sie?
   - Was genau hören Sie?
   - Was genau fühlen Sie?
   - Was genau riechen Sie?
   - Was genau schmecken Sie?
3. Fragen Sie Ihre Intuition, welche der Lösungen sich am besten anfühlt, aussieht usw.?
4. Treffen Sie darauf basierend eine Entscheidung.
5. Vermeiden Sie es, diese Entscheidung (rational) zu begründen!
6. Prüfen Sie nun noch die Auswirkungen dieser Entscheidung. Sollten Widersprüche kommen, passen Sie die ausgewählte Alternative durch Verhandlung der inneren Rollen soweit an, bis deren Akzeptanz nichts mehr im Wege steht.

Ergänzende **Hinweise** zum Treffen von Entscheidungen:
- ◆ Vermeiden Sie spontane Entscheidungen.
- ◆ Lassen Sie sich nicht zu unüberlegten oder unnötigen Entscheidungen drängen.
- ◆ Lassen Sie nicht Ihre Gefühle außer Acht.
- ◆ Sammeln Sie alle notwendigen Informationen.

- Suchen Sie das informelle Gespräch, um so mögliche Reaktionen auf Ihre Entscheidung abschätzen zu können.
- Berücksichtigen Sie das ganze berufliche und auch private Umfeld.

Zum Abschluss ein Trost. Akzeptieren Sie die **Unvollkommenheit jeder Entscheidung**. Es wird Ihnen nicht gelingen, alle möglichen Informationen zu beschaffen, geschweige denn, sie in einer Entscheidung zu berücksichtigen. Orientieren Sie sich an folgendem Prinzip: „Lieber eine unvollkommene Entscheidung, als gar keine Entscheidung".

3.19 Störungen

Situation	Problem	Ziel
Sie arbeiten konzentriert an einer Aufgabe. Das Telefon klingelt, Sie erhalten unerwartet Besuch oder werden auf andere Weise in Ihrer Konzentration gestört.	Sie werden häufig gestört. Das führt zu Zeitverlust und schlechteren Arbeitsergebnissen.	• Qualität und Zeit gewinnen. • Störungen minimieren. • Mehr selbstbestimmte Zeit verbringen.

3.19.1 Lösungen

Störungen lassen sich wie folgt unterscheiden:

Direkte Störungen	Indirekte Störungen (durch die Umwelt)
unmittelbare Unterbrechungen	**Akustische Störungen**
• Besuche • Auskünfte • Telefongespräche • u.ä.	• Unterhaltung anderer • Lärm von außerhalb des Zimmers
Innere Ablenkungen	**Visuelle Störungen**
• Konflikte • Enttäuschungen • unerfüllbare Wünsche • drängen immer wieder aus dem „Unterbewusstsein"	• Unzureichende Beleuchtung • Einflüsse durch Unruhe und Bewegung im „visuellen Umfeld"

(vgl. Beelich / Schwede: Denken – Planen - Handeln)

◆ Damit Sie Ihre Störquellen kennen, führen Sie für einen angemessenen Zeitraum (ca. 1-2 Wochen) ein **Tagesstörblatt**.

Nr.	Zeit		Art der Störung										Bemer-kungen	Gegen-maß-nahmen
	von-bis	Dauer	Besucher	Besprechungen	Mitarbeiter	Vorgesetzter	„Schwätzen"	Telefonate	Anrufe	Suchvorgänge	Ablenkungen	Sonstiges		
Summen:														

◆ Stellen Sie die Störungen grafisch in einer **Störzeiten-Kurve** dar. So erkennen Sie schnell Ihre störungsreichen und störungsarmen Zeiten.

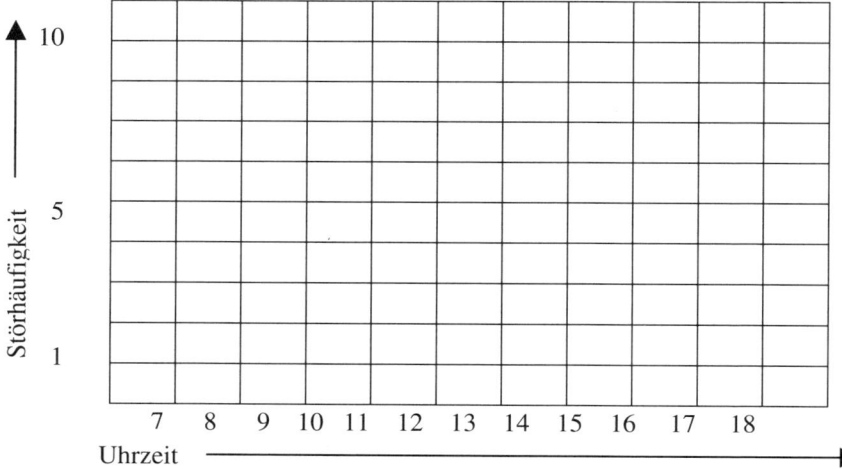

- Versuchen Sie Ihre Aufgaben so zu planen, dass Sie in **störungsarmen Zeiten** eher wichtige **A-Aufgaben** und in störungsreichen Zeiten eher unwichtige C-Aufgaben erledigen (*Prioritäten setzen*).
- Arbeiten Sie **antizyklisch**. Gehen Sie beispielsweise Mittag essen, wenn Ihre Kollegen da sind, und arbeiten Sie, wenn Ihre Kollegen Mittag essen sind.
- Sorgen Sie für Zeiten, in denen Sie sich nicht stören lassen und **schirmen** Sie sich **ab**. Dabei kann die Assistenz oder ein netter Kollege helfen. Möglicherweise unterstützen Sie den Kollegen im Gegenzug ebenfalls dabei, ungestörte Zeiten zu haben. Dieser nimmt für Sie Besucher und Telefonate entgegen und notiert deren Anliegen. Sie können sich dann später zu einem für Sie geeigneten Zeitpunkt zurückmelden.
- Vereinbaren Sie einen Termin mit sich selbst (**stille Stunde**). Tragen Sie diese wie jeden anderen Termin in Ihr *Zeitplanbuch* (*Tagesplanung*) ein und arbeiten Sie an wichtigen A-Aufgaben.
- Sorgen Sie für **Transparenz** und sagen Sie Ihren Mitarbeitern / Kollegen, dass Sie von ... bis ... konzentriert und ungestört arbeiten möchten.
- **Schließen** Sie die **Bürotür** und machen durch ein Schild oder Lichtsignal visuell sichtbar, dass Sie ungestört arbeiten wollen.
- Vereinbaren Sie **feste Termine** mit Mitarbeitern / Kollegen.
- Greifen Sie notfalls zu **rigideren Mitteln** wie
  - Telefon abstellen
  - Computer herunterfahren
  - Büro / Arbeitsplatz wechseln.
- Wenden Sie das „*Nein-Sagen*" an.
- Sorgen Sie dafür, dass Sie die notwendige *Konzentration* für die Aufgabenerledigung mitbringen.
- Beachten Sie auch die Hinweise zum *Besuchermanagement*.

3.20 Stressmanagement und Entspannung

Situation	Problem	Ziel
Sie haben viel Aufgaben, Projekte, Besprechungen, Gespräche usw. zu führen. Sie sind vielbeschäftigt!	Sie haben den Eindruck, alles stürmt auf Sie ein. Alles soll möglichst sofort und gleichzeitig passieren. Dabei spüren Sie innere Unruhe oder es zeigen sich bereits ernsthafte Anzeichen wie körperliche oder geistige Beschwerden, Schlafstörungen usw.	• Entspannt und gelassen die Herausforderungen meistern.

3.20.1 Lösungen

Grundlagen über Stress

Stress ist eine unspezifische **Reaktion** des Körpers auf (körperliche, geistige oder emotionale) Reize, die den biologischen Organismus aus dem Gleichgewicht bringen.

Zu unterscheiden sind (positiver) **Eu-Stress** und (negativer) **Dis-Stress**.

Die typischen **Phasen** des Stressverlaufs sind (nach Seyle):

- ❏ **Alarmreaktion** als Ausdruck einer allgemeinen Mobilmachung
- ❏ **Widerstand** zur „Prophylaxe" gegen erneute Schädigung
- ❏ **Erschöpfung** als Ergebnis von dauerhafter Überforderung.

Psychische Belastungen und Stress spielen eine wesentliche Rolle bei der Entstehung von gesundheitlichen Beschwerden.

Stressursachen

Nachfolgend eine Übersicht. Prüfen Sie für sich, welche auch auf Sie zutreffen.

Persönliche Ursachen	Umweltbedingte Ursachen
• überstarkes Streben nach sozialem Ansehen • zu hoch gesteckte Karriereziele • Überforderung • falsche Einschätzung der eigenen Fähigkeiten und Grenzen • innere Unsicherheit • mangelnde Fitness • nicht abschalten können / innere Unruhe • fehlender Stressausgleich • selbst auferlegter Termindruck • Aufschieberitis • Perfektionismus • nicht Nein sagen können • unstrukturiertes Vorgehen • Nichts-tun als Problem	• externe Zeitvorgaben • Mangel an qualifizierten Mitarbeitern • *Störungen* / Unterbrechungen bei der Arbeit • Arbeitsüberlastung • Informationsflut • Lärm • Spannungen und Konflikte in Beziehungen • Leistungsförderung / -steigerung durch Zeitdruck • hohe Fremdbestimmung • Mobbing

Stress entsteht im Kopf und ist somit ein Phänomen, das Sie **selbst „gestalten"**. Meist geschieht dies unbewusst.

Stressauswirkungen

Die **Auswirkungen** von negativem Stress sind beispielsweise

- ❏ Konzentrationsmängel
- ❏ Motivationsverlust

- ❑ körperliche Beschwerden
- ❑ psychische Störungen
- ❑ Angst
- ❑ soziale Konflikte
- ❑ private Sorgen aller Art
- ❑ ein disharmonisches Familienleben.

Aufgrund des Tests in Kapitel 2.1.7 kennen Sie Ihre **Stressfaktoren** und Ihr **Stressrisiko**.

Damit Sie in Zukunft genauere Informationen darüber gewinnen, wann und wodurch Sie gestresst werden, führen Sie ein **Stress-Tagebuch** nach dem Muster des Konzentrations-Tagebuchs (*Konzentration*). Mit Hilfe dieser Aufzeichnungen können Sie individuelle Maßnahmen einleiten.

Umgang mit Stress

- ◆ Verschaffen Sie sich **Klarheit über Ihre Ziele** und die sich daraus ergebenden Konsequenzen.
- ◆ **Überfordern** Sie sich nicht mit Ihren Zielen und Erwartungen.
- ◆ Tun Sie die Dinge umgehend und vermeiden Sie deren Aufschub (*Aufschieberitis*).
- ◆ Sagen Sie öfter einmal „Nein" (*Nein-Sagen*).
- ◆ Sorgen Sie für **störungsarme Zeiten** (*Störungen*).
- ◆ Lösen Sie rechtzeitig Ihre Konflikte.
- ◆ Tun Sie etwas für Ihre Gesundheit:
  - − Gesunde Ernährung
  - − Pausen
  - − ausreichend Schlaf
  - − körperliche Fitness, insbesondere Ausdauersport betreiben.
- ◆ Bewältigen Sie die Informationsflut durch intelligentes *Informationsmanagement und - ablage*.
- ◆ Sorgen Sie für **mehr selbstbestimmte Zeit** (Besuchermanagement, Planung, Störungen, Tagesplanung, Zeitplanbuch).
- ◆ Tun Sie etwas für Ihre **Psychohygiene.**
  - − Lachen, weinen, fluchen und schreien Sie zum Abreagieren
  - − Geben und empfangen Sie Liebe und Zuwendung, beispielsweise auch durch Partnermassagen
  - − Verwöhnen sie sich selbst. Steigen Sie beispielsweise in die Badewanne und genießen Sie die Wärme und Geborgenheit
  - − Haben Sie Spaß an dem, was Sie tun
  - − Gehen Sie Ihren Neigungen nach
  - − Genießen Sie öfter Tagträume, Gedankenreisen in angenehme, aufbauende Erinnerungen. Lassen Sie die Seele baumeln.

- **Atmen Sie öfters bewusst** und mit langsamen Zügen tief in den Bauch. Öffnen Sie dazu das Fenster. Drei bis vier bewusste Atemzüge wirken Wunder und sorgen für eine erste Beruhigung.
- Lassen Sie sich nicht hetzen und treiben. **Tun Sie, was Sie tun**, richtig und im Hier - und - Jetzt (*Aufschieberitis*, *Konzentration*).
- Lernen Sie, beispielsweise in der Volkshochschule ein Programm wie das **Autogene Training**, **Yoga** oder **Tai Chi**. Üben Sie dieses Programm regelmäßig aus.
- Lüften Sie Ihren Kopf aus. Verschaffen Sie sich **Denkpausen**. Weisen Sie bohrende Gedanken und Sorgen zurück.
- Überall da, wo Sie keinen Einfluss auf die jeweilige Situation haben, **ändern Sie Ihre Einstellung** dazu.
- Entspannen Sie! Zur **Entspannungsreaktion** gehören u.a. folgende körperliche Veränderungen:
  - Verlangsamung und Gleichmäßigkeit der Atmung
  - Verminderung des Sauerstoffverbrauchs
  - Absinken der Herzfrequenz
  - Absinken des Blutdrucks
  - Entspannung der Skelettmuskulatur
  - Veränderung der elektrischen Hirnaktivität (im EEG festzustellen).

Meditation zur Entspannung

- Meditieren Sie **regelmäßig**. Meditieren ist wach werden, in die Gegenwart kommen, beobachten statt beurteilen, annehmen, was gerade ist, Geduld entwickeln für das, was sich entfaltet, jeden Augenblick neu erleben (Allwinn: Entdecken, was guttut).
  So erreichen Sie **Achtsamkeit und Konzentration** und können sich gezielt entspannen.
- Gehen Sie in folgenden **Schritten** vor:

Voraussetzungen: 10-45 ungestörte Minuten Zeit, ruhiger, gut gelüfteter Ort, Decke, Meditationskissen oder Hocker.

1. Lassen Sie sich Zeit, eine angenehme, aufrechte Sitzhaltung zu finden. Nehmen Sie wahr, dass die Erde und Ihr Skelett Sie trägt, und entspannen Sie jene Muskeln, die gerade nicht benötigt werden. Lassen Sie die Schultern locker.
2. Schließen Sie die Augen, oder schauen Sie ungefähr einen Meter vor sich auf den Boden, ohne den Kopf zu senken.
3. Lenken Sie Ihre Aufmerksamkeit auf eine Atemempfindung, die Ihnen angenehm ist. Lassen Sie die Atmung natürlich geschehen. Nehmen Sie sie wahr, ohne sie zu verändern.
4. Wenn Sie bemerken, dass Sie abgelenkt sind, richten Sie die Aufmerksamkeit wieder auf den Atem, ohne das Abgelenktsein weiter zu bewerten. Es gibt nichts gut oder schlecht zu machen.

   (Allwinn: Entdecken, was guttut)

Entspannung durch Progressive Muskelrelaxation

(vgl. Ohm: Stressfrei durch Progressive Relaxation)

Die Technik des Entspannungsverfahrens ist relativ einfach, die Hauptarbeit besteht darin, die **rechte Einstellung** zum Training zu bekommen!

Zu Beginn ist es wichtig, mit den Übungen **gut vertraut** zu sein. Das dauert, also haben Sie Geduld mit sich!

Die beste gesundheitliche Wirkung erzielen Sie durch **langfristiges, regelmäßiges Training**!

Beginnen Sie, zunächst in „günstigen", d.h. nicht stressreichen Situationen und dann regelmäßig zu üben. Wenn die Übungen „sitzen", können Sie diese dann zu jeder (stressigen) Gelegenheit einsetzen.

Am besten erlernen Sie diese Entspannungstechnik in einem fachlich fundiert geleiteten Kurs, z.B. an einer Volkshochschule in Ihrer Nähe.

Verwenden Sie geeignete, entspannende Musik zur Unterstützung.

Protokollieren Sie Ihre Trainingseinheiten nach folgendem Muster. So haben Sie jederzeit den Überblick und eine Kontrolle für Ihren Fortschritt. Daneben fördert ein Protokoll Ihre Motivation weiterzumachen!

Datum / Uhrzeit	Arme	Schultern / Nacken	Gesicht	Rücken	Bauchmuskeln	Beine	Bemerkungen / Besonderheiten

0 = keine Wirkung

+ 1 = leicht positive Wirkung   - 1 = leicht negative Wirkung
+ 2 = deutlich positive Wirkung   - 2 = deutlich negative Wirkung
+ 3 = stark positive Wirkung   - 3 = stark negative Wirkung

Die Technik folgt dem Grundprinzip von Anspannung und Entspannung:

- Muskeln jeweils für 5 bis 10 Sekunden anspannen.
- Die Spannung soll deutlich spürbar sein, ohne in übermäßige Anstrengung oder Verkrampfung überzugehen.
- Möglichst normal weiteratmen.
- Nach 5 bis 10 Sekunden die Spannung wieder vollständig lösen.
- Für etwa eine halbe Minute ausruhen.
- Dabei die Empfindungen in den jeweiligen Muskeln wahrnehmen.

- ◆ Besonders auf die Empfindungen achten, die auf die vollständige Lösung der Muskeln folgen.

Folgen Sie der **Übungsanordnung** für die Langform der Progressiven Muskelrelaxation:

Vorbereitung: Nehmen Sie eine möglichst bequeme Haltung im Sitzen oder im Liegen ein. Nehmen Sie sich für die gesamte Übung etwa 30 Minuten Zeit. Schließen Sie die Augen und führen Sie die folgenden Übungsteile durch.

- ◆ Übungsteil: **Hände und Arme**
    - Hand (Faust, z.B. rechts)
    - Hand (Faust, z.B. links)
    - Oberarme (anbeugen; Bizeps)
    - Oberarme (strecken; Trizeps)
- ◆ Übungsteil: **Gesicht und Schultern**
    - Stirn (runzeln)
    - Augen (zusammenkneifen)
    - Kiefermuskeln (Zähne zusammenbeißen)
    - Lippen (aufeinander drücken)
    - Nacken (Kopf nach hinten in den Nacken)
    - Schultern (hochziehen)
- ◆ Übungsteil: **Leib**
    - Brustkorb (tief einatmen)
    - Bauchmuskeln (Bauch nach außen drücken)
    - Bauchmuskeln (Bauch nach innen drücken)
    - Rücken (Schulterblätter nach hinten)
- ◆ Übungsteil: **Beine**
    - Oberschenkel und Gesäß (anspannen)
    - Unterschenkel (Füße hochziehen)
    - Füße (Zehen nach unten rollen)
- ◆ Beenden Sie die Übung in folgender Weise:
    - Arme mehrmals fest anbeugen und strecken; wenn Sie mögen, auch recken, strecken, rekeln
    - Tief durchatmen
    - Augen öffnen.

3.21 Tagesplanung

Situation	Problem	Ziel
Jeder Tag ist mit vielen Aufgaben und Terminen verbunden. Sie führen halbherzig einen Kalender und tragen dort gelegentlich Termine ein.	Sie vergessen Termine, gehen schlecht vorbereitet in Gespräche und „vergessen" das eine oder andere (Aufgaben, Termine).	• Arbeitstage gut vorbereitet beginnen. • Jederzeit die Übersicht über alle Aufgaben und Termine behalten und mit Konzentration, Disziplin, aber auch Spaß und Motivation alle wichtigen Aufgaben und Termine erledigen.

3.21.1 Lösungen

◆ Erstellen Sie für jeden Tag einen (detaillierten) vollständigen **Tagesplan**.

Vorteile der Tagesplanung:
– Überblick über die kleinste Planungseinheit gewinnen
– Arbeitsentlastung für das Gedächtnis sichern
– Fördert die Motivation zur Erledigung
– Ablenkungen reduzieren
– Kontrolle von erzielten Ergebnissen und Erkennung der nicht erledigten Aufgaben ermöglichen.

Regeln der Tagesplanung:
– Planen Sie immer **schriftlich**
– Erstellen Sie möglichst am **Vorabend** den Tagesplan für den Folgetag
– Schließen Sie in diesem Zusammenhang den aktuellen Tag ab (siehe Balancemodell incl. der Fragen)
– Schätzen Sie für jede Aktivität (Aufgaben, Termine) den **Zeitbedarf** und setzen Sie ein **Zeitlimit**. Denn meist benötigt die Durchführung einer Aufgabe genau die Zeit, die auch dafür vorgesehen ist!
– Berücksichtigen Sie die Aufgaben aus Ihrer **Aktivitätenliste**
– Verplanen Sie **maximal 60 %** der verfügbaren Zeit. Der Rest bleibt für Unvorhergesehenes und *Störungen*
– Bilden Sie bei artverwandten Aufgaben (Telefonate, Diktate, Postbearbeitung, Delegationsgespräche etc.) sinnvolle **Zeitblöcke** und arbeiten Sie diese konsequent ab
– Fassen Sie auch **wiederkehrende Aufgaben** zu Blöcken zusammen
– Vergeben Sie für jede Aufgabe und jeden Termin eine *Priorität*

- Teilen Sie Ihren Tag gemäß Ihrer individuellen **Leistungskurve** ein
- Nutzen Sie Ihre **leistungsstarken Stunden** für die wichtigsten Aufgaben (*Störungen*)
- Planen Sie eine **stille Stunde** ein (*Störungen*)
- Planen Sie systematisch rechtzeitige **Pausen** ein
- Führen Sie nur notwendige und zielerreichende Aufgaben durch. Alle anderen Aufgaben sollten Sie eliminieren (*Prioritäten, Nein-Sagen*)
- Orientieren Sie sich immer an Ihren selbst gesetzten *Prioritäten*
- Kontrollieren Sie regelmäßig den **Fortschritt** Ihrer Ergebnisse und genießen Sie die erzielten Erfolge
- **Überprüfen** Sie am Ende eines Tages Ihren Tagesplan. Entscheiden Sie über alle nicht erledigten Aufgaben: Übertragen (auf den nächsten Tag?), reduzieren, eliminieren?
- Berücksichtigen Sie die Hinweise zum Umgang mit Zeitfressern in Kapitel 2.1.1.4
- Verwenden Sie bestimmte **Aufgabenartenkürzel** z. B.

A	= Aktivitäten	**R**	= Reisen
Be	= Besprechen	**Tel**	= Telefonate
Del	= Delegieren	**T**	= Termine
K	= Kontrollieren	**I**	= Priorität C-Aufgabe
Kop	= Kopieren	**II**	= Priorität B-Aufgabe
L	= Lesen	**III**	= Priorität A-Aufgabe
P	= Post	~~II~~	= erledigte Aufgaben, hier erledigte B-Aufgabe

Eine Zusammenfassung der wichtigsten Regeln zur Tagesplanung zeigt die **ALPEN-Methode**:

A	lle Aufgaben, Aktivitäten und Termine aufschreiben
L	änge der Tätigkeiten (Zeitbedarf) schätzen
P	ufferzeiten für unvorhergesehene Ereignisse einplanen (ca. 40 %)
E	ntscheidungen über Prioritäten, Kürzungen und Delegationsmöglichkeiten treffen
N	achkontrolle – Unerledigtes übertragen

Das **Zusammenspiel der Elemente** des Selbstmanagements für die Tagesplanung zeigt das folgende Schaubild:

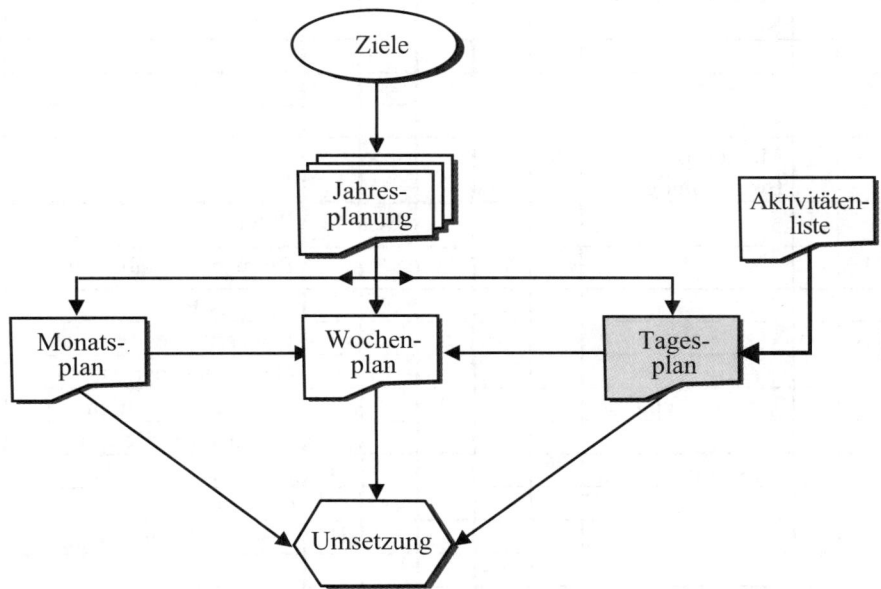

Abb. 3.12: Zusammenspiel der Elemente

Nachfolgend ein **Beispiel** für einen Tagesplan:

Wochentag:							Datum:	
🕐	Ø	Termine:	Δ	✓	A	Be	☎ Beruf	✓
7		Stille Stunde	III		III		Beurteilung May vorber.	
							II Angebot Telekom	
8		A-Aufgabe	III			II	Umsätze → May	
9					III		Marketing-Bespr. vorber.	
					I		Adressen ergänzen	
10					I	I	Nachfassen → Coba	
						I	→ Spk	
11		Telefon-Block	I			III	Rückruf Vorstand	
12		Mittagessen mit Kollegen	I					
13								
14		Marketing-Besprechung	II					
					A	Be	☎ Privat	✓
15					III		Blumen für Gabi	
					III		Zeugnis Jens	
16						I	Konzertkarten bestellen	
						I	Geburtstagsparty Gabi	
17		Tagesplanung	I		II		Getränke einkaufen	
					I		Apotheke → Rezept	
18		Einkaufen	II			I	Norbert w / Tennis	
						II	Geburtstag Volker	
19						I	Arno w / Termin Squash	
20		Essen Luigi + Gabi	III					
21								
22								

A	=	Aktivitäten	☎	=	telefonieren
Be	=	besprechen (persönlich)	I – III	=	Prioritäten

Tagesplanung

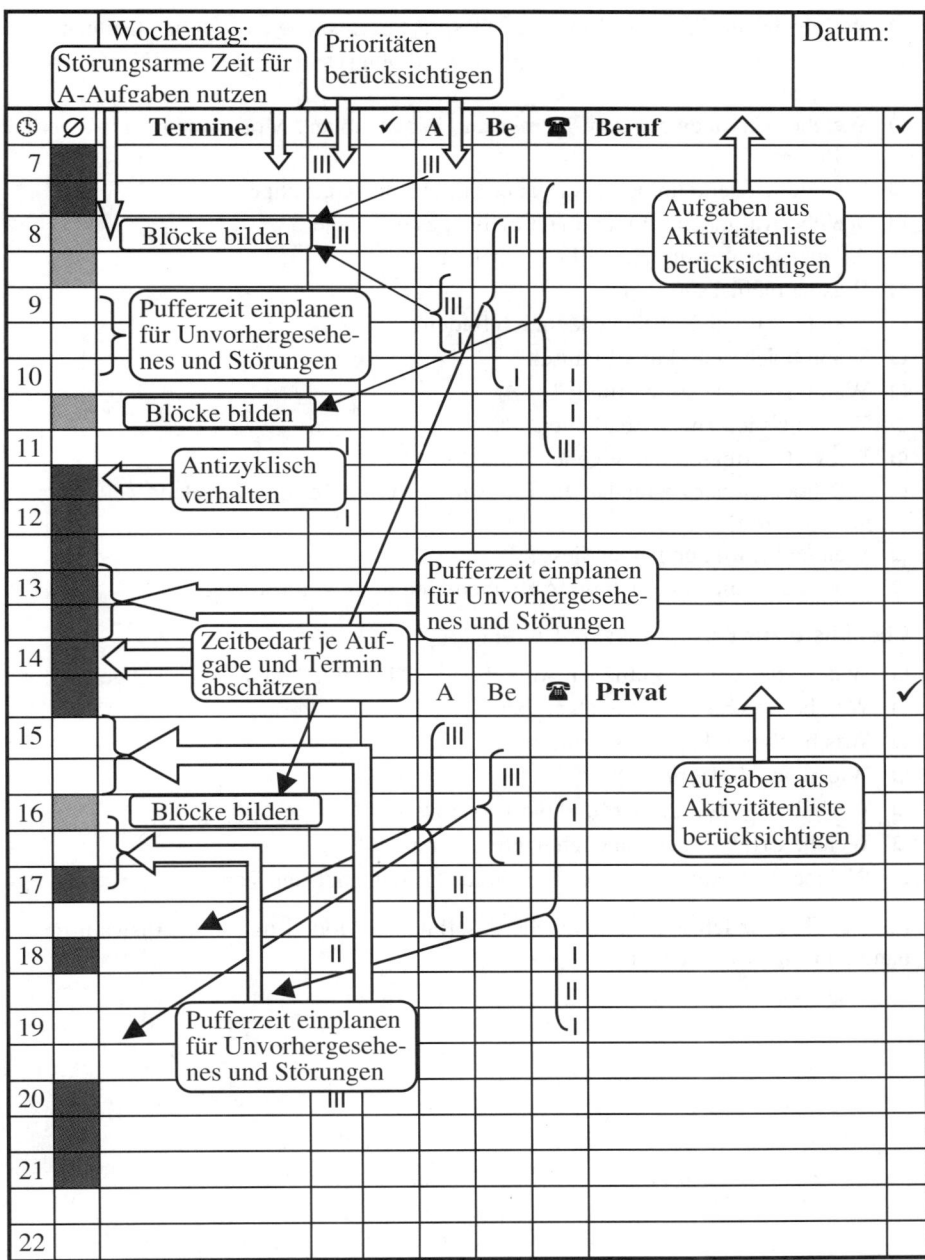

Checkliste zur Erstellung des Tagesplans:
- ❑ Welche festen Termine (Meetings, Gespräche, Besuche etc.) stehen heute an?
- ❑ Welche neuen Tagesaufgaben sind zu erledigen (Unerledigtes vom Vortag, Aufgaben aus der Aktivitätenliste)?
- ❑ Welche Aufgaben aus dem Jahresplan / Wochenplan / Monatsplan sind zu berücksichtigen?
- ❑ Welche wiederkehrenden Aufgaben sind heute zu erledigen?
- ❑ Welche Aufgaben bringen mich meinen Zielen näher?
- ❑ An welcher A-Aufgabe will ich arbeiten?
- ❑ Was ist mein Tagesziel?
- ❑ Welche Aufgaben-Blöcke kann ich bilden?
- ❑ Wann mache ich (kurze) Pausen?
- ❑ Wann ist meine stille Stunde?
- ❑ Was muss ich zuerst bearbeiten?
- ❑ Wieviel Pufferzeit benötige ich heute?
- ❑ Wie hoch ist der Zeitbedarf für die Aufgaben und Termine? Welche Zeitlimits setze ich mir?
- ❑ Welche Prioritäten haben diese?
- ❑ Wie und wann werde ich die Aufgabenerledigung kontrollieren?

Checkliste zur Erledigungskontrolle:
- ❑ Welche der vorgenommenen Aufgaben und Termine konnte ich erledigen?
- ❑ Welche Ergebnisse habe ich erzielt?
- ❑ Was blieb unerledigt? Warum?
- ❑ Wie gehe ich damit um?
- ❑ Wo habe ich Zeit gespart und wo verschwendet?
- ❑ Welche Erfahrungen habe ich heute gesammelt?
- ❑ Welche Konsequenzen ziehe ich daraus für den nächsten Tag?

Für den **Tagesrückblick** können Sie das Balance-Modell und eine Auswahl der genannten Fragen verwenden.

3.22 Telefonnutzung

Situation	Problem	Ziel
Das Telefon steht Ihnen als hochkarätiges und zeitsparendes Kommunikationsmittel zur Verfügung.	Ihre Gesprächsvorbereitung ist nicht optimal. Die Gespräche dauern länger als nötig. Sie verlieren Zeit, weil Ihr Gesprächspartner nicht da ist. Sie werden oft durch das Telefon gestört. Das Telefon ist damit einer der häufigsten Zeitfresser überhaupt.	• Produktiv telefonieren.

3.22.1 Lösungen

Der produktive Umgang mit dem Telefon ist abhängig von der Telefonsituation. Das folgende Schaubild zeigt im Überblick die Varianten, Vorgehensweisen und Hilfsmittel.

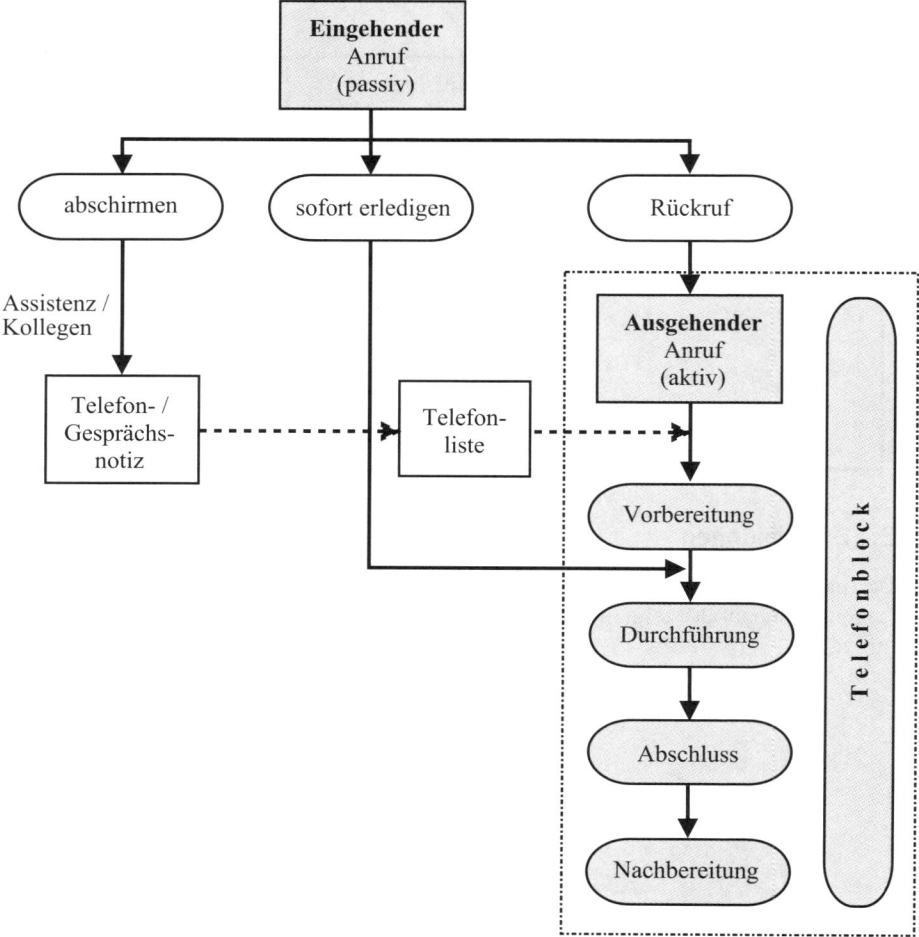

Abb. 3.13: Umgang mit dem Telefon

Jedes Telefongespräch lässt sich in die allgemein gültigen Schritte der *Gesprächsführung* gliedern:
- Vorbereitung
- Durchführung
- Abschluss
- Nachbereitung.

Verwenden Sie dazu die Hinweise zur *Gesprächsführung*.

Ein wichtiger Unterschied betrifft die **Dauer**. Straffen Sie daher die Kontaktphase, kommen Sie schnell zu den Themen, fassen Sie sich kurz und sorgen Sie durch Verwendung eines Gebührenzählers für eine permanente Zeit- und Kostenkontrolle!

Eingehende Telefonate erfassen Sie in Ihrer Abteilung am besten mit einem einheitlichen Formular (**Telefon- / Gesprächsnotiz**). Entwickeln Sie ein eigenes Formular oder verwenden Sie folgendes:

Telefon- / Gesprächsnotiz	**für:**	
Gespräch am	Datum	
Angenommen von	Name des Erstellers dieser Notiz	
mit	Firma, Straße, PLZ, Ort	
Ort und Zeit	Ort bzw. Raum sowie Uhrzeit	
gesprochen mit	Name(n) der Gesprächspartner	
Aktion	rief an	
	war hier	
Themen	Thema	
	Thema	
Telefonnummer	des Gesprächspartners	
Priorität	dringend	
	gelegentlich	
Weitere Vorgehensweise		
• erbittet Rückruf	Tag:	
	Uhrzeit:	
• ruft wieder an	Tag:	
	Uhrzeit:	
• möchte Sie treffen	Tag:	
	Uhrzeit:	
Ergänzende Notizen:		

Die Rückseite des Formulars können Sie zur Nachbereitung für Notizen verwenden.

◆ Verwenden Sie eine **Telefonliste,** in der Sie alle An- und Rückrufe eintragen, die Sie tätigen wollen. Diese hat z.B. folgende Form:

Nr.	wen	warum	Telefon-nummer	Prio-rität	✓

Abschließend noch einige **Tipps** zum Telefonieren:
- Sprechen Sie laut und deutlich.
- Hören Sie aktiv zu.
- Sprechen Sie Ihren Gesprächspartner mit Namen an.
- Lächeln Sie „hörbar".
- Übernehmen Sie die Gesprächsinitiative.
- Verpacken Sie Negatives oder Widerspruch in positive Worte.
- Stellen Sie das Wichtige an den Schluss, oder fassen Sie am Ende das Ergebnis zusammen.
- Führen Sie Sperrzeiten ein.
- Rufen Sie von 8.00 Uhr bis 8.45 Uhr und in anderen Randzeiten an (Sitzungen werden öfters in Blockzeiten angesetzt). Ihr Partner ist so eher erreichbar.
- Erfragen Sie, wann der Partner erreichbar ist, oder bitten Sie um Rückruf. Nennen Sie die Zeiten, wann Sie erreichbar sind. Notieren Sie den Anruftermin im *Zeitplanbuch.*
- Kanalisieren Sie eingehende Gespräche (z.B. Aufdruck auf Briefbogen: „Sie erreichen unsere Abteilung X von 8.00 bis 14.00 Uhr").
- Nutzen Sie die modernen technischen Mittel (Wahlwiederholung, Nummernspeicher, Gegensprechanlage, Makeln etc.).
- Denken Sie auch an andere Mittel der Kommunikation (Memo, Kurzbrief, handschriftliche Kurzantwort auf Briefpapier, Fax, Email).

3.23 Zeitplanbuch

Situation	Problem	Ziel
Sie treffen terminliche Vereinbarungen. Sie haben mehrere Projekte zu managen. Sie sind unterwegs und möchten sich mit Ihrem Freund verabreden usw.	Sie halten Ihre Vereinbarungen oder wichtige Informationen gar nicht oder nur auf vielen Notizzetteln fest. Ihnen fehlt der Überblick über Ihre Projekte, Termine und Aufgaben. Auch Ihre wichtigsten beruflichen und privaten Adressen und Telefonnummern haben Sie nicht immer griffbereit.	• Alle Informationen (Projekte, Termine, Aufgaben, Ideen usw.) schriftlich und übersichtlich festhalten und sie jederzeit verfügbar haben.

3.23.1 Lösungen

◆ Nutzen Sie ein Zeitplanbuch (ZPB) oder einen *elektronischen Organizer*.
◆ Zeitplanbücher gibt es in vielfältigen Ausführungen und mit umfangreichen Ausstattungsmerkmalen. Wichtige Kriterien dabei sind:
   − Format (Größe)
   − Ausgestaltung (Ringbuch, gebundenes Buch)
   − Material (Leder, Kunststoff etc.)
   − Benutzerfreundlichkeit (Übersichtlichkeit, Leitkarten, Griffleisten bzw. -register, ausklappbare Kalender, Formulargestaltung usw.)
   − Bedienungsanleitung (Umfang, Beispiele, Hilfsmittel)
   − Preis (Erstausstattung, Nachfüllpackungen).
◆ Sie können beim **Einsatz eines ZPB** auf vorhandene Systeme zurückgreifen oder sich individuell ein eigenes zusammenstellen.
◆ ZPB werden von vielen Herstellern angeboten. Eine gute Übersicht und Bewertung bietet das Buch: „Zeitmanagement-Methoden auf dem Prüfstand".

Aus langjähriger persönlicher Erfahrung und Nutzer mehrerer unterschiedlicher Systeme, aber auch aufgrund von Befragungen vieler Seminarteilnehmer, empfehle ich Ihnen eine **individuelle Zusammenstellung**. Denn jedes System basiert auf einer eigenen „Philosophie". Diese zeigt sich bis zur Ausgestaltung der Formulare. In einem System alle für Sie wichtigen und geeigneten Elemente zu erhalten, ist i.d.R. nicht möglich.

- ◆ Schauen Sie sich deshalb mehrere Anbieter an und stellen sich daraus Ihr individuelles System zusammen.
- ◆ Ein ZPB unterstützt Sie bei der **Koordination und Kontrolle** aller Projekte, Termine, Aufgaben und Menschen.
- ◆ Daneben stellen Sie damit sicher, alle wichtigen Ideen, Notizen, Informationen, Adressen und Telefonnummern jederzeit **aktuell und verfügbar** zu haben.
- ◆ Selbstverständlich sollten Sie auch Ihre Mission, Vision, Werte und Überzeugungen, Rollen und Ziele darin dokumentieren.
- ◆ So unterstützt es Sie bei der zielorientierten Planung, Durchführung und erfolgreichen Erledigung Ihrer Aufgaben. Damit wird es zu einem zentralen Hilfsmittel bei der **Umsetzung der sieben Schritte**.
- ◆ Entscheidend unterstützt ein ZPB die *Planung*sprinzipien der Schriftlichkeit, Tagesplanung und Kontrolle.
- ◆ Ohne die nötige **Selbstdisziplin**, die Informationen sofort im ZPB festzuhalten, wird es jedoch wie jedes andere nützliche, aber nicht richtig genutzte Hilfsmittel verkümmern.
- ◆ Die wichtigsten **Elemente eines ZPB** sind im Folgenden dargestellt.
  Verwenden Sie dazu ein Ringbuch in einer handelsüblichen Größe und mit DIN-Lochung. Nutzen Sie so die Vorteile einer Loseblatt-Konzeption: Flexibilität sowie jederzeitige Ergänzung / Anpassung.

Kalendarium	Jahresplanung Monatsplanung Wochenplanung
Konkrete Schritte	Wochen- und / oder Tagesplanung Aktivitätenliste(n)
Die sieben Schritte	Mission, Vision, Werte und Überzeugungen, Rollen, Ziele, Planung, Umsetzungskontrolle
Details zu den Zielbereichen	Zielbereich 1-8

Datenbank und Ideenspeicher (von A – Z)

- Besprechungspläne und –protokolle
- Budgets, Einkaufsliste(n)
- Checklisten
- Delegationsliste
- Leseliste
- Geliehen, Verliehen
- Kontakte (je Gesprächspartner)
- Landkarten und Stadtpläne
- Notizen
- Projekte
- Reiseinformationen
- Termine (Messen, Ferien, Feiertage, Steuern, Zahlungen, andere feste Termine usw.)
- Wiedervorlage

Adressen- und Telefonverzeichnis

Hilfsmittel

- Klarsichthüllen
- Briefmarken, Kleingeld usw.

Abb. 3.14: Zeitplanbuch

Zur **Nutzung** noch einige Tipps und Anregungen:
- Je mehr dieser Funktionen Sie brauchen, desto „intelligenter" muss Ihr ZPB sein.
- Verwenden Sie lieber ein einfaches System konsequent, als ein aufwendiges nachlässig zu führen.
- Nutzen Sie Ihr ZPB täglich und tragen Sie es immer mit sich.
- Schreiben Sie alle Aufgaben, Ideen, Notizen usw. konsequent und sofort auf.
- Legen Sie für wichtige Gesprächspartner (Kollegen, Mitarbeiter, Kunden, Partner, Kinder, Freunde etc.) in Ihrer Datenbank jeweils ein separates Blatt an und tragen Sie zu besprechende Themen nur dort ein.
- Legen Sie Listen wiederkehrender Aufgaben und wichtige *Checklisten* in Ihrer Datenbank ab.
- Verwenden Sie für jedes Projekt ebenfalls ein gesondertes Blatt.
- Halten Sie den Übertragungsaufwand in Grenzen. Je nach verwendeten Formularen sollten Sie beispielsweise Termine maximal zweimal eintragen, z.B. in Ihren Jahresplan und den Tagesplan.
- Die Arbeit an bestimmten Projekten sollten Sie nur durch Hinweise auf das Projekt im Tagesplan in Form von eindeutigen Projektkürzeln vermerken. Vermeiden Sie so, bereits notierte Projektaufgaben zu übertragen. Ebenso können Sie mit allen anderen Aufgaben verfahren, für die bereits gesonderte Blätter existieren, wie z.B. Kontakte mit anderen, wiederkehrenden Aufgaben, *Checklisten* usw.
- Bleiben Sie konsequent und „misten" Sie regelmäßig alte Daten aus.

Schlussbemerkung

Sie haben nun einen Überblick über die Elemente eines umfassenden, ganzheitlichen Selbstmanagements gewonnen. Dabei haben Sie sich schrittweise vom Sinn Ihres Lebens (Mission) bis zur tagtäglichen Umsetzung und Steuerung einen konkreten Plan gemacht und sind damit schon erste Schritte gegangen. Gleichzeitig haben Sie hilfreiche Arbeitstechniken kennengelernt, die Sie auf Ihrem Weg zum persönlichen Erfolg unterstützen werden.

Bleiben Sie nicht stehen, hören Sie nicht auf, sich immer wieder mit sich selbst und Ihren Wünschen, Zielen und Träumen in dieser systematischen Weise zu beschäftigen. Dabei wird dieses Buch Ihnen ein nützlicher Begleiter sein.

> *Ergreife die Gelegenheit!*
> *Das ganze Leben ist eine Gelegenheit.*
> *In der Regel bringt es der am weitesten,*
> *der bereit ist, zu handeln und zu wagen.*
> (Dale Carnegie)

Zum Abschluss noch eine Anleitung zum **Glücklichsein**:
- Lernen Sie, den Augenblick zu genießen!
- Tun Sie so, als ob Sie glücklich wären, und Sie werden es sein!
- Geben Sie Ihren Beziehungen zu anderen Menschen die oberste Priorität!
- Suchen Sie in Arbeit und Freizeit solche Aufgaben, bei denen Sie voll gefordert werden!
- Konzentrieren Sie sich auf das Wesentliche!
- Üben Sie sich in Gelassenheit und versuchen Sie nicht, das Glück zu erzwingen!

(Psychologie Heute Compact Nr. 4, Lebenskunst, 1999)

Ich wünsche Ihnen dabei viel Erfolg!

Kurzporträt des Autors

Roland Jäger

Bankkaufmann und staatlich geprüfter Betriebswirt, Weiterbildungen in Training und Moderation, NLP, Coaching und systemischer Beratung.

Langjährige Projekt- und Führungserfahrung in einer Privatbank. Seit mehreren Jahren als Trainer und Berater tätig.

Schwerpunkte der Beratungstätigkeit: Organisationsentwicklung, Projektmanagment, Coaching, Teamentwicklung, Leitbildentwicklung.

Trainingsschwerpunkte: Projektmanagement, Selbstmanagement, Coaching, Organisationsentwicklung, Führung.

Kontakt zum Autor

Wenn Sie nach dem Lesen dieses Buches

- weitere Fragen an mich haben
- mir Ihre Erfahrungen mitteilen möchten
- interessiert sind an Informationen zum Thema „Selbstmanagement und persönliche Arbeitstechniken"
- Unterstützung wünschen, z. B. hinsichtlich Beratung, Seminar oder Coaching

so schreiben Sie mir eine E-Mail unter

rjaeger@rolandjaeger.de

Literaturverzeichnis

Ahrens, D.F.: Gewinnen Sie Zeit - Planen Sie Ihre Wünsche. Landsberg 1988
Allwinn, S.: Entdecken, was guttut. München 1996
Bachmann, W.: NLP - Wie geht denn das? Paderborn 1995
Baumgartner, P.: Lebensunternehmer. Zürich 1997
Beelich, K.H.; H.-H. Schwede: Denken, Planen, Handeln. 3. Aufl., Würzburg 1988
Besser-Siegmund, C.; H. Siegmund: Denk Dich nach vorn. Düsseldorf 1993
Beyer, M.: BrainLand - Mind Mapping in Aktion. Paderborn 1993
Birkenbihl, V. F.: Erfolgstraining. München 1990
Birker, K.; G. Birker: Mit Bewusstheit zum Erfolg. Speyer 1991
Bischof, A.; K. Bischof: Besprechungen. Planegg 1997
Bischof, A.; K. Bischof: Selbstmanagement. Planegg 1997
Brandau, H.; W. Schüers: Spiel- und Übungsbuch zur Supervision. Salzburg 1995
Buzan, T.: Kopf-Training. 7. Aufl., München 1990
Buzan, T.: Nichts vergessen! 4. Aufl., München 1987
Carlson, R.; J. Bailey: Reg dich nicht auf. München 1999
Charvet, Sh.R.: Wort sei Dank. Paderborn 1998
Contino, R.M.: Intuitive Intelligenz. Wien 1997
Covey, St.R.: Die sieben Wege zur Effektivität. 3. Aufl., München 1996
Covey, St.R.; A.R. Merill; R.R. Merill: Der Weg zum Wesentlichen. Frankfurt 1998
Czichos, R.: Change-Management. München 1990
Denz, W.; C. Thiel: Erfolgsfaktor Paradoxie. München 1997
Dilts, R.B.: Die Veränderung von Glaubenssystemen. Paderborn 1993
Dilts, R.B.: Von der Vision zur Aktion. Paderborn 1998
Dilts, R.B.; T. Halbom; S. Smith : Identität, Glaubenssystem und Gesundheit. 2. Aufl., Paderborn 1993
Fatzer, G. (Hrsg.): Supervision und Beratung. 4. Aufl., Köln 1993
Fehlau, E.G.: Konflikte im Beruf. Planegg 2000
Feyler, G.: 140 Checklisten. 5. Aufl., München 1988
Fiore, N.: Wenn nicht jetzt, wann dann? 2. Aufl., Landsberg 1997
Friedrich, K.; L.J. Seiwert: Das 1x1 der Erfolgsstrategie. 2. Aufl., Speyer 1993
Funke, Dr. E.: Arbeitsmaterialien zur NLP-Practioner-Ausbildung. Kronberg 1993
Gelb, M. J.: Überzeugend reden, erfolgreich auftreten. Berlin 1989
Goodman, F.: Wo die Geister auf den Winden reiten. 3. Aufl., Freiburg 1995
Goodman, F.: Trance. 3. Aufl., Gütersloh 1996
Graf-Götz, F.; H. Glatz: Organisation gestalten. Weinheim 1998
Graichen, W.U.; L.J. Seiwert: Das ABC der Arbeitsfreude. 3. Aufl., Speyer 1988

Heinze, R.; E. Rinck: Der Aufschwung beginnt bei mir. Zürich 1997

Helfrecht, M.;. E.-W. Wehner: Aktive Erfolgsstrategie. München 1988

Höller, J.: Sprenge Deine Grenzen. 3. Aufl., München 1999

Holtbernd, Th.; B. Kochanek: Coaching. Köln 1999

Huber, G.K. M.: Stress und Konflikte bewältigen. Landsberg 1983

Jäger, R.: Lernmethoden. In: Der Arbeitsmethodiker (GfA) Heft 1 / 1995

James, T.: Time Coaching. 2. Aufl., Paderborn 1993

Juli, D.; M. Engelbrecht-Greve: Stressverhalten ändern lernen. Reinbek 1995

Kirckhoff, M.: Mind Mapping. 2. Aufl., Berlin 1989

Klampfl-Lehmann, I.: Der Schlüssel zum besseren Gedächtnis. Bergisch Gladbach 1989

Klein, E.: Die Zeit. Bergisch Gladbach 1998

Koch, R.: Das 80 / 20 Prinzip. Frankfurt 1998

Kölsch, H.-Ch.: ABC der NLP Anwendungen. München 1997

Köster, S.A.: Fähigkeiten, erkennen, entfalten, nutzen. Offenbach 1994

Kraft, P.B.: NLP-Handbuch für Anwender. Paderborn 1998

Krüger, W.: Teams führen. Planegg 2000

Kunz-Koch, Ch.M.: Geniale Projekte. Zürich 1999

Kutschera, G.: Tanz zwischen Bewusstsein & Unbewusstsein. 2. Aufl., Paderborn 1995

Lazarus, A. A.; N. Clifford: Der Kleine Taschentherapeut. Stuttgart 1999

Lofland, D.J.: Powerlearning. München 1996

Löhr, J.; U. Pramann: So haben Sie Erfolg. München 1999

Maaß, E.; K. Ritschl: Coaching mit NLP. Paderborn 1997

Mantel, M.: Effizienter Lernen. 3. Aufl., München 1990

Massow, M.: Gute Arbeit braucht ihre Zeit. München 1998

McKnight, M.: Management mit Herz. 2. Aufl., 1995

Michelmann, R.; W.U. Michelmann: Effizient und schneller lesen. Reinbek 1998

Neges, G.; R. Neges: Management-Training. Wien 1993

Ochsner, M.: Persönliche Arbeitstechniken. 2. Aufl., Gießen 1994

Palmer, H.: ReSurfacing. 2. Aufl., Bielefeld 1996

Plakos, W.: Der Erfolgsfaktor. München 2000

Plattner, I.: Zeitberatung. Landsberg 1992

Roth, W.; L.J. Seiwert; R. Stelling; H. Wagner: Zeitmanagement-Methoden auf dem Prüfstand. 3. Aufl., Bremen 1994

Rowntree, D.: Handbuch Checklisten. München 1990

Ruhleder, R.H. (Hrsg): Methoden. 4. Aufl., Würzburg 1988

Sawizki, E.R.: Lernvergnügen. 2. Aufl., Speyer 1988

Scheele, P.R.: Photoreading. Paderborn 1996

Schmidt, G.: Methode und Techniken der Organisation. 12. Aufl., Gießen 2000

Schmidt, G.: Arbeitspapiere zum Fortbildungscurriculum „Systemische und Hypnotherapeutische Konzepte für die Organisationsberatung, Coaching und Persönlichkeitsentwicklung". 1998

Schmidt-Tanger, M.: Veränderungs-COACHING. Paderborn 1998

Schömbs, W.: Konzentration und AntiStress-Training. Augsburg 1990

Schräder-Naef, R.D.: Rationeller Lernen lernen. 14. Aufl., Weinheim 1988

Schräder-Naef, R.D.: Lerntraining für Erwachsene. Weinheim 1991

Schreyögg, A.: Coaching. Frankfurt 1995

Schreyögg, A.: Supervision. 2. Aufl., Paderborn 1992

Schulz von Thun, F.: Miteinander reden 1. Reinbek 1994

Schulz von Thun, F.: Miteinander reden 3. Reinbek 1998

Seidl, C.; W. Beutelmeyer: Die Marke Ich®. Wien 1999

Seiwert, L.J.: Wenn Du es eilig hast, gehe langsam. Frankfurt, New York 1998

Seiwert, L.J.: Das neue 1x1 des Zeitmanagement. 16. Aufl., Offenbach 1995

Seiwert, L.J.: Selbstmanagement. Speyer 1988

Seiwert, L.J.: Mehr Zeit für das Wesentliche. 11. Aufl., Landsberg 1990

Seiwert, L.J.; F. Gay: Das 1x1 der Persönlichkeit. Offenbach 1996

Seiwert, L.J.; H. Wagner (Hrsg.): Management mit Zeitplanbuch. Speyer 1990

Senge, P. M.; A. Kleiner; B. Smith; Ch. Roberts; R. Ross: Das Fieldbook zur Fünften Disziplin. 2. Aufl., Stuttgart 1997

Senger, G.; W. Hoffmann: Finden Sie Ihren PQ. Landsberg 1998

Sheehy, G.: Die neuen Lebensphasen. München 1998

Sieczka, H.G.: Sich selbst erkennen. München 1990

Smith, J.: 30 Minuten für die richtige Entscheidung. Offenbach 1998

Smothermon, R.: Drehbuch für Meisterschaft im Leben. 11. Aufl., Bielefeld 1996

Staples, W.: Personal Coaching in Action. Paderborn 1998

Stroebe, R.W.; G.H. Stroebe: Motivation. 6. Aufl., Heidelberg 1994

Svantesson, I.: Mind Mapping und Gedächtnistraining. Bremen 1993

Thost, W.: Tag für Tag mehr Erfolg. München 1999

Vester, F.: Phänomen Stress. 7. Aufl., München 1985

Vogelauer, W. (Hrsg.): Coaching-Praxis. Neuwied 1998

Wagner, H.: Persönliche Arbeitstechniken. 2. Aufl., Speyer 1987

Weiling, L.: So machen Sie mehr aus Ihrer Zeit. Freiburg 1989

Weiss, Th.; G. Haertel-Weiss: Familientherapie ohne Familie. 3. Aufl., München 1995

Weiß, J.: Selbst-Coaching. 2. Aufl., Paderborn 1991

Wilson, P.: Das Buch der Ruhe. München 1998

Wolters, A.; J.J. Bambeck: Brainpower-Die Macht Ihrer Mentalkräfte. Frankfurt 1992

Zielke, W.: Handbuch der Lern- Denk- und Arbeitstechniken. Landsberg 1988

Zielke, W.: Schneller lesen selbst trainiert. 13. Aufl., Landsberg 1988

Zielke, W.: Schneller lesen, intensiver lesen, besser behalten. 3. Aufl., Landsberg 1988

Stichwortverzeichnis

ALPEN-Methode .. 197

Arbeitsorganisation ......
10, 23,125,127, 129

Arbeitsplatz ....
116, 127, 128, 129, 189

Arbeitsplatzorganisation
.... 129, 153

Arbeitszeit 9, 70, 71, 76

Aufgabenklärung...........
10, 125, 130, 131, 151

Aufschieberitis.......... 10, 125, 132, 181, 190, 191, 192

Aufwandsschätzung 174

Besuchermanagement....
10, 125, 134, 189, 191

Checkliste zur Erledigungskontrolle .....
.... 200

Checkliste zur Erstellung des Tagesplans .....
.... 200

Checkliste zur Überprüfung Ihres Selbstmanagements ....
.... 10, 124

Chunking 146

Delegation 79, 132, 153

delegieren 65, 66, 78

Dringlichkeit............. 35, 63, 65, 66, 67, 177, 178

Dürfen 9, 18, 20, 47

Effektivität....................
.... 171, 179, 211

Effizienz 171, 179

Eisenhower-Prinzip 178

Elektronischer Organizer
.... 125

Entspannung.........11,13, 39, 77, 97,125,157, 158, 161, 189, 192, 193

Ergebniskontrolle ....
.... 181, 185

Feedback............. ....
25, 113, 114, 134, 147

Freude 33, 34, 70, 82, 98, 106, 133, 134

Freude-Schmerz-Bilanz.
.... 9, 82

Gedächtnis....................
...10, 125, 127,136, 142, 157, 166, 181, 195, 212

Gedächtnisspeicher 142

Gedächtnistraining ....
.... 145, 213

Gegenwart 23, 59, 60, 94, 105, 156, 158, 192

Gesprächsführung......10, 125, 135, 146, 175, 202

Gesprächsprotokoll 148

Gesundheit.....31, 39, 90, 92, 97, 106, 191, 211

Hilfsmittel................. 7, 10, 12, 13, 19, 23, 28, 67, 108, 124, 125, 127, 129, 135, 137, 201, 205, 206

Ich......7, 8, 9, 15, 16, 17, 20, 25, 35, 39, 40, 42, 44, 46, 50, 52, 64, 72, 73, 83, 84, 85, 86, 90, 96, 97, 98, 106, 119, 127, 148, 161, 164, 171, 172, 209, 213

Identität ....
.... 17, 32, 45, 211

Informationsabruf ... 144

Informationsmanagement und -ablage...
.... 129

Informationsspeicherung
.... 142, 143

Ist-Analyse ....
.... 9, 70, 88, 89

Jahreszielplan................
.... 109, 110

Kenntnisse....................
...... 9, 70, 82, 150

Kernglaubenssätze ... 95

Kettenworttechnik.. 145

Können 9, 18, 19, 33

Konzentration.................
10, 65, 125, 155, 156, 157, 158, 161, 164, 167, 171, 187, 189, 191, 192, 195, 213

Konzentrations-
...... Tagebuch 156

Kürzel- und Ablagesystem 153

Lebenssinn ....
.. 5, 9, 10, 14, 23, 27, 28, 31, 46, 87, 88

Lebenszeit ....
.. 5, 57, 60, 70, 71

Leistungskurve ....
.... 64, 196

Lesegeschwindigkeit......
158, 159, 160,163

Lesen ....
46, 76, 79, 92,
137, 158, 159, 160,
161, 162, 163, 164,
196, 210

Lesetechnik ....
. 10, 125, 137,
151, 158, 159, 175,
181

Loci-Methode 145

Lösungsalternativen ......
.... 181, 184, 186

Lösungsauswahl ....
.... 181, 185

Lösungsrealisierung.......
.... 181, 185

Motivation ....
.. 19, 33, 34, 45,
63, 66, 79,106,132,
156, 160, 193, 195,
213

Namen besser merken....
.... 145

Nein-Sagen ....
10, 125, 169, 175,
189, 191, 196

Organisation ....
.... 1, 3, 5, 20, 22,
29, 47, 48, 49, 61,
63, 137, 138, 211,
213

Pareto-Prinzip ....
..... 138, 178, 179

Persönlichkeit ....
... 22, 32, 35, 49,
54, 74, 97, 213

Persönlichkeitsentwicklung... 39, 54, 213

Planung.........................
.... 10, 14, 23, 27,
63, 65, 66, 87, 92,
103, 108,110, 113,
122, 124, 125, 137,
154, 171, 172, 173,
174, 175, 181, 191,
206

Positives Denken 11,
125, 158, 175, 180

Prioritäten setzen..... 11,
12, 125, 138, 156,
169, 177, 189

Problemdefinition ....
...... 181, 182, 183

Problemlösung ....
.... 56, 181, 182

Problemlösungs- und
Entscheidungstechnik ....
11, 125, 151, 175,
180

Progressive Muskelrelaxation..............
.... 157, 193

Rollendefinition... 9, 47

Rollenerwartungen ....
5, 9, 20, 43, 49,
50, 51

Rollenklärung 51

Selbstmanagement 3,
5, 12, 13, 14, 15,
19, 20, 25, 29,37,
210, 211, 213

Selbstmanagement-
Modell .. 9, 15, 16

Sinn 21, 25, 27,
28, 31, 70, 88, 124,
209

SMART 36, 122

So-tun-als-ob 145

Stärken-Schwächen-
Analyse 9, 81

Störzeiten-Kurve ... 188

Stress 61, 63, 74,
175, 190, 191, 212,
213

Stressauswirkungen 190

Stressmanagement ....
... 11, 125, 157,
158, 189

Stressrisiko ....
. 9, 70, 83, 87, 191

Stress-Tagebuch 191

Stressursachen 190

Tagesrückblick ....
.... 63, 200

Tagesstörblatt 188

Telefon 65, 128,
135, 187, 189, 201,
202, 203

Telefon- / Gesprächsnotiz 135, 203

Telefonliste............ 204

Telefonnutzung ....
. 11, 125, 135, 201

Umsetzung.....................
7, 9, 14, 19,
23, 24, 25, 26, 27,
28,68, 69, 87, 103,
107,108, 113, 122,
124, 125, 206, 209

Umsetzungsvertrag ....
.... 10, 119

Umwelt 5, 9, 13, 14,
16, 20, 22, 24, 37,
45,47, 61, 160, 187

Vergangenheit 17, 23,
24, 56, 59, 60, 94,
98, 161

Verhalten 8, 13, 15,
16, 20, 21, 22, 24,
40, 42, 43, 44, 45,
49, 51, 55, 56, 59,
60, 79, 100, 175,
182

Vision(en) 89, 90

Wichtigkeit .. 65, 66, 67,
80, 92, 117, 167,
177, 178

Wissen 9, 18, 19, 28,
31, 33, 57, 60, 124,
143, 164

Wissensmanagement .....
.... 155

Stichwortverzeichnis

Wollen 9, 18, 19, 33, 141

Zahlen zu merken .. 144

Zahlen zu speichern 144

Zeitbedarf ...61, 63, 195, 197, 200

Zeiterleben............... 58

Zeitfresser 9, 28, 63, 65, 70, 79, 124, 201

Zeitgestaltung ....
. 61, 62, 64, 77, 78

Zeitlimit................. 195

Zeitlinie 105, 172

Zeitmanagement............
9, 12, 13, 63, 213

Zeitplanbuch 11, 23, 28, 65, 66, 109, 124, 125, 128, 129, 154, 157, 175, 189, 191, 204, 205, 213

Zeitverwendung....... 64

Zeitverwendungsanalyse
.... 9, 63, 70, 74

Ziel(e).................... 120

Zieldefinition.. 181, 184

Zielformulierung............
.... 98, 107

Zieltagebuch..... 10, 114

Zukunft ....
12, 23, 24, 27, 33, 34, 35, 36, 44, 56, 59, 60, 71, 91, 94, 95, 105, 124, 140, 158, 161, 171, 174, 177, 191

ibo Training

offene Seminare
hausinterne Seminare
webbasiertes Lernen

zu den Themen
- Prozessorganisation
- Aufbauorganisation
- Projektmanagement
- Techniken der Organisationsarbeit
- Soziale Kompetenz

ibo Unternehmensberatung

Strategieberatung
Strukturberatung
- Prozessorganisation
- Aufbauorganisation
- Projektorganisation
- Qualitätsorganisation

Kulturberatung
- Prozessbegleitung
- Kulturentwicklung
- Teamentwicklung
- Einzelcoaching

ibo Kompetenz in **Organisation**

ibo Beratung und Training GmbH
35435 Wettenberg, Im Westpark 8, Telefon: 0641/98210-00,
Telefax: 0641/98210-5 00, E-Mail: ibo@ibo.de, Internet: http//www.ibo.de

Innovative Softwarelösungen

Prometheus
Erfolgreiche Geschäftsprozessoptimierung und -analyse

Pegasus
Effizientes Personalmanagement

QSR / QSR-Kredit
Praktische Unterstützung für Innen- und Kreditrevision

Iris
Online Dokumentationssysteme

Internetlösungen

Software GmbH

35435 Wettenberg, Im Westpark 8, Telefon: 06 41/9 82 10-700,
Telefax 06 41/9 82 10-6 00, E-mail: vertrieb@ibo.de, Internet://www.ibo.de